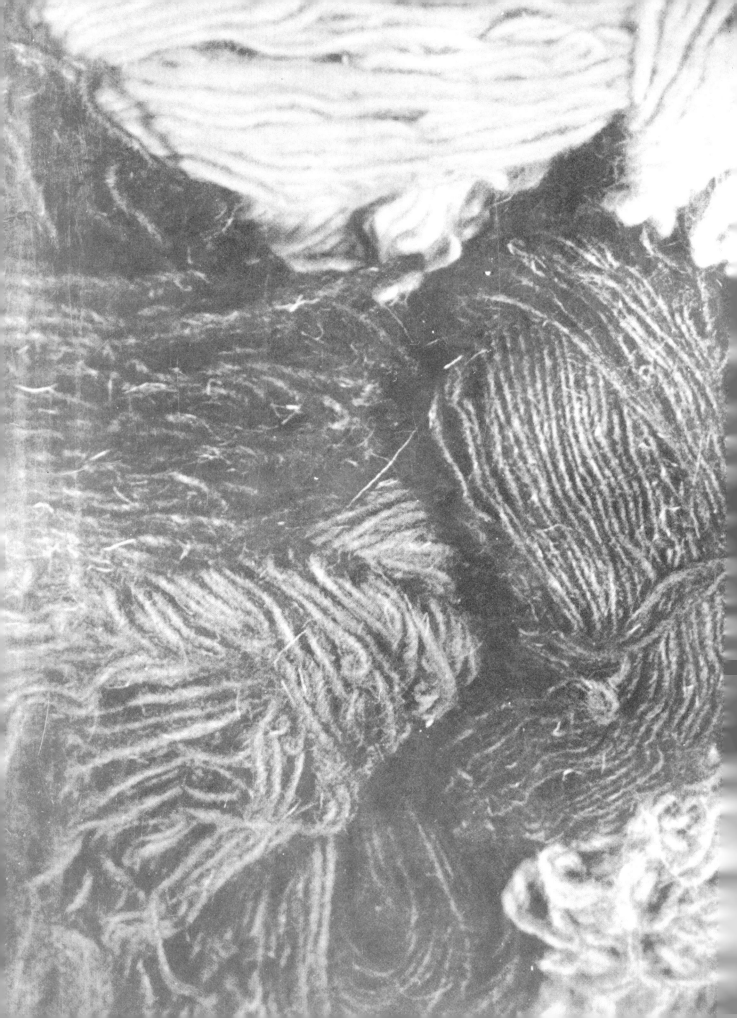

Candace Crockett

Das komplette Spinnbuch

Hörnemann

Für meine Freunde und Lehrer,
Helen Pope, Esther McKinley und Anne Blinks

Wir danken dem Städtischen Museum Schloß Rheydt
für die freundliche Hilfe bei der Aufnahme des Titelfotos,
das ein Spinnrad aus dem Bergischen zeigt.
Höhe ca. 82 cm, Mitte 19. Jahrhundert.

Illustrationen: Leslie Wolcott
Titelfoto: Uli Weichert
Layout: Rolf Bünermann und Reinhard Eusterwinter
Originalverlag: Watson-Guptill Publ., New York
Originaltitel: The Complete Spinning Book
Deutsch von Gisela Sallen
© 1977 by Watson-Guptill Publ., New York
Alle deutschen Rechte beim Hörnemann Verlag, Bonn 1980
Gesamtherstellung: Mohndruck Graphische Betriebe GmbH, Gütersloh
Printed in Germany
ISBN 3-87384-453-2 · Buchnummer 239/04053

Inhalt

Kurze Geschichte des Spinnens

Spinnen mit der Handspindel

Die Fallspindel 21
Das Spinnen mit der Fallspindel 23
Probleme und Grundregeln 27
Das Spinnen mit der schweren Standspindel 28
Andere Methoden des Spindelspinnens 29
Spinnen im allgemeinen 33
Der Spinnrocken 33
Das Stranglegen 34
Fixierung und Verteilung des Dralls 36
Z- und S-Drehung und Zwirnen 36

Das Spinnrad

Das frühe Rad 41
Das Spinnrad in Europa 42
Spulräder 42
Das Flügelspinnrad 49
Das Flügelspinnrad mit einfacher Antriebsschnur 57
Das Elektrospinnrad 59
Geschichte des Spinnrades 60
Die Wahl eines Rades 61
Pflege und Einstellung 62

Spinnen am Spinnrad

Spinnen am Flügelspinnrad 66
Der kurze Auszug 67
Der lange Auszug 72
Das Spinnen am Spulrad 74
Das Spinnen am Wanderrad 74
Das Spinnen am ostasiatischen Spulrad 80
Das Spinnen am Spulrad mit Fußantrieb 80
Abnehmen des gesponnenen Garnes 83
Zwirnen 84
Zwirnen im allgemeinen 88
Ausführung und Struktur des Garnes 89

Wie man ein Spinnrad baut

Erste Entscheidungen 95
Der Bau des Spinnrades 95
Das fertige Rad 109

Faserbehandlung: Kardieren und Kämmen

Zupfen 113
Kardieren 116
Das Kardieren mit Handkarden 116
Das Kardieren mit der Trommelkarde 120
Die Flickkarde 123
Kardiervorrichtungen 123
Kämmen 123
Streichgarn und Kammgarn 124

7 Wolle und andere tierische Fasern

Allgemeine Eigenschaften 131
Schafwolle 132
Schafrassen 134
Spinnzahl 140
Die Auswahl eines Vlieses 141
Reinigung: Sortieren, Waschen, Entfetten 143
Karbonisieren 146
Das Lagern von Wolle 147
Mohair 147
Kaschmir 148
Kamelhaar 148
Wolle von Lama, Alpaka und Vikunja 149
Quiviut-Fasern 150
Hundehaar 150
Haar vom Angorakaninchen 151
Pferdehaar und Ziegenhaar 151
Zusammenfassung 151

8 Pflanzenfasern

Allgemeine Merkmale 156
Baumwolle 156
Die Pflanze 157
Die Behandlung der Baumwollfasern für das Spinnen 157
Das Spinnen der Baumwolle 159
Flachs 160
Eigenschaften der Flachsfaser 160
Die Flachspflanze 161
Das Spinnen von Flachs 163
Nessel 165
Hanf 166
Jute 167
Blattfasern 168

9 Seide

Geschichte 175
Besondere Eigenschaften der Seide 176
Seidenraupenzucht in China und Japan 176
Die Aufzucht von Seidenraupen in kleinem Umfang 176
Die Vorbereitung der Seide zum Haspeln und Spinnen 185

10 Erfahrungen bei der Aufzucht von Schafen

Der Schafstall 195
Ein Wort zum Schluß 199

Anhang

Bildnachweis 202
Bezugsquellen 202
Literatur 203
Register 204

Kurze Geschichte des Spinnens 1

8

Die Illustration einer mittelalterlichen Handschrift zeigt die typischen Beschäftigungen von Mann und Frau in jener Zeit: Die Frau spinnt, der Mann gräbt um.

Das Spinnen war schon ein altes Kunsthandwerk, als Hektor in der Ilias Andromache aufforderte, während seiner Abwesenheit zu spinnen. Wie die Funde aus Grabstätten und Friedhöfen zeigen, und wie man auf alten Mosaiken, Wandmalereien und »bekleideten« Standbildern sieht, ist das Spinnen in Kulturen bekannt gewesen, die mehr als 3000 Jahre vor Christi Geburt bestanden haben. Es scheint sich in Europa, Asien, Afrika und Amerika jeweils selbständig entwickelt zu haben. Für Menschen unserer Zeit ist es schwer vorstellbar, daß früher überall und zu jeder Zeit Spinnerinnen und Spinner anzutreffen waren und dies alltägliche Notwendigkeit für die meisten Menschen war. Eine vollständige Geschichte der Spinnerei wäre zugleich eine Geschichte unserer ganzen Zivilisation; wir bemühen uns hier, einige interessante Aspekte aus der Entwicklung des Spinnens und der gesponnenen Fasern aufzuzeigen. Heutzutage könnte es durchaus vorkommen, daß ein modernes Kind bei dem Märchen vom Dornröschen, das in einen langen tiefen Schlaf fiel, nachdem es sich mit der vergifteten Spindel gestochen hatte, den gleichermaßen verlegenen Erwachsenen fragte: »Was ist eine Spindel?« Früher wäre eine solche Frage jedem genauso dumm erschienen wie uns heute die Frage: »Was ist ein Auto?«

Noch vor James Hargreaves Erfindung der Jennymaschine im Jahre 1765 liefen alle Fäden, für welche Stoffe und Zwecke sie auch benutzt wurden, durch die Hände von Handspinnern – fast immer Frauen – über eine Handspindel oder ein hand- oder fußgetriebenes Spinnrad. Vor der Erfindung der Handspindel, die zu den hervorragendsten Erfindungen der Menschheit zu rechnen ist, und vor Erfindung des Spinnrades – für jeden, der nicht moderne Maßstäbe anlegt, ein geradezu magisches Werkzeug – wurden Fasern sogar zwischen den Fingern gesponnen oder zwischen Handballen und Oberschenkel, um Weber mit festem und haltbarem Garn zu versorgen. In Ausgrabungen von Gebäuden und Gräbern der Jungsteinzeit hat man Spindeln und Wirtel gefunden, die den heute noch benutzten und bis vor kurzem auf der ganzen Welt bekannten Fallspindeln stark ähneln. Obgleich das Spinnrad der alten Welt offenbar zu verschiedenen Zeiten und an verschiedenen Orten auftauchte, ist es in Europa bis zu den Entdeckungsreisen von Kolumbus im späten fünfzehnten Jahrhundert nicht ver-

Mishnah:
Und dies sind die Dienste, die eine Frau für ihren Mann verrichtet: Sie mahlt das Korn, bäckt, wäscht, kocht und zieht ihr Kind auf. Sie macht das Bett und spinnt die Wolle. Wenn sie eine Magd hat, mahlt sie nicht, noch bäckt sie oder wäscht sie selbst. Hat sie zwei Mägde, wird sie weder kochen noch das Kind aufziehen. Bei dreien macht sie nicht das Bett und spinnt nicht die Wolle; bei vieren sitzt sie nur noch im Salon. Rabbi Eliezar sagt: Selbst wenn sie das ganze Haus voller Dienerinnen hat, sollte der Mann sie zwingen zu spinnen, denn Nichtstun führt zum Wahnsinn.

Wenn es auch Handspindeln in den unterschiedlichsten Größen und aus dem verschiedensten Material gibt, sie bestehen fast immer aus einem Spinnstock und einem Gewicht, das man Wirtel nennt. Kleine Spindeln mit winzigen Wirteln, wie diejenigen auf unserem Bild, wurden zum Spinnen von feinen Fäden benutzt. Die abgebildeten Nadeln, Spindeln und Wirteln stammen aus Mittel- und Südamerika.

breitet gewesen oder benutzt worden. Im Unterschied zum Spinnrad konnte die Handspindel fast überall und jederzeit benutzt werden; sie ermöglichte es der Spinnerin beim Gehen, Schwatzen und beim Schaukeln der Wiege zu spinnen. Eine sehr alte Geschichte berichtet von einer Frau – einer guten und rechtschaffenen Frau natürlich –, die die Pferde zum Tränken an den Fluß trieb, während sie auf dem Kopf den Wasserkrug für die Familie trug und gleichzeitig noch mit der Handspindel Wolle spann!

Obgleich das Spinnrad viel schneller arbeitet als die Handspindel, hat es die Spindel weder ersetzen können noch deren Bedeutung für das Leben von vielen, vielen Generationen von Frauen vermindert, die feine und starke Fäden auf der Spindel spinnen können. Diese beiden Handspinngeräte sind uns, mitunter in modifizierter Form, aber im Prinzip unverändert, aus einer Zeit überliefert worden, als die Kenntnis ihrer Handhabung für Frauen nahezu aller gesellschaftlicher Schichten eine Notwendigkeit war. In der Bibel wird eine tüchtige Frau vorgestellt mit den Worten: »Ihre Arme hebt sie zum Spinnrocken hin, ihre Hände halten die Spindel« (Sprüche 31,19). Die Thora nennt neununddreißig Tätigkeiten, die am Sonntag verboten sind, und dreizehn davon stehen in Verbindung mit der Herstellung von Stoffen. Der Talmud bestimmt, daß Spinnen und Weben zu den Pflichten der verheirateten Frau gehören, und daß eine Sklavin, die spinnen kann, wertvoller sei als eine, die nur bäckt und kocht. Wo Fasern produziert wurden, mußten die Frauen fleißig spinnen, und diese Notwendigkeit hat die Einstellung zu Arbeit und Freizeit in vielen Gesellschaftsordnungen beeinflußt. Bei fast allen Kulturen, aus denen uns Stoffe überliefert sind, ist unübersehbar, daß die Spinntätigkeit der Frau die Möglichkeit zu ästhetischem Ausdruck vermittelte; Textilkunst ist immer vornehmlich eine Sache der Frau gewesen.

Der Spinnrocken, auf dem die noch ungesponnenen Fasern angeordnet werden, ist schon sehr früh entwickelt worden zusammen mit weiteren Hilfsgeräten und Ausrüstungsgegenständen für das Spinnen. Spinnrocken und andere Spinngeräte ähneln sich auf der ganzen Welt; diese Ähnlichkeit der Werkzeuge, auch über weitentfernte Gebiete, bezeugt ihre auf den Gebrauch abgestimmte hohe Spezialisierung.

Während des Auf und Ab der Zivilisation im Laufe von Tausenden von Jahren ist die Handfertigkeit im Spinnen durch Generationen von der Mutter an die Tochter weitergegeben worden. Mit an Sicherheit grenzender Wahrscheinlichkeit ist diese ganze Zeit hindurch ziemlich jede nur irgendwie brauchbare Faser von den Spinnern entweder benutzt oder auf ihre Brauchbarkeit hin untersucht worden. Die am meisten und am erfolgreichsten benutzten Fasern sind auch heute noch die Hauptwerkstoffe der meisten Handspinner: Baumwolle, Wolle, Flachs und etwas seltener Seide. Diese werden besonders dem Anfänger empfohlen. Es ist schwer, die Entwicklung oder Übernahme der verschiedenen Fasern von einer Kultur zur anderen zu verfolgen, aber es wird allgemein angenommen, daß der Anbau von Flachs, von dem die Leinenfaser stammt, ursprünglich in Altägypten beheimatet war. In der ägyptischen Mythologie wird berichtet, daß die Götter, noch bevor sie selbst auf der Erde erschienen, als erstes den Flachs erschufen. Die Reinheit der Faser aus dem geschützten Inneren des Flachsstengels und die Mühelosigkeit, mit der sie sich bleichen läßt, trugen zu der Bedeutung des Leinens in der ägyptischen Religion bei. Die Leinenqualität der Stoffe, in die ein toter Ägypter eingewickelt wurde, bezeugte den Status des Verstorbenen in der Unterwelt wie im Leben. Solche in Ägypten gefundenen Leichentücher sind oft unglaublich fein, manche haben 540 Kettfäden auf einem Zoll und sind 270 m lang.

Wie Flachs ist offenbar auch die Baumwolle zuerst in den Flußniederungen von Nil und Indus angebaut worden. Auch hier geht wie beim Flachs die Verwendung als Spinnmaterial bis auf vorgeschichtliche Zeiten zurück; wahrscheinlich gehörte Baumwolle schon seit dieser Zeit zu den wichtigsten Kulturpflanzen der Menschheitsgeschichte, die nicht zu Nahrungszwecken angebaut wurden. In allen diesen großen Kulturen und denjenigen, die darauf folgten, muß wohl die hohe handwerkliche Vollendung die Spinnerinnen mit Stolz, die Betrachter mit Bewunderung und Respekt erfüllt haben. Die für kultische Verwendung bestimmten Fäden und Stoffe aus diesen alten Kulturen übertreffen an Feinheit alles, was heute mit den kompliziertesten Spinnmaschinen herstellbar ist.

Viel später entstanden die berühmten Musseline von Dacca, die so fein waren, daß es von ihnen hieß, sie umgäben den menschlichen Körper wie ein Lufthauch. Angeblich war dieser Stoff leicht durch einen Fingerring zu ziehen; er war so dünn, daß 73 m davon nur ein Pfund wogen. Für Spinnerinnen, die diese Art Fäden und Fasern verarbeiteten, waren Material, Tradition und Technik sogar so alt, daß vornehmlich in Ägypten ein Zeitraum von 200 bis 300 Jahren nichts war im Vergleich zum Rückblick in die dunklen Ursprünge der Spinnkunst.

Mit einfachen Mustern verzierte Tonwirtel aus der Jungsteinzeit.

Während die besten und kompetentesten Spinnerinnen vieler Generationen Fäden spannen, die nur für die Kleidung ihrer religiösen Führer und der sozial Bessergestellten bestimmt waren, nahm das tägliche Leben seinen Fortgang, und der Durchschnittsbürger verrichtete seine tägliche Arbeit in einer Kleidung, die sich nicht viel von dem unterscheidet, was viele Jahrhunderte später »Selbstgesponnenes« genannt wurde. Dies dauerte an, bis im 18. Jahrhundert die Egreniermaschine in Amerika von Eli Whitney erfunden wurde, mit deren Hilfe man die Samen von den Baumwollfasern trennt. Mindestens 5000 Jahre lang wurde der Samen von den Baumwollfasern mit der Hand entfernt. Alle diese Jahre hindurch wurde jede Drehung der Spindel, jede Umdrehung eines Spinnrades von Menschenhand bewirkt, und jedes Kleidungsstück entstand von Anfang bis Ende durch die persönliche Kraftanstrengung und Kunstfertigkeit, die in vielen Kulturen durch die Spinnerin und ihre Arbeit verkörpert wurden.

Wie Leinen und Baumwolle jahrhundertelang die bevorzugten Pflanzenfasern darstellten, so war die Wolle in Europa und Asien die am meisten verwendete tierische Faser. Die Domestikation von Schafen erfolgte schon früh in der Menschheitsgeschichte und war im Altertum weit verbreitet. Obgleich dort, wo es kein Hausschaf gab, auch andere tierische Fasern, wie z.B. die vom Lama oder Yak, verwendet wurden, versteht man unter spinnbarer Wolle in der Geschichte hauptsächlich Schafwolle. Es ist interessant, daß die meisten Zooverwaltungen Handspinner nennen können, die sich für die Wolle von Bison, Ziege, Lama, Moschusochse oder Kamel interessieren. Auch Menschenhaar wird häufig versponnen, ebenso das Haar von langhaarigen Hunden. Die besonderen Eigenschaften der Schafwolle jedoch erweisen sich für Spinnzwecke als besonders dankbar, und ihre Vorrangstellung als unübertroffen »beste« Faser ist allgemein anerkannt.

Eine spinnende Frau im Gespräch mit einem Besucher. In jedem Haushalt wurde früher mit Eifer gesponnen. (Von Israhel van Meckenem dem Älteren, 15. Jh.)

Schafe bedeuteten schon immer Reichtum, und fortwährende Anstrengungen zielten darauf ab, die Wollqualität immer mehr zu verbessern. Zu Zeiten der Römer war die Wolltoga geschätzt wegen ihrer hohen Qualität und Feinheit. Als England und Spanien zu Weltmächten aufstiegen, bestand zwischen beiden Nationen unter anderem in dem lukrativen Wollhandel eine starke Konkurrenz. Etwa im 12. Jahrhundert züchteten die Spanier das Merinoschaf, vielleicht durch Einkreuzen nordafrikanischer Rassen. Die Schafe lieferten feine Wolle, wodurch die Spanier für lange Zeit im Wettbewerb die Führung erlangten. In England wurde der Wollhandel zeitweilig so wichtig, daß viele Sitten und Gesetze des Landes sich aus dem Wollhandel ableiten lassen. In gleichem Maße, wie diese Entwicklungen die Gebräuche und Traditionen in der Regierung, im Handel, in Landwirtschaft und Sozialverhalten in Westeuropa geprägt haben, erlangten die Schafe und ihre Wolle zunehmend an Bedeutung für Menschen und Kulturen auf der ganzen Welt. In den letzten Jahren wurde die Wolle zur Luxusfaser; eine Entwicklung, die durch die billige Massenproduktion und weite Verbreitung der Kunstfaser ausgelöst wurde.

Eine Frau mit Spinnrocken und Spindel, Antike.

Es ist schwierig, die historische Bedeutung der verschiedenen Fasern, Stoffe, Färbemittel und anderer Textilprodukte eindeutig darzustellen; sie hatten nicht nur fast zu allen Zeiten Bedeutung für das tägliche Leben der Bürger, sondern sie waren auch wichtige Handelsartikel. Dies fand seinen Niederschlag in der Anlage von Handelsstraßen, auf denen alle möglichen Informationen und Erfahrungen von einer Kultur zur anderen übermittelt wurden. So war z.B. Seide jahrhundertelang unter größter Geheimhaltung produziert worden; sie war so wertvoll, daß sie als Zahlungsmittel diente. Im Westen konnte man sie nur von Händlern erwerben, die es schon um 126 vor Christi Geburt wagten, dieses wertvolle Material über die sogenannte Seidenstraße nach Persien, Syrien und Arabien zu bringen, einem 6000 Meilen langen Handelsweg, dem längsten der Alten Welt. Westliche Händler konnten die Karawanen an Orten wie Damaskus und Bagdad treffen und die Seide dort im Tauschhandel erwerben. Erst im 6. Jahrhundert nach Christi Geburt gelang es auf Veranlassung des byzantinischen Kaisers Justinian zwei persischen Mönchen, die viele Jahre in China verbracht hatten, Seidenraupeneier und Maulbeersamen aus China herauszuschmuggeln und damit den Grundstein für die westliche Seidenindustrie zu legen. Diese Eier und Samen, die die beiden Mönche in ihren Wanderstecken verborgen hatten, gediehen, und die Seidenstoffe von Byzanz wurden berühmt und hoch geschätzt. Etwa um 1000 nach Christi Geburt entwickelte sich auch in Indien eine Seidenproduktion. Nach der Legende sollen Samen und Raupeneier hierher durch eine chinesische Prinzessin geschmuggelt worden sein, die sie in ihrem Kopfputz versteckt hatte. Viele Legenden und Mythen geben Zeugnis davon, wie Seidenraupeneier und Maulbeersamen heimlich aus China in andere Länder gebracht worden sind, die eine Seidenindustrie aufbauen wollten. Keine dieser alten Geschichten ist weniger glaubwürdig als Berichte von tatsächlichen Ereignissen. Seide ist so, wie die Seidenraupe sie gesponnen hat, im wesentlichen bereits gebrauchsfertig und mitunter so fein, daß das bloße Auge einen Einzelfaden kaum erkennen kann. Um diese feinsten Fäden verwendbar zu machen, werden die Kokonfäden von mehreren Kokons miteinander verdreht. Nach der Legende soll Si Ling, die Frau des Kaisers Hoang-ti, diese Bearbeitung der Kokons der Seidenraupe *Bombyx mori* zuerst im Jahre 2640 vor Christi Geburt entwickelt haben.

Eine Rumänin aus unserer Zeit mit Spinnrocken und Spindel.

Im Altertum war Schafzucht auf der ganzen Welt weit verbreitet. In Griechenland und in Rom gab man den einzelnen Schafen Namen, schützte sie bei kaltem Wetter mit Fellen und brachte sie im Sommer auf besonders gute Weiden. Schafherden bedeuteten Reichtum und Macht für den Besitzer, und von jeher war man bemüht, Qualität und Quantität der Wolle zu verbessern. Von allen Fasern ist Wolle von den Spinnern noch heute am meisten geschätzt.

Der heutige Handspinner wird wahrscheinlich Seide unerschwinglich teuer finden, aber er oder sie kann wahrscheinlich Seide erwerben, die aus »Abfällen« stammt, das sind kürzere Enden der für die Kokonbildung von der Seidenraupe gesponnenen fortlaufenden Fäden. Seide ist noch heute wie eh und je eine Luxusfaser, und noch immer ist sie umwittert vom Geheimnis und der Kultur des Orients, auch wenn sie heute überall dort erzeugt wird, wo es Maulbeerbäume gibt. Es ist auch kein Zufall, daß die erste Dame des Landes sich nicht zu gut war, sich die Ausscheidungen eines Wurmes nutzbar zu machen, denn Leichtigkeit, Glanz und Fall der Seidenstoffe können durch keine anderen Fabrikate übertroffen werden. Sogar zweieinhalb Jahrtausende später, zu Beginn des christlichen Zeitalters, wurde Rohseide aus dem Orient buchstäblich mit Gold aufgewogen.

Die heutigen Spinner und Spinnerinnen sollten sich ganz bewußt die sehr alte und reiche Tradition der Spinnkunst vergegenwärtigen. Jeder, der heute mit dem Handspinnen anfängt, sollte sich der vielen Millionen von Spinnern bewußt sein, meist Frauen, die von »Anbeginn der Zeit« gepflückt, gezupft, geschoren oder sonstwie die Ernte eingebracht haben und sie zum Spinnen verarbeitet haben. Heutige Spinner können das Handwerk in einem völlig anderen Milieu ausüben, mit anderen Motivationen und anderen Zielen. Aber die Bindung an die Vergangenheit, das Wissen um den Platz in der fortdauernden Geschichte und Ausübung dieser alten Kunst sollten dazu beitragen, die Erfahrung zu vertiefen und ihr einen eigenen Sinn zu geben, der die Freude noch übertrifft, die uns berührt, wenn wir sehen, auf welch fast magische Weise sich der Faden aus der Faser entwickelt.

Erfahrene Spinner kennen nicht nur die Freude an schöpferischer Tätigkeit, sondern sie haben auch ein Gespür für das edle oder wohlverarbeitete Holz, das für die Spinnausrüstung verwendet wird, und für das Wohlbehagen, das die im Spinnmaterial enthaltenen natürlichen Öle bewirken, sowie für die Freude beim Anblick und Anfühlen des fertigen Garnes. Wer die Wohnungen oder Werkstätten von Spinnern besucht oder dorthin kommt, wo man handgesponnene Garne kaufen kann, kann oft nicht der Versuchung widerstehen, sie in die Hand zu nehmen und das natürliche handgesponnene Material anzufühlen. Ich werde in diesem Buch vielerlei Techniken vorstellen und werde gelegentlich dazu auffordern, einigen Aspekten des Spinnens besondere Aufmerksamkeit entgegenzubringen. Aber nichts ist von so umfassender Bedeutung wie unser Platz bei der Ausübung und Wiederbelebung einer alten Kunst und die ästhetisch-sensuelle Verbindung von uns selbst mit dem Werkstoff und dem gesponnenen Produkt.

Es wird erzählt, daß eine Schlacht zwischen Persern und Römern 53 v. Chr. in Mesopotamien dadurch entschieden wurde, daß die Perser Seidenfahnen mit leuchtenden Farben schwangen, wodurch ein so ungewöhnlicher Lichtschein entstand, daß die Römer die Flucht ergriffen.

Beutel mit gesponnenen Wollfransen aus grauem Neuseelandvlies von Candace Crockett.

Wir spinnen unser eigenes Schicksal, zum Guten oder zum Bösen, und niemand kann es ändern. Der kleinste Fehler oder geringste Verdienst gräbt sich ein. Nichts, was wir tun, läßt sich im wahrsten Sinne des Wortes auslöschen.
William James.

Dies ist eine Nachzeichnung eines Bildes mit dem Titel »Frauenarbeiten« von Johannes Stradanus aus dem 16. Jahrhundert. Das Originalgemälde ist an der Decke im Palazzo Vecchio in Florenz zu sehen. Das Thema des Wandels und Wechsels kehrt immer wieder. Die Spindel oder das Spinnrad spinnen nicht einfach Fasern zu Garn — sie spinnen Stroh zu Gold, verwandeln Düsternis in Heiterkeit und sind Sinnbild für das Schicksal, das den Lebensfaden spinnt.

Spinnen mit der Handspindel 2

20

Ein alter Palästinenser mit einer Fallspindel. Die Spindel hat anstelle des runden Wirtels gekreuzte Stäbe. Rund um die gekreuzten Stäbe wird der Faden auf und ab zum Knäuel gewickelt.

Zuerst hat man Fasern aus einer Locke herausgezogen und sie ohne Zuhilfenahme eines Gerätes mit der Hand gedreht. Wenn so eine Arbeitsweise auch langwierig und ermüdend ist, so kommt doch dadurch ein fortlaufender Faden zustande, und man kann mit voller Berechtigung von Spinnen sprechen. Diese primitive Methode ist nicht nur langwierig, sondern auch vom Zufall abhängig, und der Faden dreht sich leicht wieder auf, wodurch das Ganze selbst für Geübte recht mißlich ist. Diese einfache, wenig befriedigende Fadenherstellung hat zweifellos vielen Generationen unserer Vorfahren zu Kleidung verholfen. Zu Anfang der technischen Entwicklung begann irgend jemand, den Faden um einen Stock zu wickeln. Aus solch einem Stab wurde allmählich die später fast überall benutzte Handspindel. Ein zusätzliches Gewicht, vielleicht ein Stein oder etwas Lehm, an den Stab geklebt, ermöglichten es dem Spinner, leichter und schneller zu arbeiten. Das Gewicht hielt den Stab an einer Stelle und gab ihm Schwungkraft, so daß er sich fortwährend drehte, auch wenn die Hand entfernt wurde. Dies fortlaufende Spinnen gab die zweite Hand frei zur Kontrolle der auszuziehenden Fasern. Dieses einfache Gerät, die Handspindel, besteht aus einem Schaft und einem Gewicht, das man Wirtel nennt. Es ist seit vielen tausend Jahren in Gebrauch und seit frühester Zeit bekannt. Daneben haben sich die noch einfacheren Methoden weiter erhalten, aber sie sind schwieriger auszuführen und viel langwieriger.

Heutzutage benutzen die meisten Spinnerinnen zur Herstellung mittelstarker Wollfäden Holzspindeln. Der Wirtel der linken Spindel ist gleichmäßig durchlöchert, wodurch das Gewicht des äußeren Randes prozentual erhöht und dadurch die Leistungsfähigkeit gesteigert wird. An der Spitze des Spinnstocks befindet sich eine tiefe senkrechte Einkerbung, durch die der Faden gehalten und aufgefangen wird, so daß er nicht um den Schaft und unter dem Wirtel herumgeschlungen werden muß. Die Spindel rechts besteht aus einem mittleren Spinnstock und zwei Kreuzstäben, von denen einer durch den anderen geführt wird. Auf den Spinnstock gesteckt, ergibt sich die Spindel. Das gesponnene Garn wird darübergewickelt und bildet ein Knäuel, das zusammen mit den Kreuzstäben von der Spindel genommen wird. Zieht man die Kreuzstäbe heraus, bleibt das Garnknäuel intakt.

Die Fallspindel
Die Spindel wird auf verschiedene Weise gehandhabt, mitunter hängend (dann bezeichnet man sie als Fallspindel) und manchmal auf den Boden oder in eine Schale gestützt. Am rationellsten und beliebtesten ist der Gebrauch der Fallspindel.
Wenn die Spindel als Fallspindel benutzt wird, befestigt man daran einen Faden oberhalb des Wirtels (der am unteren Ende des Schaftes angebracht ist), wickelt ihn unter dem Wirtel ein paarmal um den Spinnstock und schlingt ihn über die Kerbe an der Spitze. Manchmal hat die Spindel am Fuß einen Haken und wird mit dem Wirtel nach oben verwendet. Die Fallspindel ist zugleich Dreh- wie auch Spulgerät. Während die Hand die Spindel dreht, verdrillt sich der an ihr befestigte Faden. Fasern werden aus der Locke gezogen, und mit dem Einlaufen des Dralls werden neue Fasern nachgezogen und ebenfalls gedreht. Wenn der Faden eine gewisse Länge erreicht hat, bei der man ihn nicht mehr handhaben kann, lösen wir ihn aus der Kerbe und wickeln ihn oberhalb des Wirtels um den Spinnstock. Die Spinnweise, die Größe der Spindel und das Material, aus dem sie besteht, sind gebietsweise verschieden, aber Grundformen und Funktion sind überall gleich.

Ein schön geschnitzter Spinnwirtel aus Cowichan. Sein Durchmesser beträgt ca. 20 cm. Wahrscheinlich diente er zum Spinnen von starkem Wollgarn. Das eingeschnitzte Tier dreht und windet sich selbst wie das Garn.

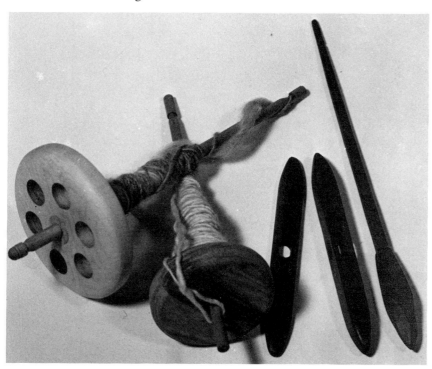

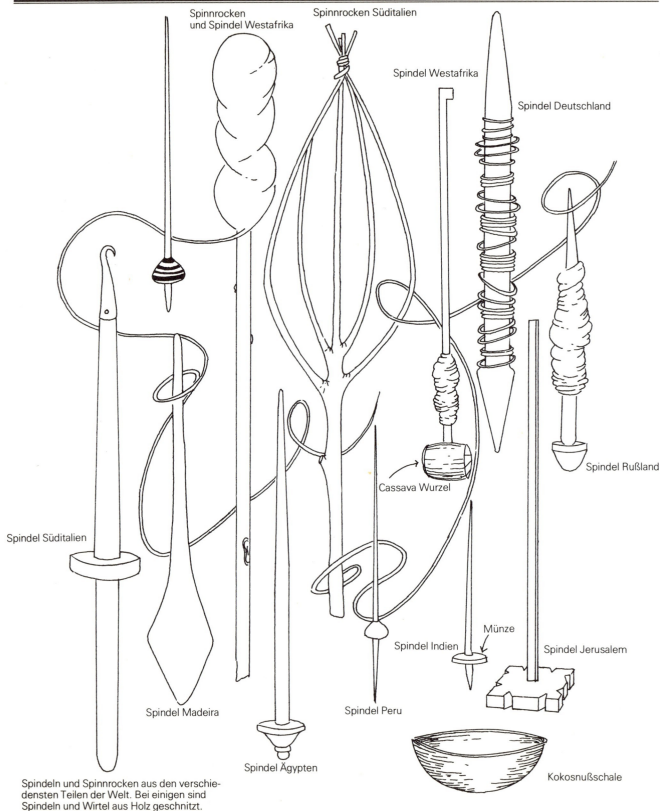

Spindeln und Spinnrocken aus den verschiedensten Teilen der Welt. Bei einigen sind Spindeln und Wirtel aus Holz geschnitzt. Einige Spinnstöcke haben Kerben oder Haken, während andere nach oben verjüngt oder an der Spitze stumpf sind. Die indische Spindel steht beim Spinnen in einer Kokosnußschale, weil der Faden zu fein ist.

Das Spinnen mit der Fallspindel

Spindeln und Fasermaterial der verschiedensten Art sind überall bei Spinnbedarfshändlern erhältlich. Auch lassen sich Spindeln leicht aus vorhandenen Gegenständen selber herstellen; so kann beispielsweise ein Holzpflock, den man durch einen Apfel oder eine halbe Kartoffel steckt, als Spindel dienen. Stricknadeln, Bleistift, Holzlöffel, Türknäufe, Jo-Jos usw. lassen sich leicht zu Spinnstock und Wirtel umfunktionieren. Größe und Gewicht der Spindel sind maßgebend für die Feinheit des zu spinnenden Fadens, aber unabhängig von der Größe läuft der Spinnstock gewöhnlich sich verjüngend spitz zu, und der Wirtel sollte glatt abgeschliffen und einigermaßen symmetrisch sein.

Gedrehte Türknäufe aus Holz eignen sich als Wirtel besonders gut. Sie haben vom Einspannen in die Drehbank her genau in der Mitte eine Vertiefung. Dadurch hat der Spindelmacher einen Anhaltspunkt für die Bohrung des Loches, in das der Spinnstock eingefügt wird. Solche Griffknöpfe sind auf der einen Seite häufig flach, und diese flache Seite eignet sich besonders als Rand beim Aufwickeln des gesponnenen Fadens. Der Spinnstock muß der Größe des Wirtels angemessen sein. Das Ende kann mit einem Messer oder der Feile oder einem Bleistiftspitzer verjüngt werden. Irgendeine Einkerbung oder Nut in der Nähe des Schaftendes dient dazu, den Faden auf der Spindel zu halten.

Für den Anfänger empfehlen wir dringend, mit Schafwolle zu beginnen, die sich am besten handhaben läßt. Sie kann gewaschen oder noch im natürlichen fettigen Zustand sein. Die Einzelfasern sollten aber jedenfalls 8 bis 12 cm lang sein. Fasereigenschaften und die speziellen Bearbeitungsweisen werden in späteren Kapiteln behandelt. Der Spinner hat viele Möglichkeiten bei der Wahl der Fasern und der Art ihrer Bearbeitung, aber die Grundprinzipien des Spinnens sind immer dieselben.

1. Zuerst nehmen Sie einen einfachen (nicht gezwirnten) haarigen Wollfaden von 75 cm Länge, der als Anfangsfaden dient. Binden Sie ihn direkt über dem Wirtel am Spinnstock fest. Drehen Sie nun die Spindel ein paarmal im Uhrzeigersinn, um den Faden zu befestigen.

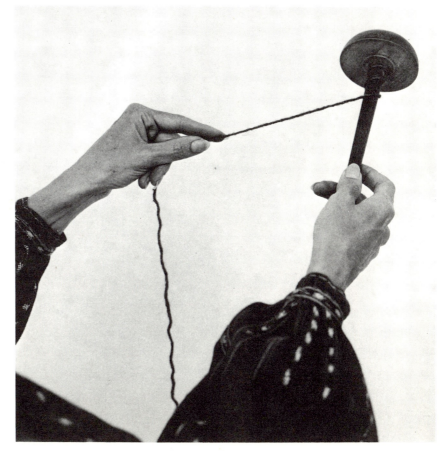

2. Ziehen Sie den Anfangsfaden über den Rand des Wirtels, und wickeln Sie ihn direkt unter dem Wirtel um den Spinnstock.

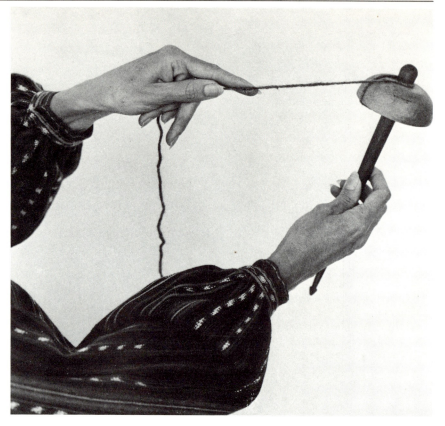

3. Schlingen Sie den Faden über das obere Spindelende, indem Sie ihn um den Zeigefinger legen und dann über die Spitze stülpen. Wenn Sie das Fadenende festhalten, sollte die Spindel frei herabhängen.

4. Nehmen Sie ein kleines Büschel ungesponnener Wollfasern. Wenn die Fasern zu stark miteinander verwirrt sind, müssen Sie sie vorher zupfen. Sie sollten gleichmäßig locker und luftig sein. Wenn Sie mit dem Spinnen anfangen, halten Sie das Ende des Anfangsfadens zwischen Daumen und Zeigefinger der linken Hand, und lassen Sie die Spindel herabhängen. Verbinden Sie die ungesponnenen Fasern mit dem Anfangsfaden, indem Sie die Enden übereinanderlegen, und drehen Sie mit der rechten Hand am oberen Ende die Spindel im Uhrzeigersinn. (Linkshänder können die Handstellung umkehren.)

5. Wenn die Fasern einmal angesponnen sind (falls es gar nicht anders geht, machen Sie einen Knoten), kann es losgehen mit dem Spinnen des fortlaufenden Fadens. Halten Sie mit der rechten Hand die Fasern behutsam, aber fest unter der linken Hand, und ziehen Sie sie vorsichtig heraus, wobei Sie die ungesponnene Faser gleichzeitig strecken und ziehen. Der Bereich zwischen den Händen, wo die ungesponnenen Fasern zum sogenannten Vorgarn verzogen und vorgedreht werden, ist der »Auszug«. Seine Länge hängt von der Länge der Fasern ab. Sehr kurze Fasern bedingen einen kurzen Auszug, lange Fasern einen entsprechend langen Auszug. Wenn die rechte Hand die Fasern auszieht, können sie sich hier übereinanderlegen. Dabei muß die rechte Hand die Fasern gut im Griff haben und sie rechtzeitig abklemmen, um zu verhindern, daß die Drehung zu weit läuft, denn die einmal gedrehten Fasern lassen sich nicht mehr verziehen. Wenn die Drehung sich zu weit nach oben fortsetzt, kann die rechte Hand sie wieder zurückdrehen, damit sich die Fasern wieder verziehen lassen. Durch das Aufdrehen kann man auch Knötchen- und Schleifenbildung vorbeugen, aber es ist nicht immer erforderlich. Das Gewicht der Spindel streckt die Fasern und erhält die Spannung, so daß der Drall gleichmäßig in die losen Fasern hineinläuft und den Faden bildet. Mit der linken Hand halten und liefern sie den Fasernachschub. Während die rechte Hand auszieht, werden die Fasern zwischen Daumen und Zeigefinger der linken Hand durch leichtes Reiben verzogen, so daß sich an der Übergangsstelle von losen Fasern zum Faden das sogenannte Faserdreieck bildet, dessen breite Grundlinie zwischen Daumen und Zeigefinger der linken Hand verläuft. Dieses Dreieck verhindert das zu weite Aufsteigen des Dralls, während die rechte Hand die von der Spindel gelieferte Drehung in das neu entstehende Fadenstück hineinschleust. Die rechte Hand zieht die gelieferten Fasern – für dickes Garn eine größere Zahl, für dünnes Garn nur wenige – und dreht die Spindel an.

6. Fahren Sie mit dem Spinnen fort, wobei die Spindel langsam abwärts gleitet.

7. Wenn die Spindel den Boden erreicht hat, klemmen Sie das Ende des gesponnenen Fadens zwischen Zeigefinger und Mittelfinger der linken Hand ab und wickeln das fertige Garn in Achterschlingen um Daumen und kleinen Finger. Auf diese Weise geht keine Spannung verloren, wenn Sie den Faden anschließend um den Spinnstock wickeln. Ziehen Sie die Schlaufe von der Spindelspitze und unter dem Wirtel hervor, und winden Sie den Faden oberhalb des Wirtels unter Zug um den Stock, während Sie die Spindel im Uhrzeigersinn drehen.

Lassen Sie genug des gesponnenen Fadens übrig, um ihn in einer Schlaufe wieder über die Spitze zu schlingen und damit den Spinnzyklus fortzusetzen. Wenn die Faserlocke aufgebraucht ist, setzen Sie neue Fasern an, indem Sie diese mit dem Fadenende etwa 5 cm übereinanderlaufen lassen. Das anfallende Garn wickeln Sie gleichmäßig auf dem Spinnstock immer etwas höher zur Kegelform auf, deren Basis die Wirtelfläche bildet. Wenn die Spindel voll ist oder zu unhandlich wird, können Sie das Garn zu Knäueln oder Strängen abwickeln. Es ist möglich, auf den Anfangsfaden zu verzichten und gleich mit dem Verspinnen der ungesponnenen Fasern zu beginnen, wenn man diese in eine Einkerbung am Spinnstock einhängt und gleich zu Anfang die Spindel dreht.

Probleme und Grundregeln
Während des Bewegungsablaufs beim Spinnen werden Ihnen viele Dinge auffallen: Ein dünner Faden läßt sich leichter spinnen; er nimmt die Drehung leichter an und hält sie besser als ein dicker Faden, der dem Drall zu widerstreben scheint. Bei ungleichmäßig gesponnenem Garn sind die dünneren Stellen eher fester gedreht, während die dicken Abschnitte keinen Drall annehmen und flockig und ungesponnen bleiben. Diese Ungleichmäßigkeit kann als Gestaltungselement von einem erfahrenen Spinner beabsichtigt sein und dem Garn eine sehr interessante Note geben. Als Anfänger sollten Sie versuchen, einen möglichst gleichmäßigen und einheitlich mittelstarken Faden zu spinnen, um sich in der Beherrschung des Spinnablaufes zu üben.

Wenn Ihre Spindel unentwegt auf den Boden kracht, ist sie möglicherweise zu schwer für den Faden, den Sie spinnen wollen, oder er spinnt derart geschwind zurück, daß der Faden sich vor Ihren Augen wieder auflöst. Wenn Sie merken, daß Sie die Spindel fortgesetzt drehen, um den Faden am Zurückdrehen zu hindern, sind Sie offenbar im Begriff, einen zu schweren, zu stark verdrehten Faden zu spinnen. Dicke Fäden brauchen keinen starken Drall und nehmen ihn nicht an; sie erfordern eine schwere Spindel, damit die nötige Schwungkraft zustande kommt. Wenn Sie hierbei Probleme haben, versuchen Sie, weniger Fasern auszuziehen. Das Spinnen sollte leicht, ohne Anstrengung und in gleichmäßigem Rhythmus vor sich gehen.

Wenn Sie sich etwa nach einer Stunde abgespannt, überanstrengt und unbehaglich fühlen, müssen Sie etwas falsch gemacht haben. Hören Sie auf, entspannen Sie sich, und versuchen Sie es ganz langsam nochmals. Zum gleichmäßigen Spinnen müssen Hände und Spindel aufeinander abgestimmt sein, und manchmal ist es schwer, die Bewegungen in einen Rhythmus zu bringen. Versuchen Sie, ihn in einzelne Schritte zu zerlegen. Wenn die Spindel wiederholt auf den Boden kracht, versuchen Sie sie mit der Spitze auf einem Tisch abzustützen. Wenn der Ablauf zu schnell vor sich geht, halten Sie die Spindel zwischen ihrem Körper und dem Tisch, ziehen Sie die Fasern aus und drehen Sie dann die am Tisch ruhende Spindel, um die verzogenen Fasern zu spinnen. Halten Sie ein, ziehen Sie aus, und dann spinnen Sie wieder. Wenn hervorstehende Wollflocken da sind, halten Sie an, stützen Sie die Spindel ab, und reißen Sie das Überschüssige ab. Größere Klumpen im gesponnenen Garn kann man an beiden Ende fassen, zurückdrehen und verziehen. Wenn Sie den Faden dann loslassen, geht der Drall von den dünnen Abschnitten auf die gerade verzogenen Fasern über.

Wenn der Faden überdreht ist, lassen Sie die Spindel sich rückwärts drehen. Wenn Sie mehr Drall wünschen, geben Sie der Spindel wieder eine schnelle Umdrehung, bevor Sie weitermachen. Wenn das Garn zu faserig ist, lassen Sie die Finger der rechten Hand während des Drehens am Faden entlanggleiten, um die hervorstehenden Faserenden einzuglätten. Dabei hilft manchmal etwas Feuchtigkeit oder Öl. Wickeln Sie den gesponnenen Faden immer unter Spannung auf die Spindel, weil er sich sonst dubliert und verfängt.

Bei jedem Herabgleiten der Spindel, egal, ob sie sich dabei schnell oder langsam dreht, verteilt sich bei einheitlich starkem Faden der Drall gleichmäßig. Die Zahl der Drehungen pro Zentimeter ist gleich der Zahl der von der Spindel vollzogenen Drehungen. Die gleichbleibende Regelmäßigkeit in Drall und Fadenstärke hängt von der Geschicklichkeit des Spinners ab und kommt mit der Übung.

Das Spinnen mit der schweren Standspindel

Eine weitere Methode, die gewöhnlich weniger rationell ist als das Spinnen mit der Fallspindel, die sich aber besonders zum Spinnen starken Garns im Sitzen eignet, wird von den Navajoindianern praktiziert. Dazu wird eine sehr schwere Spindel mit langem Spinnstock und großem Wirtel benutzt. Die Spinnerin sitzt auf dem Boden oder auf einem Stuhl wie auf der Abbildung zum 1. Schritt. Die hier abgebildete Spindel hat einen 90 cm langen Schaft und einen Wirtel von 15 cm Durchmesser. Beim Spinnen nach dieser Methode stützt man das untere Ende des Spinnstockes auf den Boden; sollte er abrutschen, legt man einen Teppich unter oder stützt ihn irgendwie ab. Das obere Ende des Spinnstocks lehnt man gegen den rechten Oberschenkel.

1. Nehmen Sie einen Anfangsfaden, den Sie aber nicht wie bei der Fallspindel unter den Wirtel ziehen, sondern statt dessen über dem Wirtel im Uhrzeigersinn um den Spinnstock wickeln. Halten Sie das Ende des Anfangsfadens mit der linken Hand zwischen Daumen und Zeigefinger, und legen Sie überlappend die losen ungesponnenen Fasern darauf. Nun rollen Sie mit der rechten Handfläche die Spindel zwischen Hüfte und Knie gegen den Oberschenkel. Diese rollende Bewegung bringt die Spindel zum Rotieren im Uhrzeigersinn und dreht die Fasern zum Faden. Man kann die Spindel auch einfach mit den Fingern der rechten Hand zum Drehen im Uhrzeigersinn bringen. Während sie sich dreht, zieht die linke Hand aus und läßt die ungesponnenen Fasern kurz oberhalb der Drehung zwischen Daumen und Zeigefinger gleiten.

Das Liefern oder Ausziehen der Fasern geschieht mit der linken Hand, während die rechte Hand die Spindel dreht. Der Zug zwischen der linken Hand und der Spindel bezweckt, daß die dickeren Abschnitte des zu drehenden Fadens sich gleichmäßig verziehen und strecken. Es ist wichtig, dünne Stellen zu vermeiden, weil diese den gesamten Drall aufnehmen, während dickere Stellen ungesponnen bleiben würden. Sie können das Drehen der Spindel jederzeit unterbrechen, wenn Sie das Garn ausziehen oder strecken wollen, um Verdickungen auszugleichen. Wenn diese sich nicht strecken lassen, halten Sie an und entwirren und verziehen die Fasern mit beiden Händen.

1. Das untere Ende der Spindel stützt man auf den Boden. Mit der einen Hand dreht man die Spindel am Oberschenkel entlang und zieht bei fortlaufender Drehung mit der anderen Fasern aus der Flocke.

2. Wenn der linke Arm ganz ausgestreckt und die Fasern gedreht sind, halten Sie an, schieben Sie den Faden auf dem Spinnstock herunter und wickeln Sie ihn ordentlich um den Schaft. Behalten Sie gerade genug Faden, daß er bis über das Ende des Spinnstocks reicht. Navajospinner pflegen die Wolle zuerst zu zupfen und zu kardieren. Das kardierte Vlies wird zunächst unter ganz wenig Zug und mit nur leichtem Drall gesponnen. Dieses Vorgarn wird dann ein zweites Mal gesponnen, und die Fasern werden dabei voll ausgezogen und gedreht, so daß ein festes mittelstarkes Garn entsteht. Viele Spinner benutzen diese Spindel dazu, um maschinengesponnenen Garnen einen stärkeren Drall zu geben oder um zwei Fäden miteinander zu verspinnen (Dublieren oder Zwirnen genannt).

Andere Methoden des Spindelspinnens

Es gibt noch andere Methoden im Gebrauch der Spindel, die zu erwähnen sind. Die Fallspindel wird häufig mit dem Wirtel noch oben gebraucht. Spindeln, die in dieser Weise benützt werden, haben gewöhnlich einen Haken am Fuß, durch den der Faden läuft. Der Spinnstock wird gegen den Oberschenkel der Spinnerin gerollt, wodurch die Spindel angeworfen wird. Auf diese Weise kann man mit jeder Spindel arbeiten, aber dabei ist der Spinnstock länger. Der Spinnvorgang ist unterschiedlich, je nachdem, wie das Gewicht verteilt ist. Man kann jede Spindel durch Änderung der Stellung des Wirtels oder der Länge des Spinnstockes zum Spinnen mit dem Wirtel oben zurichten.
Wenn die zu spinnenden Fasern sehr kurz sind wie bei der Baumwolle, oder wenn der Faden zu dünn ist, um das Gewicht der Spindel auszuhalten, mag es der Spinner vorziehen, die Spindel mit der Spitze in eine Schale oder irgendein Gefäß zu stellen.
Spinnwirtel müssen nicht unbedingt rund sein. Eine weitverbreitete Spindel zeigt die Abbildung S. 21. Anstelle des runden Wirtels hat sie Sprossen oder Kreuzstäbe. Diese Art wird häufig als Türkische Spindel bezeichnet, weil sie in diesem Land gebräuchlich ist. Wenn das Garn gesponnen ist, wird es auf und ab über die Sprossen zu einem Knäuel gewickelt. Bei manchen Spindeln dieser Art lassen sich die Sprossen vom Spinnstock abziehen, wobei das runde Garnknäuel unversehrt bleibt.
Im Norden Europas wird so eine Kreuzspindel in einem Stück aus einer Baumkrone gemacht (gewöhnlich vom Weihnachtsbaum). Die Äste bilden die Sprossen, und Lehmklumpen an den Enden geben Gewicht.

2. Nach Verziehen und Drallgeben senkt man die Hand, führt die Spindel vom Körper weg und dreht sie, um den Faden aufzuwickeln.

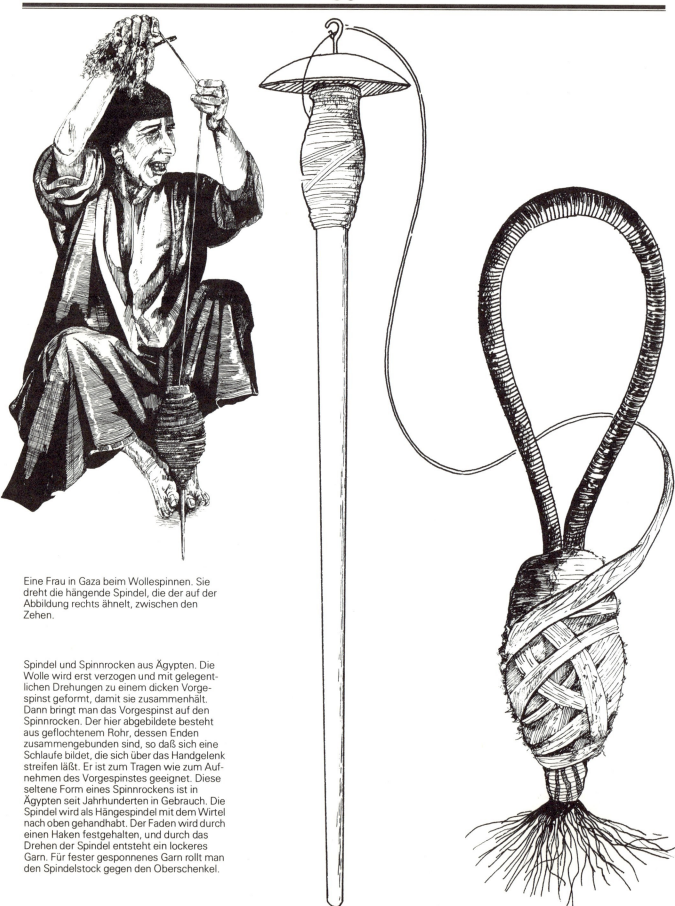

Eine Frau in Gaza beim Wollespinnen. Sie dreht die hängende Spindel, die der auf der Abbildung rechts ähnelt, zwischen den Zehen.

Spindel und Spinnrocken aus Ägypten. Die Wolle wird erst verzogen und mit gelegentlichen Drehungen zu einem dicken Vorgespinst geformt, damit sie zusammenhält. Dann bringt man das Vorgespinst auf den Spinnrocken. Der hier abgebildete besteht aus geflochtenem Rohr, dessen Enden zusammengebunden sind, so daß sich eine Schlaufe bildet, die sich über das Handgelenk streifen läßt. Er ist zum Tragen wie zum Aufnehmen des Vorgespinstes geeignet. Diese seltene Form eines Spinnrockens ist in Ägypten seit Jahrhunderten in Gebrauch. Die Spindel wird als Hängespindel mit dem Wirtel nach oben gehandhabt. Der Faden wird durch einen Haken festgehalten, und durch das Drehen der Spindel entsteht ein lockeres Garn. Für fester gesponnenes Garn rollt man den Spindelstock gegen den Oberschenkel.

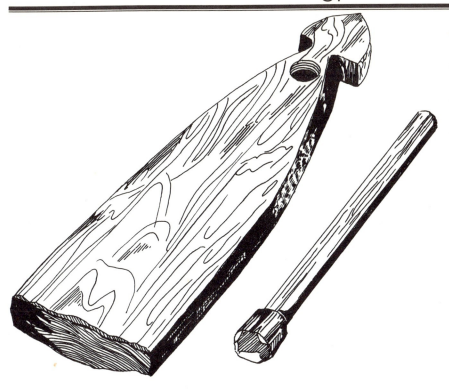

Dies ist ein ungewöhnliches Gerät, das von den Coushatta-Indianern in Louisiana zum Spinnen und Drehen benutzt wurde.
Es besteht aus Hickoryholz und kommt in verschiedenen Größen vor. Bei unserem Beispiel ist das längere Stück 32 cm lang. Man benutzt es zum Spinnen von dickem tauähnlichem Garn von 2½ cm Stärke. Der Spinnstock wird durch das Loch gesteckt und wird zum Griff, den man in der Handfläche hält und rollt, so daß das schwere, locker eingepaßte Holzstück sich darum dreht wie der Arm einer Windmühle. Eine zweite Person zieht dabei Fasern um den Einschnitt am Ende. Durch das Drehen des schweren Holzes wird der Faden gedreht und immer länger, wobei die beiden Spinner immer weiter auseinandergehen; schließlich wird das gesponnene Tauende entfernt und mit einem neuen Abschnitt begonnen.

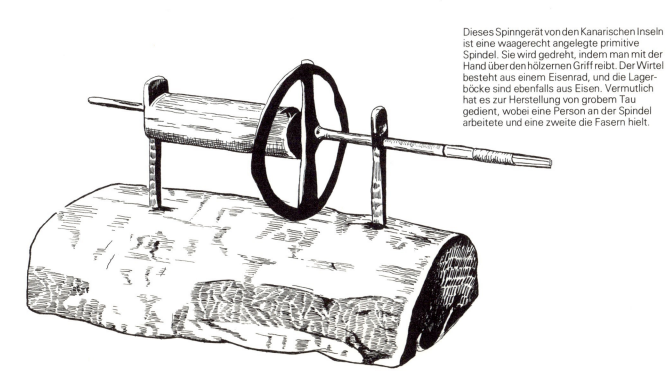

Dieses Spinngerät von den Kanarischen Inseln ist eine waagerecht angelegte primitive Spindel. Sie wird gedreht, indem man mit der Hand über den hölzernen Griff reibt. Der Wirtel besteht aus einem Eisenrad, und die Lagerböcke sind ebenfalls aus Eisen. Vermutlich hat es zur Herstellung von grobem Tau gedient, wobei eine Person an der Spindel arbeitete und eine zweite die Fasern hielt.

Zeichnung nach einer mittelalterlichen Handschrift, die eine Frau beim Spinnen mit Spinnrocken und Spindel zeigt. Der europäische Spinnrocken wird gewöhnlich unter dem linken Arm gehalten. In Europa wird dieser Spinnrocken meist für die langen Flachsfasern benutzt; natürlich kann er auch andere Fasern aufnehmen.

Zeitgenössische griechische Spindel mit Spinnrocken.

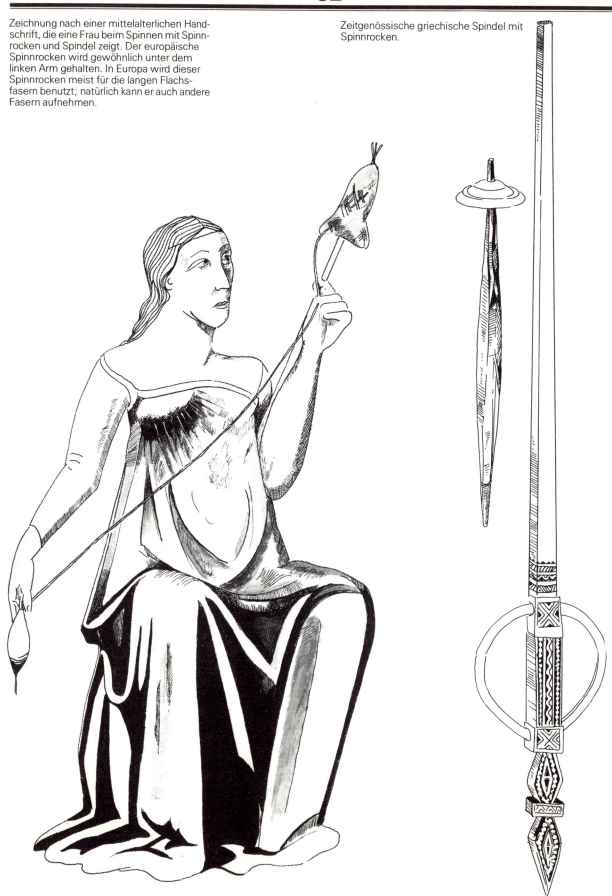

Spinnen im allgemeinen

Die Grundbewegungen des Spinnens sind: Fasern zur erwünschten Feinheit ausziehen, dem Auszug Drall geben für die Fadenbildung und Aufwickeln des Garnes auf die Spindel. Art und Qualität der Fasern und ihre Bearbeitung sind maßgebend für die Art des Garnes. Während des Spinnvorganges reguliert der Spinner die Stärke, die Glätte (bis zu einem gewissen Grad) und die Drehstärke des Fadens. Die Fasern werden zwischen beiden Händen verzogen. Dabei hilft das Gewicht der Spindel, die Fasern zu strecken, und die Finger beider Hände arbeiten in Übereinstimmung. Mit einiger Übung und wachsendem Selbstvertrauen und Geschick werden Sie im Spindelspinnen bald einen bequemen und Ihnen gemäßen eigenen Spinnstil entwickeln. Wechseln Sie mal Haltung, Reichweite, Geschwindigkeit, Fadenstärke und Größe der Spindel. Unter erfahrenen Spinnern gibt es die verschiedensten Spinnstile, vom konservativen bis zum sehr affektierten. Einige haben sogar die Fähigkeit entwickelt, Garn und Spindel über dem Kopf zu trudeln nach der Art, wie Cowboys das Lasso schwingen. Schrecken Sie nicht vor Experimenten zurück.

Der Spinnrocken

Als Spinnrocken wird jedes Gerät bezeichnet, das für den Spinner während des Spinnens die Rohfasern hält. Es ist ein bequemes, aber im allgemeinen nicht notwendiges Hilfsgerät. Am häufigsten wird es für Flachs gebraucht, denn die Flachsfasern können lang und schwer zu handhaben sein. In Europa, wo er am häufigsten benutzt wird, ist der Spinnrocken $1/4$ bis 1 m lang und wird unter dem linken Arm gehalten oder mit einem Ende in den Gürtel des Spinners gesteckt. Die ungesponnenen, vorbearbeiteten Fasern sind locker auf dem Spinnrocken befestigt, um ihn herumgewickelt oder einfach darauf angehäuft, so daß sie nach Bedarf herausgezogen werden können. Der Spinnrocken ist seit dem Altertum in Gebrauch, es gibt die verschiedensten Formen und Größen. Als die Menschen seßhafter wurden, nahmen die Spinnrocken neue Formen an; einige waren so gestaltet, daß man sie auf Bänken oder Spinnrädern befestigen konnte. Man findet ihn auch in Form einer langen Stange auf einem Ständer; diese ganze Vorrichtung nennt man einen Wergrocken. Er wird wie die meisten Spinnrocken in Europa zum Aufnehmen der Flachsfasern benutzt.

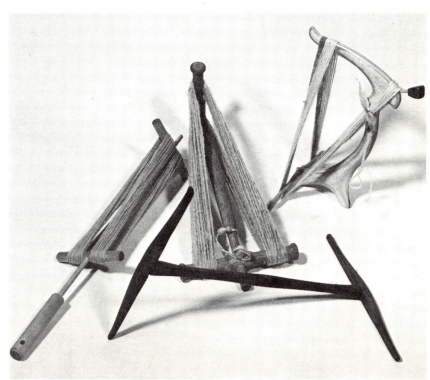

Verschiedene Haspeln zum Aufwickeln der Stränge. Bei jeder Haspel steht ein Armpaar rechtwinklig angeordnet zum anderen Armpaar, so daß das gesponnene Garn zu gleichlangen Strängen gewickelt werden kann. Die meisten Haspeln haben eine Vorrichtung, mit deren Hilfe man die Armpaare lockern kann, damit die fertigen Stränge leicht abzunehmen sind.

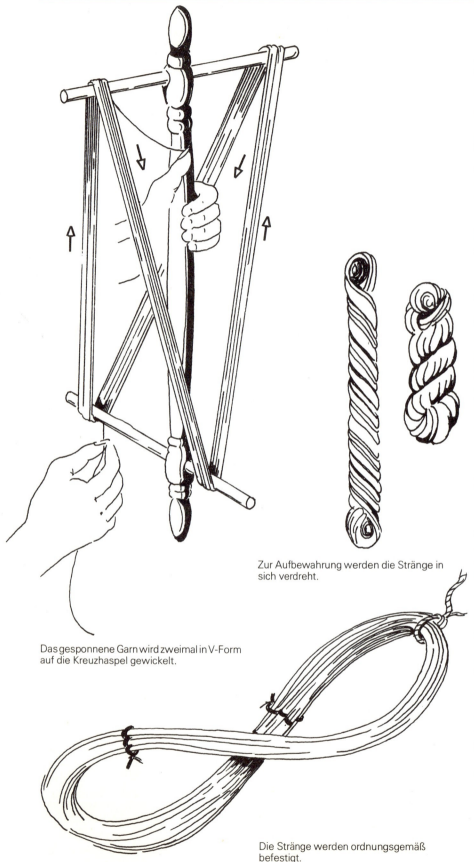

Das gesponnene Garn wird zweimal in V-Form auf die Kreuzhaspel gewickelt.

Zur Aufbewahrung werden die Stränge in sich verdreht.

Die Stränge werden ordnungsgemäß befestigt.

Das Stranglegen

Wenn das gesponnene Garn gewaschen oder gefärbt werden soll, muß man es in Stränge legen, das ist eine lose Anordnung von Fadenlagen. Am einfachsten macht man solche Stränge, indem man das gesponnene Garn in kreisender Bewegung über Hand und Ellenbogen wickelt. Auch beliebige andere Festpunkte wie Schraubzwingen, Stuhllehnen oder zwei Hände eignen sich dafür.

Manchmal benutzt man ein einfaches Gerät, das Nicker oder Haspel genannt wird, zum Stranglegen; damit lassen sich gleichmäßige Stränge von bestimmter Länge herstellen. Verschiedene Formen solcher Geräte sind auf S. 33 abgebildet. Wie man sie handhabt, zeigt die nebenstehende Abbildung. Zur Anwendung dieses Gerätes lösen Sie das Garn von der Spindel und halten das Ende mit der linken Hand dicht an den senkrechten Stab der Kreuzhaspel. Lassen Sie die Spindel auf den Boden rollen, oder legen Sie sie in einen Korb, während Sie mit der linken Hand die Haspel bewegen. Mit der rechten Hand wickeln Sie das Garn V-förmig auf. Eine Umwicklung entspricht meist der Länge von einem Meter. Andere Methoden, Garn zu haspeln oder aufzuspulen, werden im 4. Kapitel erörtert.

Auf welche Art auch die Stränge zustande kommen, immer müssen sie sorgfältig angebunden werden, damit sie nicht aufgehen oder sich verheddern können. Für eine wirksame Befestigung werden die Enden zusammengeknotet und an einen extra Faden, die sogenannte Fitzschnur, angefügt, die man locker um den Strang schlingt und dann in sich befestigt. Bei dickem Garn verwebt man die Fitzschnur mehrfach mit dem Strang; belassen Sie sie ganz locker, weil das Garn im Wasser anschwillt und die Fitzschnur sonst das Eindringen von Wasser oder Farblösung behindert. Für die Aufbewahrung drehen Sie den Strang um sich selbst, und stecken Sie eine Schlaufe durch die andere.

Eine afrikanische Spinnwerkstatt in Lesotho. Die Spinner verarbeiten Mohairwolle auf norwegischen Spinnrädern.

Eine Japanerin beim Aufspulen der Seide von Kokons auf einer alten japanischen Seidenhaspel. Die Kokons liegen in warmem Wasser, damit sich der Leim löst. Um ein dickeres Garn zu erhalten, werden die Fäden von mindestens fünf Kokons miteinander aufgespult.

Fixierung und Verteilung des Dralls

Um den Drall zu fixieren und seine Verteilung auszugleichen, wird der Strang naß gemacht und während des Trocknens mit Gewichten beschwert. Dies ist zwar nicht unbedingt nötig, aber es bewirkt einen gleichmäßigeren glatten Drall. Der Strang wird während des Trocknens straff gehalten, aber nicht zu straff. Wird das Garn zu stark gestreckt, verliert es an Elastizität. Man kann die nassen Stränge über einen Holzstab hängen und diesen aufhängen. Bei gleichen Stranglängen zieht man unten einen zweiten Stab hindurch und beschwert diesen auf beiden Seiten mit Gewichten. Oder man beschwert jeden Strang einzeln mit Hilfe einer Schnur, an der das Gewicht befestigt wird. Als Gewicht kann man alles mögliche verwenden; leere Plastikflaschen eignen sich besonders, weil man sie mit einer entsprechenden Menge Wasser füllen kann, um ihnen das erforderliche Gewicht zu geben.

Welche Bedeutung dem Spinnen zukam, sieht man an alten peruanischen Gazegeweben. Sie sind durchsichtig, aber zugleich fest und unverwüstlich. Ein fester Drall gleicht die Feinheit des Einfachgarnes aus und macht das Zwirnen überflüssig. Die Überdrehung verleiht dem Gewebe anhaltende Dehnfähigkeit und trägt dazu bei, daß die Schußfäden sich nicht verziehen. In einem Tuch erscheinen Fäden mit unterschiedlicher Drehzahl pro Zentimeter entsprechend der erforderlichen Festigkeit und dem erwünschten Musterkontrast. Auch finden sich innerhalb eines einzigen Fabrikates Einfachgarne sowohl mit S- wie mit Z-Drehung. Die unterschiedliche Drehrichtung beeinflußt die Oberflächenstruktur und gibt ihr eine effektvollere Wirkung.

Z- und S-Drehung und Zwirnen

In dem bisherigen Text war wiederholt davon die Rede, daß die Spindel in Uhrzeigerrichtung zu drehen und der Faden auf den Spinnstock zu wickeln sei. Selbstverständlich könnte man die Spindel in jeder Richtung drehen, und der Faden würde auch gesponnen. Nur muß man die einmal gewählte Richtung beibehalten und darin fortfahren, weil sich der Faden sonst wieder aufdrehen würde. Im allgemeinen, und dies gilt auch für die heutigen maschinengesponnenen Garne, werden die Fasern durch Rechtsdrehung der Spindel im Uhrzeigersinn versponnen. Dies nennt man Z-Drehung. Die Drehung nach links erzeugt eine S-Drehung. Zwei oder mehr in gleicher Richtung gesponnene Einzelfäden verdrehen sich naturgemäß miteinander, wenn sie in entgegengesetzter Richtung gezwirnt werden. Einfachgarne, die gezwirnt werden, sollen dünn und mit Überdrehung gesponnen sein, weil durch den Zwirnprozeß (wobei die Drehung in umgekehrter Richtung verläuft) etwas von dem ursprünglichen Drall verlorengeht. Durch Kombination vieler Stränge und entgegengesetzter Drehrichtungen lassen sich die verschiedensten Garnstrukturen erzielen. Garne werden gezwirnt, um ihnen bessere Zugfestigkeit und mehr Gewicht oder Volumen zu geben und um den Drall auszugleichen (besonders für Strick- und Häkelgarne); auch zur Erzielung besonders dekorativer oder struktureller Effekte. Weitere beim Spinnen mögliche Variationen durch Zwirnen und Fadenführung werden im 4. Kapitel behandelt.

Bei der einfachsten Zwirnmethode wird das Garn zu Knäueln aufgewickelt. Legen Sie die Knäuel in Körbchen und ziehen Sie die Enden heraus, knoten Sie diese an einen Anfangsfaden und verspinnen Sie beide miteinander, indem Sie die Spindel in entgegengesetzter Richtung (meist gegen den Uhrzeigersinn) drehen. Dies kann mit jeder Art von Spindel, ob Fallspindel oder Standspindel, auf eine der beschriebenen Weisen geschehen, wenn auch meistens eine schwere Spindel dazu benutzt wird, weil das zusätzliche Gewicht erforderlich ist, damit die für das schwere Garn notwendige Schwungkraft gewährt ist. Man kann auch die Einfachgarne – unverzwirnt – zusammen zu einem großen Knäuel aufwickeln.

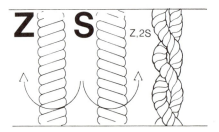

Drehrichtung. Gesponnenes Garn hat entweder eine Z-Drehung, das bedeutet, daß die Spindel beim Spinnen im Uhrzeigersinn (also nach rechts) gedreht wurde; oder es hat eine S-Drehung entgegen dem Uhrzeigersinn (also nach links). Die meisten Einfachgarne sind mit Z-Drehung gesponnen. Werden zwei oder mehr Fäden mit Z-Drehung zusammengesponnen oder gezwirnt, so dreht man die Spindel, mit der man spinnt, meist entgegen dem Uhrzeigersinn (S-Drehung). Dadurch entsteht ein gezwirnter Faden. Die Buchstaben S und Z wurden deshalb gewählt, weil ihre Schrägstriche die Drehrichtung anzeigen, die das gedrehte Garn aufweist. Die Bezeichnung Z, 2 S besagt, daß zwei Fäden mit ursprünglicher Z-Drehung in S-Drehung miteinander versponnen bzw. verzwirnt wurden.

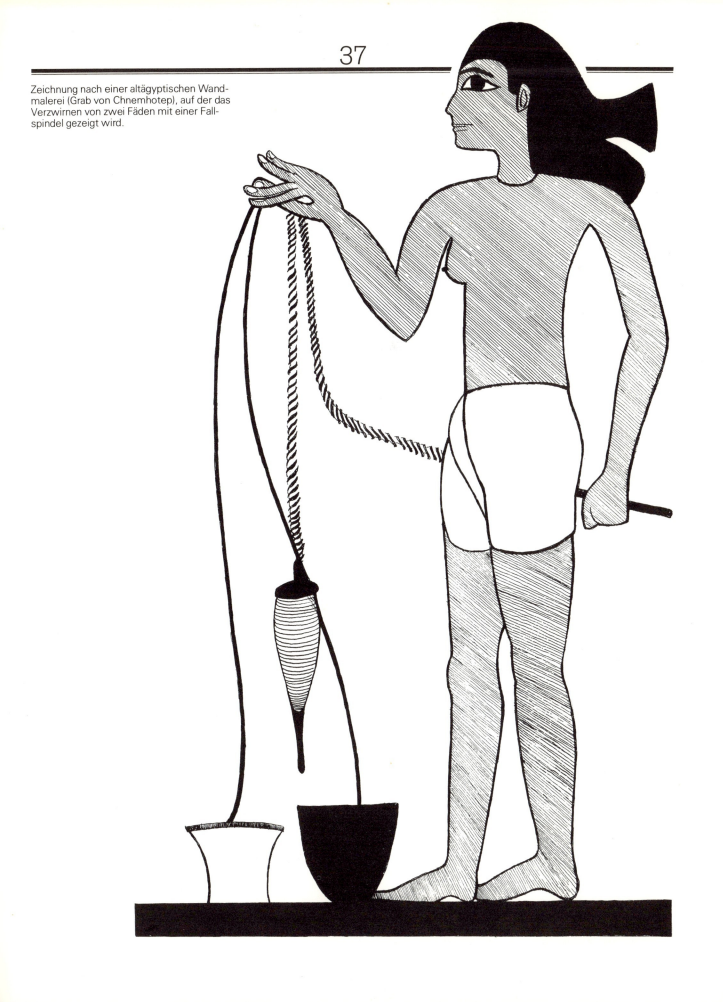

37

Zeichnung nach einer altägyptischen Wandmalerei (Grab von Chnemhotep), auf der das Verzwirnen von zwei Fäden mit einer Fallspindel gezeigt wird.

Das Spinnrad 3

Vor nicht allzu langer Zeit gehörte zu jedem Haushalt ein Spinnrad. Für ein Mädchen zählte es zum Wichtigsten in der Aussteuer, und für viele Einwanderer Nordamerikas war es das einzige Möbelstück, das sie aus der alten Heimat mitbrachten. Einerseits ein notwendiger Gebrauchsgegenstand, andererseits aber auch ein wesentlicher Bestandteil des Lebens, der Ruhe und Frieden ausstrahlte. Der besondere Rhythmus und das Gefühl, wie beim langsamen Treten die Fasern durch das Spindelloch geführt werden, wie sie sich fortbewegen und drehen, das ist und bleibt ein ganz besonderes Erlebnis. Diese Radierung von William Hincks zeigt das Spinnen und Haspeln von Flachs in County Down in Irland im Jahre 1783. Zwei Spinnerinnen sitzen am Spinnrad und spinnen vom Spinnrocken. Die Frau auf der rechten Seite wickelt das gesponnene Garn von einer vollen Spule zu Strängen auf. Im alten Irland wurden sowohl Wolle wie Flachs gesponnen, aber England verhinderte die Entwicklung der Wollindustrie in all seinen Kolonien. Seit dem Ende des 18. Jahrhunderts wurde Flachs zur gebräuchlichsten Faser. Die daraus hervorgegangene Industrie war die Voraussetzung für das berühmte irische Leinen.

Die Handspindel kann man leicht herstellen, und sie ist leicht transportabel. Mit ihr läßt sich wundervolles, ganz gleichmäßiges Garn spinnen, aber zur Herstellung größerer Garnmengen braucht man sehr viel Zeit. Am Spinnrad läßt sich viel mehr Garn in weniger Zeit und unter weniger Anstrengung erzeugen. Die meisten Spinner sind, wenn sie das Spinnen mit der Fallspindel gelernt haben, gespannt darauf, ein Spinnrad auszuprobieren. Dieses Gerät, das mehr oder weniger kompliziert sein kann, gibt es in vielerlei Formen und Größen.

Alle Spinnräder haben zwei Grundbestandteile: ein großes Schwungrad und eine waagerecht angebrachte Spindel mit einem Wirtel, der als Antriebsrolle fungiert. Ein Spinnrad kann selbstgebaut und primitiv oder feinste, in seinen Einzelteilen sorgfältig abgestimmte Handwerksarbeit sein. Das Verständnis des Arbeitsmechanismus dieses Gerätes und seiner Funktion ist die Voraussetzung für erfolgreiches Spinnen. In diesem Kapitel sollen die Entwicklungen des Spinnrades aufgezeigt und die einzelnen Teile und ihre Funktion erklärt werden.

Das frühe Rad

Man nimmt an, daß das erste Spinnrad während des Mittelalters in Indien entstand. Wie auch andere Handwerkszweige hatte die Textilarbeit in der vorindustriellen Kultur ein sehr hohes Niveau. Im Laufe von 3000 Jahren hatte man im Gebrauch der Spindel eine große Kunstfertigkeit bei der Herstellung von Baumwolle entwickelt; indische Musseline waren ein berühmter und begehrter Handelsartikel. Hier wurde nun erstmals ein Spinnrad benutzt, um kurze Fasern (Baumwolle) zu Garn zu verspinnen. Dieses erste Rad, unter der Bezeichnung Ostasienrad oder *Charkha* bekannt, war eine folgerichtige Weiterentwicklung der Handspindel. Die Spindel war parallel zum Boden zwischen zwei aufrechten Stäben so angebracht, daß die herausragende Spindelspitze zum Spinner hin zeigte. Der Wirtel wurde zur Antriebsrolle, um die herum eine Schnur zu einem großen Schwungrad lief. Der Spinner saß auf dem Boden oder einem kleinen Hocker, drehte mit der einen Hand das Rad und zog mit der anderen die Faser aus. Dieses Rad ist im Grunde unverändert noch immer in ganz Asien im Gebrauch.

Dieses moderne Spinnrad, genannt Pakistani Spinner oder Punjabirad, ist im Prinzip genauso aufgebaut wie das original ostindische Spinnrad mit großem Schwungrad und horizontaler Spulenspindel. Der Spinner hockt oder sitzt auf einem niedrigen Stuhl und spinnt mit der Spindel, während er das Rad mit der Hand dreht. Das Rad besteht aus zwei großen Holzscheiben, die durch eine Achse aus Holz verbunden und am Außenrand durch Bindfäden zusammengehalten werden, die im Abstand von 10 cm zickzackförmig von einem Scheibenrand zum anderen laufen. Die Antriebsschnur liegt auf dem Zickzackgeflecht und treibt die Spindel an. Das Rad ist geschmückt mit Spiegeln und schimmernden Metallstückchen, die beim Drehen des Rades das Licht reflektieren. An der Innenachse befestigte Glöckchen klingen, wenn man das Rad bewegt.

Das Spinnrad in Europa

Das ostasiatische Spinnrad gelangte wahrscheinlich durch die Araber nach Europa und war dort im späten Mittelalter in Gebrauch. Illustrationen aus alten Handschriften dieser Zeit zeigen die europäische Version. Das Rad ist auf Beinen montiert, so daß der Spinner bei der Arbeit nicht sitzt, sondern steht. Im Norden Europas wurde auf dem Rad Wolle mit längeren, rauheren Fasern gesponnen. So wurde das Rad unter europäischem Einfluß größer und stattlicher. Dies Spinnrad, das uns heute als Hochrad bekannt ist, wurde von englischen Siedlern nach Amerika gebracht. In England nannte man es entweder Hochrad oder Jerseyrad, in Irland Langrad, in Wales Großes Rad, in Schottland Mucklerad. Außerdem wurde es manchmal auch Wollrad genannt, weil hauptsächlich Wolle damit gesponnen wurde, oder Wanderrad, weil der Spinner beim Ausziehen der Fasern mit der einen Hand vor- und zurückläuft, während die andere Hand das Schwungrad antreibt.

Spulräder

Das ostasiatische Rad und das Wanderrad stellen einfache frühe Radformen dar. Bei beiden spinnt man über die Spitze des sich schnell drehenden hervorstehenden Spinnstockes, der »Quill« genannt wird (daher die Bezeichnung Quillrad). Mit jeder Umdrehung der Spindel läuft eine Drehung in den sich bildenden Faden hinein. Da der Durchmesser des Schwungrades größer ist als der der Antriebsrolle, kommt auf eine Umdrehung des Schwungrades eine vielfache Zahl an Spindeldrehungen. Sie sehen also, daß das Drehen des Schwungrades viel leistungsintensiver ist als das Drehen der Handspindel. Das Wanderrad hat gewöhnlich eine Stellschraube, mit deren Hilfe die Antriebsschnur gelockert oder fester gespannt werden kann.

Ein altes Spinnrad aus Afghanistan. Es arbeitet nach demselben Prinzip wie das Punjabirad. Dieses Spinnrad läßt sich leicht drehen.

Amerikanische Wanderräder sind häufig mit einem zweiten Antriebsrad ausgestattet, das sich neben der Spindel befindet. Dieses Rad hat zwei Rollen, eine kleinere, über die die vom Schwungrad kommende Antriebsschnur läuft, und eine größere Rolle, die mit Hilfe eines zweiten kürzeren Gurtes die Spindel antreibt. Diese Anordnung mit zwei Rollen vervielfacht bzw. beschleunigt die Umdrehung der Spindel. Dieses System ist vielfach übernommen worden und findet sich bei vielen anderen Spinnradkonstruktionen wieder. Sein Haupthandikap ist, daß es eine zweite Antriebsschnur erfordert und auch einen zweiten Spannungsregler für Feineinstellung. Der außerordentliche Vorteil des Quillrades liegt in seiner Unkompliziertheit und Einfachheit: Der Faden braucht keinerlei Löcher zu passieren. Auch wenn das Garn haarig oder flechsig ist, läßt es sich aufrollen. Dieser Radtyp arbeitet langsam, weil der Faden zuerst gesponnen und dann der Spinnvorgang unterbrochen werden muß, damit der gesponnene Faden sich auf den

Spinnstock aufwickeln läßt. Es gibt auch Räder, die nicht zum Spinnen, sondern zum Aufspulen bestimmt sind. Diese Spulen, manchmal verwirrend als Spindelquill bezeichnet, sind in Weberschiffchen eingebaut, die den Schußfaden beim Weben auf dem Webstuhl hin und her führen. So ein sogenannter Spulenwickler besitzt eine dicke stumpfe Spindel oder auch gar keine Spindel, statt dessen nur einen Stab zwischen zwei weit auseinanderliegenden Achsstützen. Spulspinnräder lassen sich als Spulenwickler verwenden.

Spulräder werden gelegentlich zu Vorführungen gebraucht, aber die heutigen Handspinner bevorzugen die hochentwickelten Räder mit größerer Spinnleistung. Zwei sehr brauchbare moderne Räder, die das Spulradprinzip aufgreifen, sind auf S. 48 abgebildet. Das Rad auf S. 48 wurde speziell für Studenten der San Francisco State University entwickelt. Es wurden damit grobe, dicke Garne für Webzwecke gesponnen, die sich nur auf einem ganz einfachen Rad spinnen lassen. Alles an diesem Rad ist massiv und robust und auf dickes, relativ störrisches Fasermaterial abgestimmt. Das Rad hat Fußantrieb, der Spinner sitzt und hat beide Hände frei, um sich mit den Fasern zu befassen.

Das andere Rad wurde so entworfen, daß es billig in der Anschaffung ist und überallhin mitgenommen werden kann. Es eignet sich zum Spinnen von dünnen, festen Baumwollfäden. Die Teile sind leicht und robust; alle Spannungsregler bestehen aus Spiralfedern. Es läßt sich in einem kleinen Kasten mit Handgriff unterbringen und wird Charkha genannt. Sein Gebrauch wurde durch Gandhi populär, der in ihm zugleich ein Mittel zur Erlangung wirtschaftlicher Unabhängigkeit wie zum Seelenfrieden sah. Gandhi selbst pflegte häufig mit einem solchen Rad zu spinnen und ermunterte alle Inder, es zu benutzen.

Diese Zeichnung nach einer Handschrift aus dem 14. Jahrhundert zeigt die europäische Nachahmung eines ostasiatischen Rades.

Der Wettkampf sheep-to-coat, *d. h. von der ungeschorenen Wolle bis zum fertigen Rock, ist ein immer wiederkehrendes Motiv bei Spinnern. Er wird in Amerika häufig auf Landmessen oder Schafschurwettbewerben ausgetragen. Es gibt eine ausführliche Beschreibung eines solchen aus dem Jahre 1811. Ein gewisser Herr John Throckmorton wettete 1000 Guineen, daß am Morgen geschorene Wolle bis zum Abend zu einem Rock verarbeitet werden kann, den man zum Dinner trägt. Um fünf Uhr morgens brachte man zwei Schafe. Sie wurden geschoren, die Wolle gesponnen, das Garn gewebt, der Stoff gefärbt, getrocknet und bis vier Uhr nachmittags fertig an den Schneider geliefert. Dieser nahm den Stoff und hatte bis 6.20 Uhr den Rock fix und fertig genäht. Sir John trug den Rock zu einem zur Feier der gewonnenen Wette veranstalteten Bankett, das er am gleichen Abend für seine Freunde gab. Fünftausend Leute waren Zeuge dieses Ereignisses, nach dem die geschorenen Schafe gebraten und zusammen mit 120 Gallonen Bier verzehrt wurden.*

Aus der Nachahmung des ostasiatischen Rades (vgl. Abb. S. 43) entwickelte sich allmählich das große Wollspinnrad. Diese Art Spinnrad wird häufig Großes Schwungrad, Wollrad oder Wanderrad genannt. Seine auffallendsten Merkmale sind die herausstehende Spindel und das große Schwungrad, das einen Durchmesser von 150 bis 180 cm hat. Die meisten dieser Räder haben drei Beine und eine Stellschraube, mit der die Spindel hin und her bewegt werden kann. Dadurch läßt sich die Spannung der Antriebsschnur regulieren. Das Rad wird mit der Hand gedreht, und der Spinner geht beim Spinnen vom Rad weg und wieder darauf zu. Ein geübter Spinner legt während der Arbeit eines Tages ca. 30 km zurück.

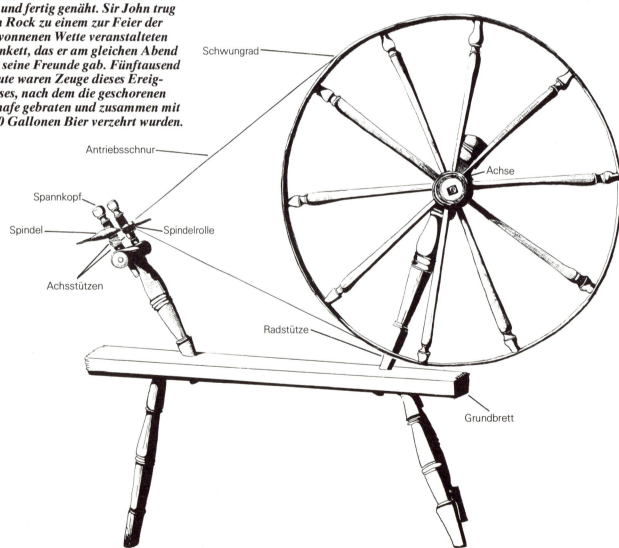

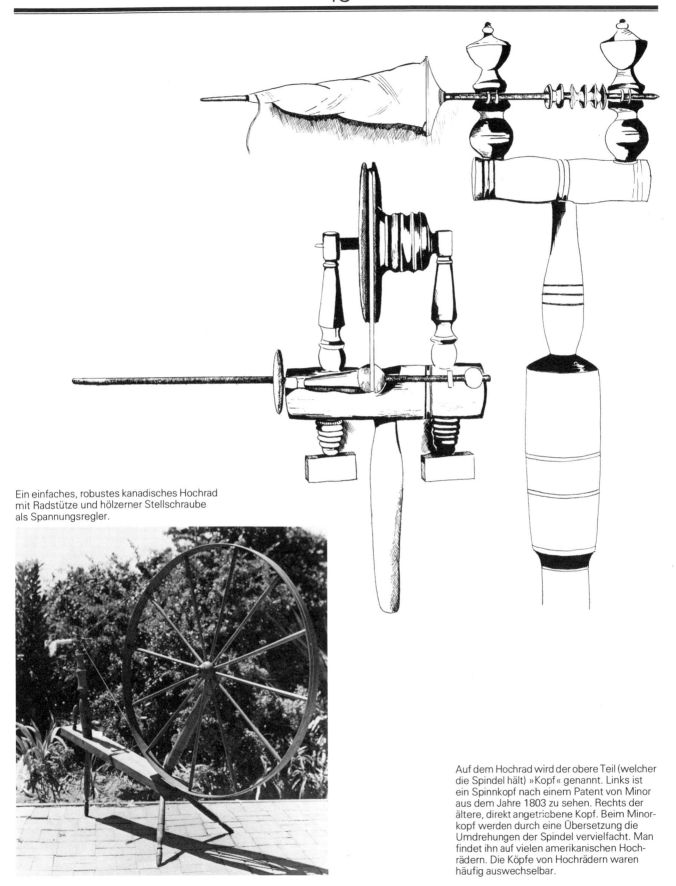

Ein einfaches, robustes kanadisches Hochrad mit Radstütze und hölzerner Stellschraube als Spannungsregler.

Auf dem Hochrad wird der obere Teil (welcher die Spindel hält) »Kopf« genannt. Links ist ein Spinnkopf nach einem Patent von Minor aus dem Jahre 1803 zu sehen. Rechts der ältere, direkt angetriebene Kopf. Beim Minorkopf werden durch eine Übersetzung die Umdrehungen der Spindel vervielfacht. Man findet ihn auf vielen amerikanischen Hochrädern. Die Köpfe von Hochrädern waren häufig auswechselbar.

46

Dieses Rad ist eine interessante Abwandlung des Hochrades. Es wurde Ende des 19. Jahrhunderts von einem Mann namens Hathorn aus Maine erfunden. Dieses originelle und handliche Gerät, das man an einer Tischkante befestigen kann, besitzt zusätzlich zu der einfachen Spinnvorrichtung Spule und Haspel. Die Antriebsschnur führt von dem großen Schwungrad hinüber zu einem sich schneller drehenden Kopf. Die vierarmige Haspel hat verstellbare Holzpflöcke, damit man größere oder kleinere Stränge machen kann. Die Haspel kann man auch umlegen, so daß sie flach auf dem Tisch liegt. So kann man sie zum Halten und Strecken der Garnstränge nach dem Waschen und Färben benutzen. Mit der Spindel kann man auch das Garn zum Weben aufspulen.

Vor allem ist das Spinnrad das Rad der Weisheit und des Wissens, des Friedens und der Seelenruhe. Es zähmt die Leidenschaften und beruhigt die Sinne. Dem kranken Gemüt gibt es den inneren Frieden zurück. In einem Wort: Es ist das Lebenselixier und der Stein der Weisen.
Pattabhi Sitaramayya

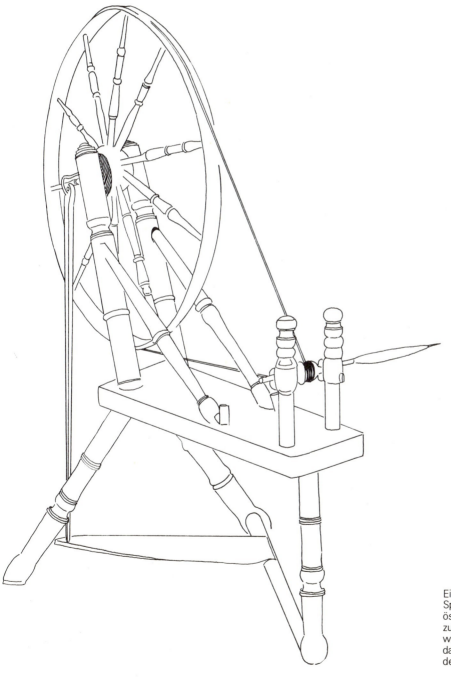

Eine andere Version des Hochrades ist das Spulenrad aus dem 19. Jahrhundert aus dem östlichen Kanada. Es hat keine Stellschraube zum Spannen der Antriebsschnur. Das Rad wird durch eine Trittplatte angetrieben, so daß man beide Hände frei hat zur Handhabung der Fasern.

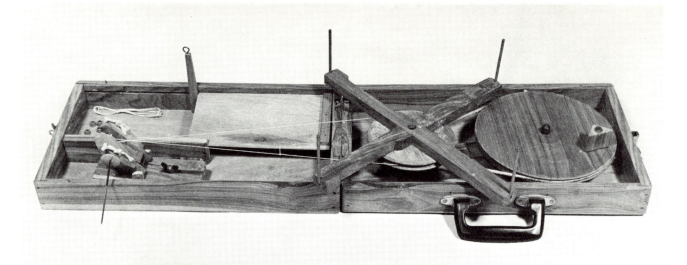

Dieses moderne ostasiatische Rad wurde zur Zeit Gandhis entwickelt. Es wurde zu seinem Symbol und wird häufig als Gandhis Charkha (Spinnrad) bezeichnet. Er glaubte, daß Spinnen gut sei für die Seele und daß es außerdem der Schlüssel zu wirtschaftlicher Unabhängigkeit sei. Durch Wettbewerbe trieb er die Entwicklung eines kleinen Rades voran, das leicht, einfach und zudem billig sein sollte. Es eignet sich besonders zum Spinnen von Baumwolle, einer in ganz Indien verbreiteten Faser. Dieses Gandhi-Rad läßt sich leicht in einem kleinen Kasten unterbringen und wiegt weniger als 3 kg.
Das obige Foto zeigt dieses Rad gebrauchsfertig aufgestellt. Die Haspel wird während des Spinnens entfernt (die Teile passen unter die Räder). Trotz seiner einfachen Bauweise ist das Rad leicht und mühelos zu handhaben. Die Spannung wird durch Spiralfedern bewirkt. Durch mehrere Übersetzungen kann das Antriebsrad klein gehalten werden und doch effektiv sein. Das Schwungrad rechts wird mit der Hand angetrieben. Über Räder und Rollen wird die Bewegung auf die Spindel übertragen, die sich bei jeder Umdrehung des handgetriebenen Rades viele Male dreht. Wenn das Spinnrad zusammengeklappt wird, lassen sich die Kleinteile (Spindeln, Antriebsschnüre usw.) in einem kleinen eingebauten Fach mit Schiebedeckel verstauen. Darüber befindet sich eine schmale Leiste mit einem Loch, durch das das gesponnene Garn beim Haspeln läuft.

Dieses kompakte moderne Spinnrad, das von Alden Amos entwickelt wurde, eignet sich zum Spinnen von starken, schwer zu handhabenden Garnen. Das senkrecht angeordnete Rad ist besonders robust. Das kleine Antriebsrad läßt sich leicht drehen, und die Spulenstellung ist nach Bedarf veränderbar.

Das Flügelspinnrad

In Europa kamen im späten Mittelalter zwei Verbesserungen des Spinnrades auf: der Fußantrieb und der Spinnflügel. Mit Hilfe des Trittbrettes konnte das Rad mit dem Fuß angetrieben werden, so daß beide Hände zur Handhabung der Fasern frei blieben. Beim Spinnen mit dem Spulrad mußte der eigentliche Spinnvorgang zum Aufwickeln des gesponnenen Fadens jeweils nach einigen Metern unterbrochen werden. Der Einbau des Fußantriebs war daher eine folgerichtige Verbesserung und führte zur Beschleunigung des Spinnablaufs. Aber immer noch mußte der Spinnvorgang unterbrochen werden. Demgegenüber stellte der Spinnflügel eine wahrhaft bemerkenswerte und fortschrittliche Entwicklung dar. Man konnte nun ununterbrochen die Fasern drehen und gleichzeitig das gesponnene Garn aufwickeln. Diese Erfindung wird einem Deutschen zugeschrieben, Johann Jürgen, der sie 1530 entwickelte. Ältere Zeichnungen von Leonardo da Vinci zeigen bereits einen ähnlichen Mechanismus, aber Jürgen baute dieses Gerät tatsächlich und wandte es zum Spinnen an.

Der Spinnflügelmechanismus ist im wesentlichen unverändert geblieben (siehe unten).

Detailzeichnung des auf den Achsstützen befestigten Spinnflügels. (1) Spule; (2) Spinnflügel; (3) Transmissionsscheibe der Spule; (4) Transmissionsscheibe der Spindel; (5) Triebstock oder Spindelachse; (SS) Achsstützen.

Die Spindelspitze ist das Loch, durch das der gesponnene Faden läuft. Der Flügel besteht aus einem zweiarmigen, U-förmigen Mechanismus mit Häkchen, über die das gesponnene Garn gleichmäßig auf der Spule verteilt wird. Spindel und Flügel bilden die wesentlichen Bestandteile. Der Spinnwirtel besitzt noch eine Antriebsrolle, die sich aber abschrauben läßt, so daß eine Spule auf den Spinnstock aufgesteckt werden kann, die in dem U des Flügels ruht. Diese Spule hat eine kleinere Rolle, die sich neben der Spindelrolle befindet. Der gesponnene Faden passiert direkt vor dem Spinner das Spinnloch an der Spindelspitze und tritt durch ein zweites Loch aus, das kurz vor der Stelle liegt, wo der U-Bogen des Spinnflügels an der Spindel befestigt ist. Von hier aus läuft der Faden über die Haken der Spinnflügel und wird von diesem ordentlich auf die Spule verteilt. Die einfache Antriebsschnur wird doppelt genommen und um das große Schwungrad gelegt, eine Schlaufe läuft über die Spindelrolle, die andere über die Spulenrolle. Während der Spinner den Fußantrieb tritt, läuft die Drehung beim Drehen des Spinnflügels in die Fasern, und der gesponnene Faden wird auf die Spule gewickelt. Da die Spulenrolle kleiner ist als die Flügelrolle, dreht sich die Spule schneller als der Flügel, wodurch der Faden eingezogen und auf die Spule gewickelt wird. Spinnen und Aufwickeln verlaufen gleichzeitig, während der Fuß das Schwungrad antreibt.

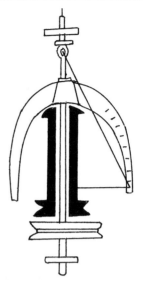

Querschnitt durch die auf der Spindel sitzende Spule. Die Spule muß häufig zum Abspulen des Garnes abgenommen werden. Daher muß sie leicht auf der Spindel anzubringen sein. Man entfernt die Spule, indem man die Antriebsschnur von den Rollen gleiten läßt und die Spindelrolle abdreht. Die Triebscheiben haben manchmal zwei Schnurrillen von verschiedenem Durchmesser. Läuft die Antriebsschnur über die Kerbe mit dem größeren Durchmesser, dreht sich die Spindel langsamer, und es entsteht nur leicht gedrehtes Garn. Läuft die Schnur dagegen durch die schmalere Rille, entsteht ein stärker gedrehtes, festeres Garn.

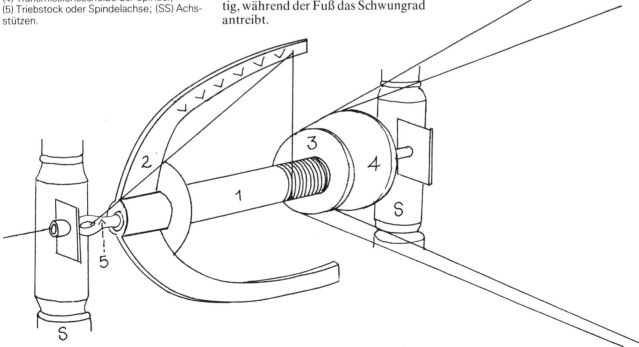

Das Sächsische Rad hat drei Beine. Das Schwungrad befindet sich oben rechts und das Spindellager mit Spule und Spinnflügel links. Unter dem meist schräg angebrachten Grundbrett ist die Trittplatte. Die meisten Spinnräder mit Spule und Spinnflügel bestehen aus ähnlichen Teilen, wenn ihre Anordnung auch verschieden sein kann. Das abgebildete Rad stammt aus Kanada aus dem Ende des 19. Jahrhunderts und wurde zum Wollespinnen verwendet.

Das große Schwungrad (größer als bei den meisten Sächsischen Rädern) gewährleistet die gleichmäßige und hohe Geschwindigkeit dieses Rades. Der Rahmen ist leicht, aber robust und trägt einen großen eleganten Spinnflügel. Das leichte, schnell ansprechende Trittbrett läßt keine Stockung zu.

Die Teile des abgebildeten Sächsischen Rades sind: (A) Schwungrad; (B) Antriebsschnur; (C) Spule; (D) Spinnflügel; (E) Spindellager; (F) Achsstützen; (G) Spinnkopfhalterung; (H) Stellschraube oder Spannungsregler; (I) Grundbrett; (J) Radspeichen; (K) Trittplatte; (L) Trittbalken; (M) Lederriemen; (N) Triebstange; (O) Kurbel.

Diese Art Rad, das auf S. 50 abgebildet ist, nennt man auch Brunswicker oder Sächsisches Rad nach der Heimat von Johann Jürgen. Die meisten Räder dieser Art, die im 17. und 18. Jahrhundert gebaut wurden, sind zum Flachsspinnen benutzt worden. Charakteristisch für die Spinnräder von Flachsspinnern sind kleine Spinnlöcher, winzige Häkchen und ein Spinnrocken. Wolle wurde normalerweise auf dem Hochrad und Flachs auf dem Sächsischen Rad gesponnen. Heute haben die meisten Räder dieser Art größere Spulen, Flügel, Haken und Löcher, damit sie auch für stärkere Garne benutzt werden können. Sie dienen vornehmlich zum Spinnen von mittelstarken Wollfäden.

Die Abbildungen auf den Seiten 49/50 zeigen die einzelnen Teile des Sächsischen Rades. Mit Hilfe der Stellschraube kann das Spindellager hin und her bewegt werden, wodurch die Antriebsschnur sich fester oder lockerer spannen läßt. Der Spinnflügel wird gewöhnlich auf Ledergamaschen an den Achsstützen befestigt. Eine der Achsstützen ist zum Abnehmen des Spinnflügels meist abschraubbar. Das abgebildete Rad hat einen winzigen Stift, ähnlich einem Zahnstocher, durch den die Ledergamaschen gehalten werden. Wenn man ihn herauszieht, gleitet das Leder von der Achsstütze und gibt die Spindel frei.

Wenn die doppelte Antriebsschnur gespannt wird, erfolgt gleichzeitig eine Regulierung sowohl der Spulenrolle wie der Spindelrolle. Bei zuwenig oder zuviel Spannung oder zu schlechtem Gleichlauf kann es vorkommen, daß die Antriebsschnur und die Gurte von den Rollen oder Rädern rutschen. Der geübte Spinner kann dem durch Veränderung des Widerstandes beim Einzug entgegenwirken, womit er die Stärke der Fadendrehung und die Spulengeschwindigkeit reguliert.

Dieses wundervoll ausgeführte deutsche Rad ist eine Abwandlung des horizontal angeordneten Sächsischen Rades. Diese Art, bei der das Antriebsrad sich unter dem Spinnflügel befindet, nennt man allgemein Bockrad. Es nimmt wenig Platz in Anspruch, erfordert aber wegen des kleineren Antriebsrades mehr Tretarbeit. Bockräder sind wegen ihrer Leichtigkeit und geringeren Größe nicht sehr produktiv, lassen sich aber gut auf Reisen mitnehmen.

Ein modernes norwegisches Rad, das genauso schnell arbeitet wie das Kanadische Rad. Es hat unter dem Spindelkopflager einen eingebauten Halter für Reservespulen. Die Körbe eignen sich zudem zum Aufbewahren von Garn während des Stranglegens. Das horizontale Grundbett bietet eine bequeme Ablage und ist charakteristisch für die typisch norwegischen Räder.

Spinnrad Vogesen.
Dieses Spinnrad wird bevorzugt verwendet, um grobe Noppenwolle herzustellen oder auch ungewaschene Schafwolle zu spinnen. Massive Bauform mit schwerem Schwungrad, daher besonders leichter Lauf. Zweifädiger Antrieb. Einführungsöffnung 13 mm. Fassungsvermögen der Spule: 120 g Garn.

In seinen verschiedenen Formen besitzt das Spinnrad immer auch Gestaltungselemente, die sowohl dekorativ als auch zweckmäßig sind. Viele Formen und Verfahren der Verzierung wiederholen sich, wenn auch mit leichten Veränderungen. In bestimmten Landschaften entwickelten sich regelrechte Traditionen. Holländische Räder haben häufig breite Felgen; deutsche Räder haben Ledergamaschen am Fußtritt; norwegische Räder ein horizontales Grundgestell und schwedische Räder sind meist bemalt. Dieses sächsische Rad hat ein Schwungrad mit breiter Felge, wie es sonst für holländische Räder charakteristisch ist.

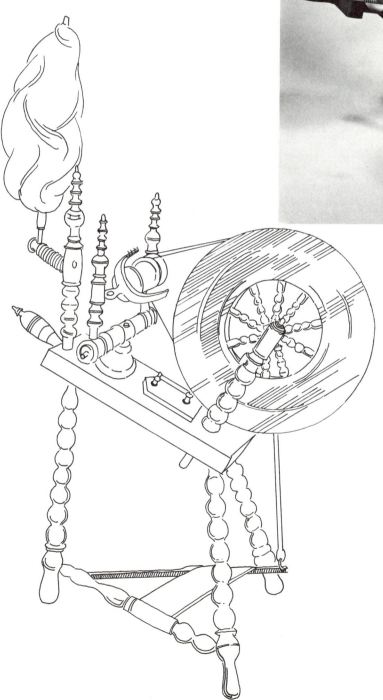

Ein zeitgenössisches amerikanisches Rad, das ganz einfach funktioniert. Spule und Spinnflügel können durch das Drehen der hinteren Achsstütze gelöst werden, die zur leichteren Handhabung einen langen Holzpflock hat. Die Robustheit des ganzen Rades verleiht ihm besondere Stabilität. Schwerere Räder sind zum Spinnen von dickem Garn am besten. Auf der besonders langen Spule kann eine beachtliche Menge Garn aufgespult werden, bis ein Abwickeln erforderlich wird.

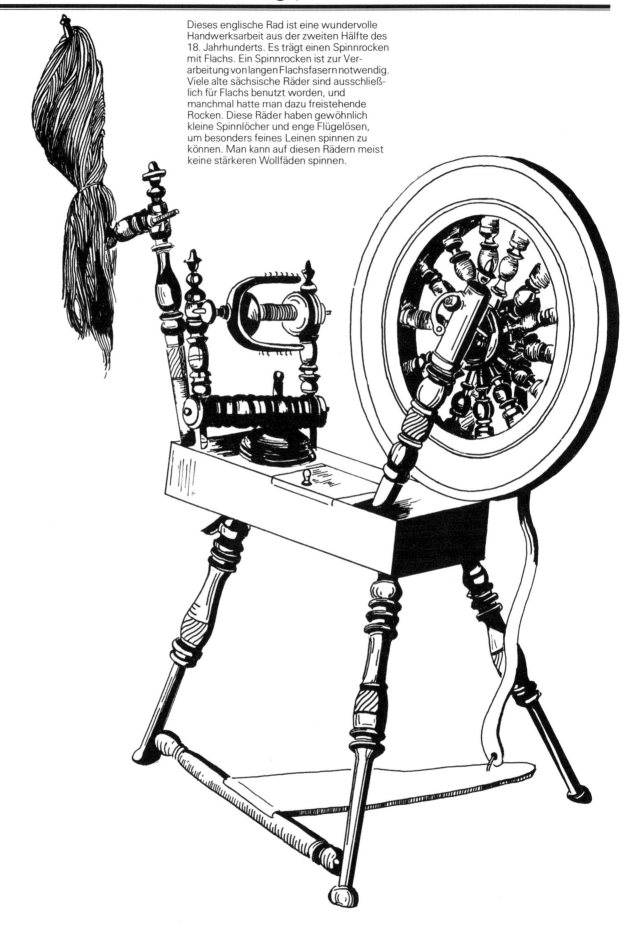

Dieses englische Rad ist eine wundervolle Handwerksarbeit aus der zweiten Hälfte des 18. Jahrhunderts. Es trägt einen Spinnrocken mit Flachs. Ein Spinnrocken ist zur Verarbeitung von langen Flachsfasern notwendig. Viele alte sächsische Räder sind ausschließlich für Flachs benutzt worden, und manchmal hatte man dazu freistehende Rocken. Diese Räder haben gewöhnlich kleine Spinnlöcher und enge Flügelösen, um besonders feines Leinen spinnen zu können. Man kann auf diesen Rädern meist keine stärkeren Wollfäden spinnen.

Ein modernes Bockrad mit eingebautem Spulenhalter, das auch zum Zwirnen benutzt werden kann. Die breite Felge verleiht dem Rad Stabilität und Schwungkraft. Wie die meisten modernen Spinnräder hat es einen für mittlere Wollgarnstärken geeigneten Spinnflügel und ein entsprechendes Spinnloch.

56

Dieses Bockrad mit vier Beinen ist aus vorgefertigten Teilen konstruiert. Es ist fast vollständig aus Metall, leicht und übersichtlich. Man kann gut und bequem damit spinnen, und es läuft leicht. Das Trittbrett ist groß genug für beide Füße und hat eine rauhe Oberfläche, so daß der Fuß nicht rutscht.

**Das Flügelspinnrad
mit einfacher Antriebsschnur**

Die gerade beschriebene Spinnflügelvorrichtung enthielt eine doppelte Antriebsschnur, aber es läßt sich auch einrichten, daß nur eine einfache Antriebsschnur benutzt wird, wenn man entweder die Spulenrolle oder die Flügelrolle dreht. Ein Beispiel dafür ist das Ashford-Rad, das nebenstehend abgebildet ist. Es besitzt eine sogenannte Spinnflügelführung: Es wird nur der Flügel, der den Drall bewirkt, angetrieben. An dem Spindellager befindet sich eine Bremsvorrichtung, durch welche ein Zug auf die Spule ausgeübt wird. Diese Bremse besteht aus einem Stück Einfachgarn und einem Gummiband, die über die Spule laufen. Sie wird gerade so weit angezogen, daß die Spule gegen die Spindel gedrückt und dadurch zum Drehen gebracht, der Faden folglich eingezogen und auf die Spule gewickelt wird. Diese Einrichtung ist kritisch. Wenn sie auch nur wenig abweicht, wird das Spinnen schwierig. Die Dehnbarkeit des Gummibandes gibt ziemlichen Spielraum, so daß der Zug nicht gleichmäßig locker erfolgt. Wenn die einfache Antriebsschnur über die Spulenrolle läuft, hat das Rad eine Spulenführung. Bei Drehung des Rades wird die Spule gedreht und der Faden auf die Spule gewickelt. Flügel und Spindel werden durch den Fadenzug auf die Flügelhaken angetrieben. Räder mit Spulenführung haben immer eine Bremse, die einen Zug auf den Spinnflügel ausübt.

In den angeführten Beispielen verläuft der Bremsvorgang über die Spindel nahe am vorderen Spinnloch. Viele Spinner bevorzugen die einfache Antriebsschnur und sind der Ansicht, daß sie eine bessere Kontrolle des Spinnprozesses erlaubt.

Das Ashford-Rad. Ein modernes Rad aus Neuseeland für Strick- und Häkelgarne mittlerer Drehung. Auch in Deutschland erhältlich.

Spinnrad »Schottland«.
Traditionelle schottische Bauart. Ein querliegendes Spinnrad mit großem und schwerem Schwungrad. Zweifädiger Antrieb. Einführungsöffnung: 7 mm. Fassungsvermögen der Spule 80 g Garn.

Dies ist ein Kasten- oder Stuhlrad mit vier Beinen, einem großen Spinnloch und übergroßer Spule und Spinnflügel. Man nennt es *Indian Spinner,* weil von den Indianern an der Nordküste von Kanada ähnliche Spinnköpfe benutzt wurden zum Spinnen von dicken Garnen für Pullover. Diese Art Rad wird mitunter auch als »Wolf« bezeichnet, weil es die Schafwolle mit großer Geschwindigkeit »frißt« oder verschlingt. Der hier gezeigte *Indian Spinner* aus Eichenholz wird durch ein altes Schubkarrenrad angetrieben, das aufgrund seines Gewichtes für viel Schwungkraft sorgt und sich schön gleichmäßig dreht. Mit diesem Rad lassen sich vornehmlich kräftige Garne mit wenig Drehung spinnen. Ein Lederriemen dreht die Spule, wodurch der Faden auf den Flügelhaken getrieben wird, was den Spinnflügel in Bewegung setzt. Vor dem Rad befindet sich über dem Spinnloch eine Bremse, mit der man die Drehung des Spinnflügels verlangsamen kann. Für das Antriebsband gibt es keinen Spannungsregler, so daß der Lederriemen bei Spannungsänderungen verlängert oder verkürzt werden muß.

In dieses Rad ist ein ähnlicher Spinnkopf mit großem Spinnflügel und Spulenantrieb eingebaut. Der gesamte Unterbau besteht aus einer alten Nähmaschine. Der Spinner sitzt vor dem Trittbrett, und der Faden läuft von der Seite aus in das Spinnloch. Die alten Nähmaschinen haben einen leichten gleichmäßigen Tretmechanismus und passen gut zum Spinnkopf des *Indian Spinner*.

Das Elektrospinnrad

Das Elektrospinnrad gehört eigentlich nicht in die Kategorie der Handspinngeräte. Es hat jedoch viele Gemeinsamkeiten mit den herkömmlichen Rädern. Bei guter Konstruktion kann ein Elektrospinnrad schnell, bequem, leistungsfähig und wirtschaftlich sein. Die Umdrehungsgeschwindigkeit der Spindel wird gewöhnlich durch ein Fußpedal bestimmt, wie es bei elektrischen Nähmaschinen üblich ist. Das hier abgebildete Elektrospinnrad ist kompakt, wirksam und leicht zu bedienen. Es ist nicht für industriellen Gebrauch bestimmt, sondern für den modernen Handspinner, der diese Verbindung von alt und neu sucht und zu schätzen weiß. Dem Spinner verbleibt die Faserführung und Bedienung der Maschine und ihrer Einrichtungen, er braucht aber nicht mehr zu treten.

Viele Spinner halten dieses Rad für eine Verfälschung und lehnen es ab. Aber es hat einige entscheidende Vorteile. Weil das Rad nicht mit dem Fuß, sondern elektrisch angetrieben wird, kann das Schwungrad klein und der gesamte Bau sehr kompakt sein. Diese spezielle Maschine bedient sich des Flügelmechanismus von Jürgen und kann die gleichen Garne produzieren wie ein entsprechendes Rad mit Fußantrieb. Der einzige tatsächliche Unterschied besteht darin, daß sie elektrisch und nicht durch menschliche Energie angetrieben wird. Jede Art von Spinnrad läßt sich auf elektrischen Antrieb umstellen.

Bei diesem elektrischen Spinnrad erübrigt sich das Treten. Es entstand aus Teilen einer elektrischen Nähmaschine. Es ist platzsparend und kann auf einem Brett oder Tischchen abgesetzt werden. Mit dem Fußpedal läßt sich die Geschwindigkeit regeln, und Bleigewichte, die unter dem Motor an einem Haken aufgehängt sind, regulieren die Spannung der Antriebsschnur. Speziell dieses Modell hat ein besonders großes Spinnloch und übergroße Flügelhaken. An der Spule befindet sich eine Bremsvorrichtung.

Geschichte des Spinnrades

Obwohl das Spinnrad sich in der Zeit vom 16. bis zum 17. Jahrhundert wenig verändert hat, entwickelten sich Typen und Formen, die wesentliche Unterschiede aufweisen. In diesem Zeitabschnitt war das Spinnrad in Europa und seit 1620 in Amerika ein wesentlicher Bestandteil des Familienlebens. Mit wachsendem Wohlstand wurden die Räder teurer und differenzierter. Obgleich die Räder zum täglichen Gebrauch bestimmt waren, baute man auch – besonders in Europa – stark verzierte und empfindliche Räder mit komplizierten Drechseleien und Elfenbeineinlagen. Diese sogenannten Salonräder waren für nur gelegentliches Spinnen geeignet und manchmal mehr dekorativ als zweckdienlich. In Amerika war das Leben zur Kolonialzeit härter und einfacher als in Europa. Die relative Schmucklosigkeit der amerikanischen Räder beruht auch auf der Strenge der religiösen Anschauung. Besonders die Shakers, eine Sekte, die sich von den Quäkern abspaltete, entwarfen und bauten viele Hochräder und Sächsische Räder während des ausgehenden 18. und 19. Jahrhunderts. Ganz allgemein waren die Spinnräder in Amerika einfacher und robuster gebaut.

Wie ihre Geschlechtsgenossinnen in anderen Teilen der Welt verbrachten amerikanische Frauen ihre Zeit, wann immer möglich, mit dem Vorbereiten und Spinnen von Fasern. Spinnen war oft ein sehr geselliger Zeitvertreib, da alle Altersklassen irgendwie an der Faserbearbeitung teilnahmen. Die meisten Beschäftigungen dabei – und dies gilt besonders für das Spinnen – erlaubten es, bei der Arbeit zu erzählen, zu scherzen und sich miteinander zu unterhalten.

In Amerika gab es während der Kolonialzeit Spinnkränzchen und Wettbewerbe, und die Frauen setzten ihren Stolz in Qualität und Quantität ihrer Garnproduktion. Diese Veranstaltungen waren gesellschaftliche Ereignisse. Lange Tage und Abende gemeinsamen Spinnens endeten oft bei gutem Essen, Singen und Tanz. Flachs- und Wollproduktion sowie Spinnen waren eindeutige Mittel, um politische und wirtschaftliche Unabhängigkeit zu erlangen. Das Wort »Homespun« (selbstgemacht) erhielt eine patriotische Bedeutung. Der Harvard-College-Jahrgang von 1768 sowie der Yale-Jahrgang von 1769 beschlossen, für ihre Promotionsfeierlichkeiten nur noch Kleidung aus heimischen Textilien zu tragen, »Homespuns«. Das Spinnzimmer in Mt. Vernon, dem Haus Washingtons, ist noch voller Hochräder zum Spinnen von Wolle und Sächsischer Räder zum Flachsspinnen.

Das Spinnrad ist immer Symbol für weibliche Tugend und weiblichen Fleiß gewesen. Es war den Reichen und Armen in gleichem Maße vertraut. Ein Auszug aus einem Brief von Benjamin Franklin an seine Schwester vom 6. Januar 1736 deutet an, wie sehr er an dieser weitverbreiteten Ansicht festhielt: »Ich hatte mich fast für einen Teetisch entschieden, aber als ich bedachte, daß die Rolle einer guten Hausfrau der, eine schöne Dame zu sein, vorzuziehen ist, entschloß ich mich, Dir ein Spinnrad zu schenken.«

Zweihundertfünfzig Jahre nachdem Johann Jürgen Flügel und Rolle konstruiert hatte, kam Richard Arkwright auf die Idee, die Spule beweglich zu machen, das Wesensmerkmal, das auch die modernen Spinnmaschinen kennzeichnet. Durch die schnelle Industrialisierung wurde das überall vorhandene Spinnrad immer weniger benutzt. Als die Dampfmaschine aufkam, verschwanden die Räder auf den Speichern, und das vorindustrielle Leben verschwand mit ihnen. Die Worte eines alten Mannes drücken aus, was viele fühlten:

»Als die alten Räder starben, gingen auch die guten Zeiten. Es kann sein, daß sie wiederkehren, wenn die Räder wiederkommen.«

Heute hat man wieder mehr Sinn für Handwerkliches und für Textilherstellung, die Spinnräder werden wieder von den Speichern geholt und bei Antiquitätenhändlern gekauft, nicht so sehr als Dekoration, sondern wirklich zum Spinnen. Die Leute benutzen die Räder wieder und passen sie dem heutigen Bedarf an. Neue Räder werden entworfen und hergestellt, weil immer mehr Leute spinnen wollen.

In der frühen amerikanischen Kolonialzeit konnte fast jeder weben, und die meisten Leute spannen von Kindheit an. Die Frauen waren verantwortlich für die Verarbeitung der Stoffe und die Bekleidung der Familie, und sie trugen jedes kleinste bißchen Schnur oder Faser, das sich auftreiben ließ, zusammen. Die Kleidung bestand aus einem Drittel weißer Wolle, einem Drittel schwarzer Schafwolle und einem Drittel mit Indigo gefärbter Altwolle. Schafe waren wertvoll und wurden gehütet. Sie konnten frei weiden und wurden selten als Nahrungsmittel genutzt. 1640 wurde in Connecticut ein Gesetz erlassen, nach dem jede Familie verpflichtet war, mindestens einen Löffel voll englischen Hanfsamens zu beschaffen und diesen mit mindestens einem Fuß Samenabstand in den fruchtbaren Boden innerhalb der Plantage auszusäen.

Die Wahl eines Rades

Bei der Wahl eines Rades sind viele Faktoren zu beachten, unter anderem der Anlaß zum Spinnen und die Art von Garn, das hergestellt werden soll. Manche Leute spinnen, weil sie Spinngeräte gerne haben, manche, um das Garn selber zu machen, andere, um Garn zum Verkauf herzustellen; viele spinnen zur Entspannung und wieder andere aus reiner Lust am Spinnen. Gewisse Garne sind nicht im Handel erhältlich, deshalb spinnen Handweberinnen und Strickerinnen ihr Garn selber, denn ihnen bleibt keine andere Wahl. Viele andere Gründe können für die Wahl eines Rades ausschlaggebend sein, und manche Spinnerinnen stellen erst beim Spinnen fest, daß ihr Bedarf und Geschmack wechseln.

Folgende Grundregeln sollte man beachten: Alle beweglichen Teile sollten leicht gehen, das Schwungrad sollte mit der Spindelrolle fluchten und nicht verzogen sein oder wakkeln; alle Teile sollten heil und das Holz in gutem Zustand sein. Dünnes, glattes Garn spinnt sich am leichtesten auf einem Rad mit kleinem Spinnloch. Schwere Strukturgarne erfordern ein schweres Rad mit großem Spinnloch und großer Spule. Wenn Sie besonders unelastische Fasern oder überdrehte Garne spinnen wollen, wäre ein robustes Spulrad, bei dem nichts den Faden stören kann, am besten geeignet. Wenn Sie Ihr Rad transportieren wollen oder wenig Platz haben, ist ein senkrechtes Bockrad am besten. Ein großes Sächsisches Rad, das den geringsten Kraftaufwand erfordert, mit schnellem Spinngang und Faserzug, ist ein sehr produktives Rad, falls Sie nicht die elektrische Spinnmaschine probieren wollen. Schweren Garnen entspricht am besten das stabile Stuhl- oder Kastenrad (Indian Spinner) mit übergroßer Spule.

Neue Räder gibt es in großer Auswahl; Sie sollten nur kaufen, wenn Sie mit der Größe, Form, Ausstattung, Arbeitsweise und dem Preis ganz einverstanden sind; informieren Sie sich gründlich, bevor Sie eine Entscheidung treffen. Sehen Sie die letzten Ausgaben von Fachzeitschriften durch und fordern Sie Broschüren an. Spinnen Sie mit verschiedenen Rädern, sprechen Sie mit erfahrenen Spinnern, und treffen Sie dann eine vernünftige Wahl. Teure Räder sind meist aus Hartholz, haben mehr gedrechselte Teile und sind mit mehr Sorgfalt und handwerklicher Genauigkeit gearbeitet. Wenn Sie nicht selbst Erfahrung im Spinnen haben, kaufen Sie kein Rad von jemandem, der nicht selber spinnt, ohne daß Sie sich vergewissert haben, daß es ordentlich funktioniert! Es gibt viele Räder, sowohl neue wie alte, die nicht zum Spinnen gebaut sind.

Viele Spinner glauben, wenn dem auch nicht jeder zustimmen wird, daß das Spinnen mit alten Rädern ein ganz besonderes Vergnügen bereitet. Ein altes Rad ist oft von ungewöhnlicher Herkunft, es stammt von einem Vorfahren, einem Freund, oder man fand es unerwartet an einem ungewöhnlichen Ort, wo es darauf wartete, heimgeholt zu werden.

Antike Räder findet man oft ganz zufällig, und dann muß man sich wahrscheinlich schnell entscheiden. Im allgemeinen ist folgende Regel vernünftig: Wenn es gefällt und man das Geld hat, soll man es kaufen. Bedenken Sie jedoch, daß an älteren Rädern entweder Teile fehlen, nicht original oder in miserablem Zustand sein können. Kleinere Beschädigungen, die das Spinnen nicht beeinträchtigen, kann man übersehen. Achten Sie auf Anzeichen guter oder schlechter handwerklicher Arbeit. In europäischen Rädern ist häufig der Holzwurm; das Holz kann von außen tadellos aussehen, innen aber total zerfressen sein. Trittbrett, Triebstange, Füße, Lederstücke und Lager lassen sich leicht ersetzen. Aber verzogene Räder und stark beschädigte Spinnköpfe lassen sich nur schwer und unter großen Kosten reparieren oder ersetzen, weil dies einen Fachmann erfordert. Jede größere Reparatur an einem alten Rad sollte von einem erfahrenen Drechsler, der auf Spinnräder spezialisiert ist, vorgenommen werden. Wenn es irgend möglich ist, lassen Sie sich beim Kauf eines antiken Rades von jemandem beraten, der mehr Erfahrung hat als Sie.

Es tauchen auch gelegentlich alte Räder auf, die nicht besonders praktisch, aber faszinierend sind. Dazu gehören Räder mit zwei Köpfen, so daß sich daran zwei Fäden gleichzeitig spinnen lassen; zierliche kleine Salonräder, die man auf den Tisch stellen kann: Während das junge Mädchen den Faden spann, trieb der Freier den Fußtritt an. Es gibt auch Pendelräder, eine Abart des Hochrades, dessen Rad der am Boden sitzende Spinner mit der einen Hand drehte, während er mit der anderen Hand die Fäden auszog. Die Spindel befindet sich an einem Gestell, das ein Gewicht hat und dadurch vom Spinner weg und auf ihn zurück bewegt wird. Andere Radtypen haben eingebaute Haspeln, in der Bank besondere Fächer und eingebaute Faulenzer (Spulenträger) für Zusatzspulen. Gelegentlich sieht man auch Räder mit Doppeltrittbrett für beide Füße.

Pflege und Einstellung
Alle Räder sind verschieden. Man muß sie sorgfältig und achtsam behandeln. Behandeln Sie ein Spinnrad genauso, wie Sie ein edles hölzernes Möbelstück behandeln würden. Für ein reibungsloses Funktionieren ist regelmäßiges Ölen aller beweglichen Teile inklusive der Lederteile unerläßlich. Für sich schnell bewegende Teile sollte Maschinenöl, für langsame Schmierfett verwendet werden.
Die Stellen, die geölt werden müssen, sind: die Löcher, wo das Trittbrett an den vorderen Beinen mit Metallstiften befestigt ist, die Triebschnur, die Kurbel und die Nuten, in denen sie sich dreht; das obere Ende der Triebstange, die Träger der Achsstützen, die Mittelachse des Spinnflügels und die Innenscheiben der Spulen. Zum Schmieren von Holzteilen und zur Behebung von Quietschen und Knarren sind sowohl Seife wie Wachs geeignet.
Bei neuen Spinnrädern, besonders wenn sie als Bausatz geliefert werden, sind die Holzteile meist unbehandelt. Einige Spinner lassen sie am liebsten unbearbeitet, so daß sie mit der Zeit und durch den Gebrauch eine natürliche Patina bekommen, aber viele bevorzugen eine dunklere Eintönung. Es gibt viele verschiedene Beizen oder Holzpolituren, und die Auswahl richtet sich nach dem individuellen Geschmack; antike Räder sind meist dunkel, sie sind manchmal gestrichen oder lackiert. Bevor man eine Politur aufträgt, sollte das Holz leicht mit Sandpapier oder feiner Stahlwolle abgerieben werden, benutzen Sie zur Pflege eine Kombination von Bienenwachs und Terpentin oder ein gutes Bohnerwachs. Gehen Sie vorsichtig mit dem empfindlichen Spinnflügel um. Und wachsen oder polieren Sie niemals die Radfelge, sonst kann die Antriebsschnur nicht mehr greifen und gleitet ab.
Zur Lagerung sollte man Spinnräder möglichst nicht auseinandernehmen, damit keine Teile verlorengehen, sich verziehen oder verwechselt werden können. Anscheinend gleiche Teile sind nicht unbedingt auch austauschbar und werden es immer weniger, wenn sie in Gebrauch waren. Bedenken Sie auch, daß neue Räder oder solche, die noch nicht benutzt wurden, Zeit brauchen, bis sie sich eingelaufen haben. Bei vielen dauert es Monate, bis sie reibungslos funktionieren.

Auf dem traditionellen Wanderrad – und mitunter auch auf anderen Rädern – sind viele der tragenden Teile verjüngt, damit sie gut passen. Das Schwungrad muß mit der Spindelrolle fluchten, sonst gleitet die Antriebsschnur immer ab. Zur Einstellung des Hochrades klopfen Sie mit einem Holzhammer unter die Bank, um es zu lockern, und verschieben Sie die Radstützen, bis das Rad fluchtet. Werfen Sie das Rad mit der Antriebsschnur an, um sich zu vergewissern, daß es ordentlich läuft. Wenn Sie zufrieden sind, klopfen Sie einmal kräftig auf die Radstützen, damit sie fest sind; aber seien Sie vorsichtig, daß Sie es dabei nicht herunterschlagen. Einige Spindelrollen haben Rillen, und die Antriebsschnur kann von einer Rille in die andere verlegt werden, womit sich die Einstellung ändern läßt.
Antriebsschnüre dürfen sich nicht dehnen und sollten eine gute Reibung haben, um die Rollen anzutreiben. Bei einigen Rädern sind die Rollenrillen breit genug zur Aufnahme von einem Lederriemen. Die meisten Räder haben schmale Rollenrillen und erfordern eine Schnur. Die Schnur sollte am besten aus locker gedrehter Baumwolle sein und in ihrer Stärke dem Rad entsprechen, damit sie die nötige Haftung hat, ohne sich zu dehnen. Vor Anlegen der Antriebsschnur ziehen Sie die Stellschraube nur halb oder noch weniger an, damit die Schnur sich loser oder fester stellen läßt.
Die Enden der Schnur kann man durch Weberknoten miteinander verbinden; besser ist es aber, wenn man sie spleißt. Man kann die Enden auch verjüngend zuschneiden und übereinandergelegt mit Nähgarn umwickeln. Ein Überzug mit Bienenwachs wird die Schnur festigen und ihr gute Reibung verleihen. Lederriemen werden entweder zusammengenäht oder mit einer Metallöse zusammengehalten.

Die Antriebsschnur wird entweder einfach genommen und über eine Rolle geführt, oder sie wird doppelt genommen und treibt die beiden Rollen an. Wenn die Schnur gedoppelt wird, kreuzt sie sich an irgendeinem Punkt. Wird das Schwungrad rechtsherum (im Uhrzeigersinn für eine Z-Drehung beim Faden) angetrieben, befindet sich die Überschneidung genau unter dem Spinnkopf oder links davon. Dies ist die übliche Anordnung. Wird das Schwungrad entgegen dem Uhrzeigersinn angetrieben, was gewöhnlich beim Zwirnen der Fall ist, wandert die Kreuzung von selbst auf die rechte Seite des Kopfes.
Wenn die Teile des Rades einmal reibungslos funktionieren und die Antriebsschnur straff gespannt ist, betrifft jede weitere Einstellung während des Spinnens einzig die Spannung. Sich mit einem Rad vertraut zu machen, es einzulaufen und zu lernen, wie es am besten arbeitet, das gehört zum Wichtigsten, wenn man ein Spinnrad sein eigen nennt und sich daran erfreuen will.
Wie bei jedem Werkzeug können Änderungen und Einstellungen nach den Bedürfnissen des Benutzers vorgenommen werden. Ein Rad mit gedoppelter Antriebsschnur kann mit einfacher Antriebsschnur angetrieben werden, indem man die Schnur über nur eine Rolle laufen läßt und an der anderen Rolle eine Bremse aus einer Schnur und einem Gummiband anbringt. Die Entscheidung, an welchem Punkte die Bremse anzubringen ist, hängt von der Konstruktion des Spinnrades ab. Das Übersetzungsverhältnis der Rolle läßt sich durch Vertiefen oder Anfüllen der Rollenrillen verändern. Man kann Spinnrocken dem Rad anfügen oder sie abnehmen, und die Radfelgen kann man beschweren, um dem Rad mehr Schwungkraft und Stabilität zu geben.
Das Spinnrad ist ein Zauberwerkzeug mit Teilen, die sich auf wundervolle Weise bewegen. Es hat seine eigene Harmonie, eigene Bewegung, eigenen Geräusche und Funktionen. Es gehört zu unserer Tradition und zu unserem Erbe. Es werden nicht nur Fasern gesponnen, sondern auch Träume, die die Sorgen vertreiben.

Spinnen am Spinnrad 4

Wenn Sie schon gelernt haben, wie man mit der Fallspindel spinnt, und anfangen, die Besonderheiten und Funktionen des Spinnrades besser zu verstehen, wird das Spinnen am Spinnrad für Sie bald ganz einfach und natürlich sein. Es gibt keine unumstößlichen Regeln für das Radspinnen; aber wie bei der Handspindel gibt es Methoden und Regeln, mit denen man eine größere Spinngeschwindigkeit und einen besseren Wirkungsgrad erzielt. Die vielen Fotos in diesem Kapitel sollen Ihnen einen Überblick über die verschiedenen Arbeitsstile und -methoden geben. Mit ein wenig Übung lassen sie sich alle leicht erlernen.

Die nachfolgenden Kapitel beschäftigen sich mit vielen Faktoren, die bei der einen oder anderen Methode zu beachten sind. Dazu gehören die Länge der Fasern, z.B. ob sie fein, rauh, vorbehandelt sind oder nicht, sowie Stärke und Beschaffenheit des gewünschten Garnes. In diesem Kapitel konzentrieren wir uns auf zwei Spinnverfahren: den kurzen und den langen Auszug. Der kurze Auszug ist langsamer. Dieses Verfahren eignet sich am besten für Fasern, die kaum vorbehandelt wurden und unterschiedliche Strukturen aufweisen. Auch lassen sich damit gut lange Fasern verarbeiten und dicke Garne spinnen. Der kurze Auszug ist am leichtesten zu erlernen, weil die Hände etwa ebenso arbeiten wie beim Gebrauch der Fallspindel (vgl. Kapitel 2) Der lange Auszug erfordert längere, schwingende Bewegungen und eine größere Streckung des Armes.

Mädchen beim Spinnen

Dieses Verfahren eignet sich für kurze und gut vorbereitete Fasern, die leicht gleiten. Es ist schnell und rhythmisch und wird bei einiger Übung leicht und ruhig von der Hand gehen. Beide Methoden schließen einander nicht aus. Viele Spinner haben einen Stil entwickelt, in dem beide miteinander vereint werden.

Die Grundprinzipien des Radspinnens sind bei allen Fasern die gleichen (Besonderheiten bei Fasern und ihre Auswirkungen auf den Spinnprozeß werden zusätzlich in dem Kapitel über Fasern, S. 111 erörtert). Wie beim Spindelspinnen ist es empfehlenswert, das Spinnen am Rad mit Schafwolle mittlerer Stapellänge (8–12 cm) und mittlerer Qualität zu beginnen. Die Wolle sollte sauber, braucht aber nicht unbedingt gewaschen zu sein. Wollvlies aus Neuseeland, das immer sehr sauber ist und sich angenehm anfühlt, eignet sich für Anfänger besonders gut zum Lernen. Dieses oder ähnliches ist in jedem Geschäft für Spinnbedarf erhältlich.

Wenn Ihnen das Radspinnen zunächst Schwierigkeiten bereitet oder Sie weicheres, gleichmäßigeres Garn wünschen und Fasern, die sich leichter ausziehen lassen, so lesen Sie erst das Kapitel über Faserbehandlung, und kommen Sie dann auf dieses zurück. Es gibt Spinner, die viel Zeit und Aufmerksamkeit der Faserbearbeitung widmen, bevor sie am Spinnrad spinnen, während andere diesem Arbeitsgang gar keine Beachtung schenken. Der Aufwand an notwendiger Vorbehandlung hängt von den Fasern ab, der Art der gewünschten Fadenführung und davon, was man vom Aussehen und von der Beschaffenheit des Garnes erwartet. Man kann die meisten Fasern gebrauchsfertig kaufen. Aber irgendwann werden Sie wahrscheinlich so viel verschiedene Fasern wie möglich in den unterschiedlichsten Bearbeitungsstadien ausprobieren wollen. Viele Spinner lernen eine Spinnmethode und spinnen nur in dieser einen Technik, egal unter welchen Umständen. Besser ist es, verschiedene Möglichkeiten auszuprobieren und zu überlegen, was zu tun ist, damit der eigene Stil sich nicht zufällig, sondern aus Überlegung, Erfahrung und den erprobten Anwendungsmöglichkeiten entwickelt.

Da die meisten Spinner heutzutage an Spinnrädern mit einem Spinnflügel arbeiten, beginnen wir dies Kapitel mit der Anleitung zum Spinnen am Spulrad. Eine einfache Methode des Stranglegens oder des Aufwickelns von gesponnenem Garn wurde im 2. Kapitel bereits erörtert. Aber da das Spinnrad sich aus verschiedenen Teilen zusammensetzt, enthält dieses Kapitel einen Abschnitt über Haspelvorrichtungen, die häufig zu den Spinnrädern gehören. Das Flügelspinnrad eignet sich sogar zum Zwirnen und Spinnen von Effektgarnen. Einige dieser Garnarten und -strukturen werden am Ende dieses Kapitels behandelt.

Spinnen am Flügelspinnrad
Bevor Sie mit dem Spinnen beginnen, ölen Sie das Rad, damit alle Teile leicht laufen. Überprüfen Sie die Antriebsschnur durch Verstellen der Stellschraube. Machen Sie sich mit dem Rad vertraut. Setzen Sie sich auf einen Stuhl oder festen Hocker, so daß Sie die richtige Sitzhöhe zum bequemen Treten des Fußantriebs haben. Ruhiges, müheloses Treten ist wichtig. Treten Sie deshalb anfangs nicht zu schnell, aber gleichmäßig und im Takt. Manche Trittbretter erfordern eine kräftige Fersen- und Zehenarbeit, während andere bei der geringsten Berührung wie von selbst laufen. Denken Sie beim Spinnen daran, daß es nicht auf Geschwindigkeit ankommt, sondern auf eine gleichmäßige, ununterbrochene Bewegung.

Meistens spinnt man, indem man das Schwungrad nach rechts dreht (im Uhrzeigersinn), um ein Garn mit Z-Drehung zu erhalten. Zum Zwirnen und Dublieren dreht man das Rad in entgegengesetzter Richtung nach links. Das Rad sollte in beiden Richtungen frei beweglich sein. Eine Schwierigkeit für den Anfänger besteht darin, daß das Rad sich nach dem Anlaufen in einer Richtung manchmal zurückdreht, wobei der Faden sich aufdreht und verheddert. Üben Sie zunächst, das Rad fortlaufend durch Treten nach rechts zu drehen, und lernen Sie, es anzuhalten und wieder in Gang zu setzen, ohne daß es sich zurückdreht. Wenn es nicht gleich von selbst anläuft, geben Sie dem Rad mit der Hand einen kleinen Schubs nach rechts. Wenn Sie im gleichmäßigen, ruhigen Antreiben im Uhrzeigersinn sicher sind, üben Sie, das Rad fortlaufend in entgegengesetzter Richtung zu drehen. Halten Sie in dem Moment das Rad an, wenn die Kurbel genau oben ist, so läßt es sich leicht wieder in Gang setzen.

Schnelles Treten ist beim Spinnen nicht nötig. Da bei wachsender Geschwindigkeit das Rad zunehmend ins Flattern gerät, führt überschnelles Treten nur dazu, daß das Rad frühzeitig altert und das Lager abgenutzt wird. Horchen Sie auf das Summen und Surren Ihres Rades, und achten Sie auf Quietschen und Knarren; dann muß besser geölt werden. Für einen unbehinderten Tretantrieb kann es erforderlich sein, die Verbindung von Fußtritt und Triebstange geringfügig zu verändern.

Ein gutes Teil Konzentration und Mühe ist notwendig, um das Spinnen am Spinnrad zu erlernen. Wichtig ist, die persönliche Bequemlichkeit während des Spinnens nicht außer acht zu lassen. Suchen Sie sich zum Spinnen einen angenehmen Platz in oder außerhalb des Hauses. Wählen Sie einen Stuhl oder Hocker, der mehr als bequem ist. Versuchen Sie, sich in einen entspannten und ruhigen Zustand zu versetzen. Barfüßiges Treten begünstigt eine Sinnesbeziehung zwischen Spinner und Werkzeug. Versuchen Sie, ein Gefühl für Material und Werkzeug zu entwickeln, auf daß sich ein harmonisches Verhältnis einstellt.

Wenn Sie erst einmal gelernt haben, den Fußantrieb gleichmäßig zu bedienen, ist der nächste Schritt das Kennenlernen der richtigen Einstellung der Spannungsregler an Ihrem Rad. Dies geschieht am besten, wenn man bereits gesponnenes Garn über die Spulen laufen läßt. Nehmen Sie dafür ein Einfachgarn. Es wird sich zunehmend fester drehen, da die meisten Einfachgarne nach rechts gesponnen sind. Gezwirnte Fäden drehen sich auf, da sie nach links gesponnen sind. (Während der folgenden Übungen treiben Sie das Rad für eine Z-Drehung im Uhrzeigersinn an, wenn es nicht ausdrücklich anders angegeben wird.) Beginnen Sie mit straff gespannter Antriebsschnur.

Hat das Rad eine einfache Antriebsschnur, die die Flügelspindel antreibt, stellen Sie die Spulenbremse so, daß sie fest angezogen ist. Zunächst befestigen Sie einen Anfangsfaden (aus rauhem Einfachgarn) an der Spule, führen ihn über den ersten Haken und ziehen ihn mit dem Finger oder einem Häkchen (ein alter Häkelhaken oder irgendein Drahthäkchen) durch das Spinnloch. Nehmen Sie den bereits gesponnenen Faden, den Sie zur Übung auf die Spule laufen lassen wollen, und befestigen Sie ihn am Ende des Anfangsfadens. Werfen Sie das Rad an, und lassen Sie den gesponnenen Faden sich fester drehen und auf die Spule laufen. Wenn er sich nicht um die Spule wickelt, vergrößern Sie die Spannung. Wenn das Aufspulen nicht funktioniert, sind die Spannungsregler entweder zu fest oder zu locker eingestellt. Treten Sie langsam und gleichmäßig. Spielen Sie verschiedene Einstellungen der Stellschrauben durch, bis sie vom Rad her einen Zug verspüren und der Faden, wenn er locker gehalten wird, durch die Hände gleitet (nicht ruckweise) und sich auf die Spule wickelt. Probieren Sie verschiedene Tretgeschwindigkeiten und verschiedene Spannungseinstellungen. Versuchen Sie dann mit den Händen Zug zu geben. Wenn Sie den Faden zu fest halten, rutscht die Spule, und der Faden dreht sich immer mehr, ohne sich aufzuspulen, so lange, bis Sie nachlassen. Wenn Sie an dem Faden ziehen, können Sie ihn tatsächlich von der Spule zurückziehen. Üben Sie das Anhalten und wieder Anwerfen des Rades. Versetzen Sie den Faden in regelmäßigen Abständen von einem Häkchen zum anderen, so daß die Spule gleichmäßig gefüllt wird. Sobald Sie das Rad bequem bedienen können, entfernen Sie das Übungsgarn. Lassen Sie den Anfangsfaden am Rad, und versuchen Sie nun, lose Fasern zu Garn zu spinnen.

Im 19. Jahrhundert spannen Frauen in Irland im Combrai-Distrikt in Kellern, wo die Ruhe und Feuchtigkeit der Luft es ihnen ermöglichte, Garne herzustellen, die noch feiner waren als die maschinell gesponnenen.

Der kurze Auszug

In den folgenden Beschreibungen des Spinnens können die Handstellungen ausgetauscht werden. Der eine Spinner hat lieber die rechte Hand am Spinnloch, der andere die linke. Es spielt keine Rolle, ob man Rechts- oder Linkshänder ist. Das ist mehr eine Sache der Gewohnheit, die man während des Übens entwickelt.

Die Bewegungen beim Spinnen am Rad sind fast die gleichen wie beim Spinnen mit der Fallspindel, nur daß beim Radspinnen die Hände mit den Fasern horizontal arbeiten und nicht vertikal und daß keine Unterbrechung notwendig ist zum abwechselnden Fadendrehen und Aufspulen. Zunächst halten Sie den Anfangsfaden in ca. 30 cm Abstand vom Spinnloch zwischen Daumen und Fingern. Überlappen Sie den Anfangsfaden mit einigen losen Fasern (zupfen Sie vorher, wenn nötig). Halten Sie Anfangsfaden und Fasern gleichmäßig fest, und werfen Sie das Rad an. Anfänger sollten sich zunächst einen nicht zu dünnen Faden von gleichmäßiger Stärke und Drehung vornehmen.

Die Arbeitsschritte beim Spinnen sind auf S. 70 abgebildet. Die linke Hand liefert die Fasern und reibt sie leicht zwischen den Fingern und dem Daumen. Die rechte Hand klemmt die Fasern ab und zieht sie von der linken Hand weg. Die Länge des Auszugs, der die Form eines Dreiecks hat, ist abhängig von der Länge der Fasern. (Sie erinnern sich: Die Länge des Auszugs entspricht dem Abstand zwischen rechter und linker Hand.)

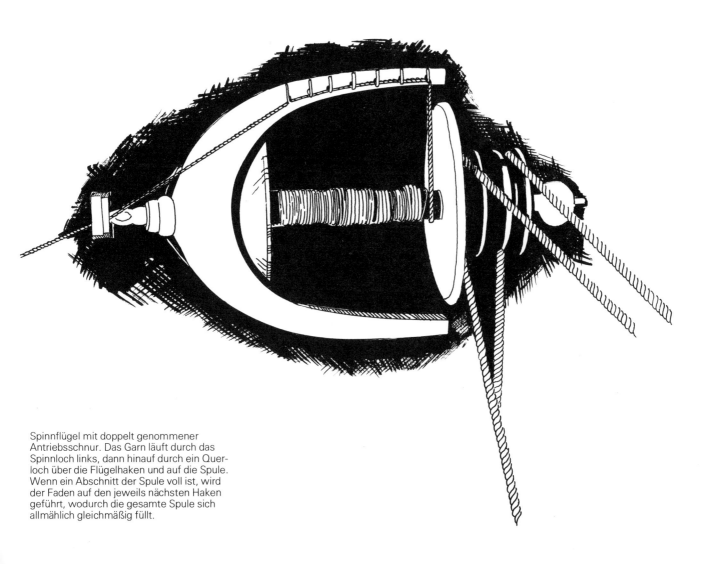

Spinnflügel mit doppelt genommener Antriebsschnur. Das Garn läuft durch das Spinnloch links, dann hinauf durch ein Querloch über die Flügelhaken und auf die Spule. Wenn ein Abschnitt der Spule voll ist, wird der Faden auf den jeweils nächsten Haken geführt, wodurch die gesamte Spule sich allmählich gleichmäßig füllt.

Zum Verziehen müssen die Fasern aneinander entlanggleiten können. Wenn Sie die Hände zu sehr schließen, werden die Fasern an beiden Enden abgeklemmt und dadurch am Gleiten gehindert. Ist der Abstand der Hände zu groß, läßt sich die Faserspannung nicht genügend kontrollieren, und die Fasern werden nicht gleichmäßig ausgezogen. Sobald die Fasern den Drall aufnehmen, lassen sie sich nicht mehr verziehen. Die rechte Hand verhindert, daß die Drehung in die verzogenen Fasern läuft, bevor diese gehörig ausgedünnt sind. Die Menge der gelieferten Fasern bestimmt die Fadenstärke.

Beginnen Sie damit, relativ wenig Fasern auszuziehen und einen ziemlich dünnen Faden zu spinnen. Dünne Fäden lassen sich leichter spinnen als dicke. Ziehen Sie die Fasern mit der rechten Hand aus, und lockern Sie den Druck der Finger etwas, bis Sie den Drall spüren, der sich auf der anderen Seite gebildet hat, und lassen Sie ihn einlaufen. Der Drall läuft in die verzogenen Fasern hinein bis zur Docke, die Sie in der linken Hand halten. Nun wiederholen Sie diesen Vorgang. Die rechte Hand klemmt die Fasern ab und zieht aus. Wenn der Drall zu weit in die unversponnenen Fasern hineinläuft, muß die rechte Hand die Fasern leicht zurückdrehen, damit sie sich richtig verziehen lassen. Daumen und Finger der linken Hand breiten durch ständiges Reiben die Fasern fächerförmig aus, wodurch sich ein Faserdreieck bildet. Dies verhindert, daß der Drall zu weit in die unversponnenen Fasern hineinläuft.

Durch die Bewegung des Rades wird der Faden eingezogen und die Drehung unterstützt. Anfänger überdrehen den Faden oft. Mitunter wird der Faden so stark gedreht, daß er sich an den Haken verhängt. Dies ist meist ein Zeichen dafür, daß der Tretantrieb im Verhältnis zur Auszugsgeschwindigkeit zu schnell ist. Treten Sie langsamer, und halten Sie den Faden nicht fest. Denken Sie an den alten Spruch: »Flinke Hände und langsame Füße.« Wenn sich der Faden immer noch überdreht, erhöhen Sie die Spannung der Antriebsschnur, besonders an der Spule. Bei einfacher Antriebsschnur mit Bremse an der Spulenrolle dreht sich die Spule nicht, wenn die Spannung zu fest oder zu locker ist. Wenn sich die Spule füllt, hängen Sie den Faden von einem Häkchen zum anderen. Einige Flügel haben Häkchen an beiden Armen, die leicht versetzt sind, so daß der Faden, wenn er einen Arm durchlaufen hat, auf den anderen Arm umgesetzt werden kann, die zweite Häkchenreihe durchläuft und dabei die Lücken auf der Spule ausfüllt. Mit zunehmender Garnmenge auf der Spule wächst deren Durchmesser. Erhöht man die Spannung an der Spule etwas, während sie sich füllt, so wird der größere Durchmesser ausgeglichen.

Sind Sie mit der eben beschriebenen Spinnweise vertraut, versuchen Sie die Bewegungen der Hand umzukehren. Ziehen Sie nach links aus wie auf den Abbildungen auf S. 71 und 72. Während des Spinnens können die Hände sehr flexibel sein, am Faden hin und her gleiten, ihn glätten und die Fasern regulieren. Wenn Ihnen das Spinnen sicher und relativ mühelos von der Hand geht, versuchen Sie den sogenannten langen Auszug. Diese Methode ähnelt dem Spinnen mit der schweren Standspindel, wobei der Auszug mehr zwischen Drallzone und einer Hand als zwischen beiden Händen liegt.

Beim kurzen Auszug bleiben die Hände nahe beieinander in einigem Abstand vom Spindelloch. Eine Hand hält die Locke, und die andere verzieht die Fasern und steuert die Drehung.

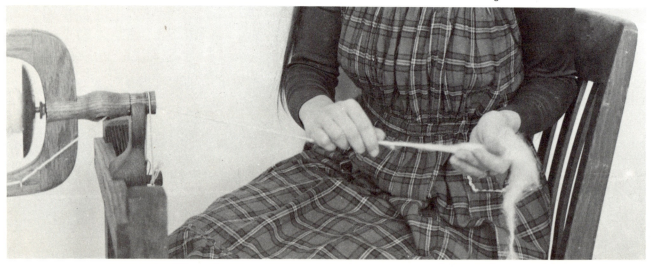

Eine Frau aus Peru beim Spinnen der Schur ihrer zwei Alpakas.

Eine Frau beim Baumwollspinnen in Santiago Atitlan, Guatemala. Sie benutzt eine kleine leichte Spindel, die sie auf dem Boden abstützt.

Ausgangsstellung der Hände beim Verziehen. Die rechte Hand klemmt die Fasern ab, damit der Drall nicht auf die Locke übergeht.

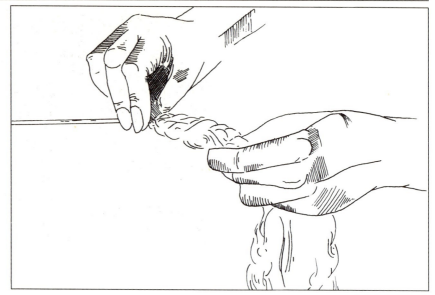

Ziehen Sie die rechte Hand in Richtung auf das Spindelloch und weg von der linken Hand, um die Fasern auszudünnen.

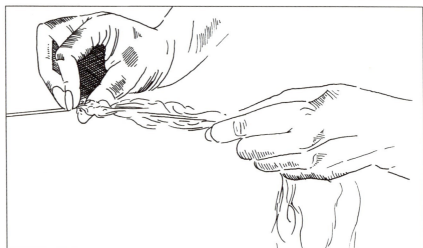

Lockern Sie den Druck der rechten Hand (Öffnen der Drallschleuse), und lassen Sie den Drall in die verzogenen Fasern hineinlaufen.

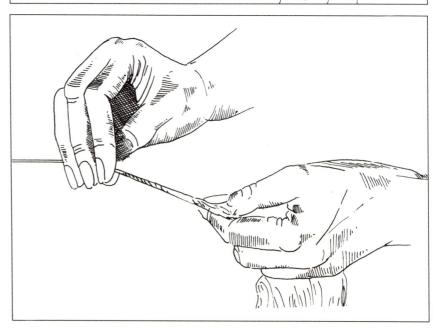

Der kurze Auszug bei umgekehrter Handbewegung. Die Locke liegt in der rechten Hand und die Fasern werden mit der linken Hand verzogen. Das Rad zieht die Fasern regelrecht aus der locker gehaltenen Spinnlocke (einem wurstähnlichen Faserbündel).

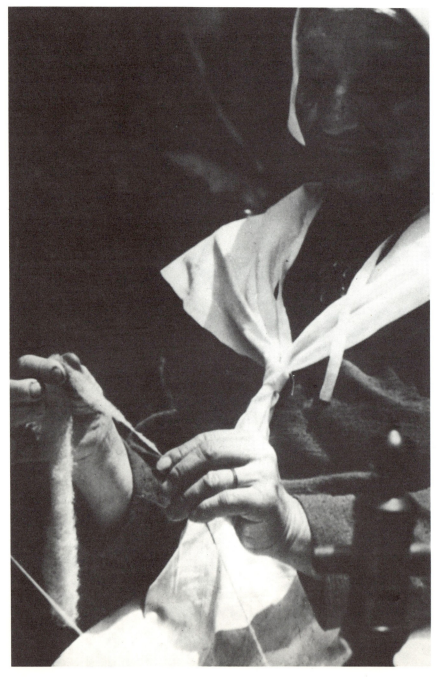

Der lange Auszug

Fangen Sie mit einem Handabstand von ca. 10 cm zu spinnen an. Klemmen Sie den sich bildenden Faden mit der linken Hand dicht am Spinnloch ab, und fassen Sie die geöffneten Fasern locker mit der rechten Hand. Zunächst sollte zwischen den beiden noch kein Drall sein. Halten Sie einen Moment ein. Lassen Sie die Drehung sich erst in dem kurzen Abstand zwischen Spinnloch und linker Hand aufbauen. Dann öffnen Sie die Drallschleuse der linken Hand und ziehen gleichzeitig die rechte Hand zurück. Die linke Hand bleibt dicht am Spinnloch und reguliert die Drehung durch Öffnen und Schließen der Drallschleuse (Abklemmen der Fasern). An dem immer länger werdenden Faden sollte ein merklicher Zug entstehen, sonst kann der Drall nicht einlaufen. Der Zug wird zum Teil durch das Rad ausgeübt und teilweise durch Öffnen und Schließen der Drallschleuse mit der linken Hand. Der Auszug der rechten Hand, die immer weiter zurückzieht, sollte so kräftig sein, daß der Faden sich nicht auf die Spule wickelt, bevor der rechte Arm ganz gestreckt ist.

Sie erinnern sich, daß die dünnen Stellen die Fadendrehung eher annehmen als die dickeren. Bedenken Sie auch, daß gedrehte Fasern sich nicht mehr verziehen lassen und daß der Drall beim Zurückziehen der rechten Hand zuerst in die dünnen Stellen einläuft und die dicken Abschnitte ungesponnen bleiben. Durch weiteres Strecken des rechten Armes werden die dicksten Stellen von selbst dünner.

Das Spinnen eines dünnen Fadens aus vorbereiteter kardierter Wolle. Die rechte Hand zieht die Fasern aus und läßt den Drall hineinlaufen. Die dünnen Faserabschnitte übernehmen den Drall zuerst.

Wenn der rechte Arm ganz gestreckt ist und der Faden genug Drehung hat, öffnen Sie die Drallschleuse der linken Hand und bewegen die rechte Hand schnell auf das Spinnloch zu, ohne daß der Faden schlaff wird. Kurz vor dem Spinnloch halten Sie ein, damit genügend Raum bleibt, den Arbeitsgang zu wiederholen. Arbeit von Hand und Fuß sollten rhythmisch aufeinander abgestimmt sein. Seien Sie beim Spinnen flexibel. Es gibt keinen richtigen oder falschen Weg. Geschwindigkeit und Rhythmus stellen sich mit der Zeit von selbst ein. Lassen Sie sich nicht entmutigen, wenn die ersten Versuche fehlschlagen. Mit Übung und Überlegung wird das Spinnen zunehmend leichter und bereitet Freude.

Beim langen Auszug bleibt die linke Hand dicht am Spindelloch und reguliert den Drall. Durch Zurückziehen der rechten Hand verziehen und strecken Sie die Fasern unmittelbar vor dem Einlaufen der Drehung.

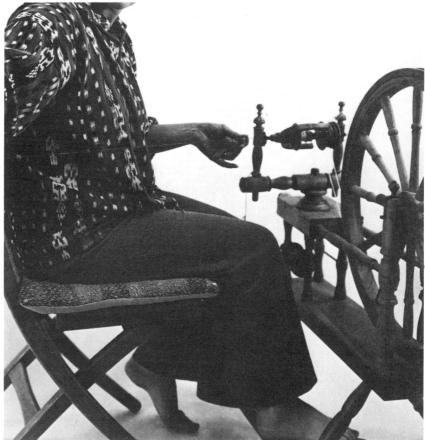

Schwingen Sie die rechte Hand bei ausgestrecktem Arm so weit wie möglich zurück, dann öffnen Sie die linke Hand, und der gesponnene Faden spult sich schnell auf der Spule auf.

Das Spinnen am Spulrad

An einem Spulrad läuft der Spinnvorgang über die Spindelspitze. Der Spinner muß den länger werdenden Faden so halten, daß die sich drehende Spindel Drall erzeugt. Wenn ein Stück Faden gesponnen ist, wird dieser auf den Spinnstock gewickelt. Es wird abwechselnd gesponnen und aufgespult, und der Ablauf ist langsamer als auf dem Flügelspinnrad, bei dem Spinnen und Aufspulen gleichzeitig erfolgen. Das Spinnen an handgetriebenen Spulrädern erfordert den langen Auszug, weil die eine Hand das Rad antreiben muß, während die andere die Fasern auszieht. Versieht man das Spulrad mit einem Trittbrett, hat man beide Hände frei für die Handhabung der Fasern; dennoch bleibt das Spinnen unterbrochen, weil jede Armlänge des gesponnenen Fadens auf den Spinnstock gebracht werden muß.

Das Spinnen am Wanderrad

Das Wanderrad ist eine bekannte Form des Spulrades. Der große Durchmesser des Schwungrades macht es erforderlich, daß der Spinner mit jedem Spinnen-Spulen-Arbeitsgang vom Schwungrad zur Spule wandert. Auf den Seiten 74 bis 78 ist ein Wanderrad abgebildet, das von C. Norman Hicks entworfen und gebaut wurde. Die Fotos zeigen die Arbeitsweise an diesem Spinnrad. Diese Version, »Eunice« (von *unicycle* = Einrad) genannt, besteht aus einer Radfelge, Ventilator- und Radioteilen und Sperrholz. Mr. Hicks spinnt mit gewaschenen kardierten Wollflocken.

Beim Spinnen am Wanderrad treibt die rechte Hand im Uhrzeigersinn das Rad an. Es wird über die Spindelspitze gesponnen, während die linke Hand zuerst ein kurzes Stück aus der Flocke zu einem lockeren Vorgespinst zieht, das an den dünnsten Stellen die Drehung aufnimmt. Durch weiteres Ziehen und Drehen wird der Rest des Vorgespinstes verzogen und dann ebenfalls gesponnen. Bei diesem Vorgang regulieren sich dünne und dicke Abschnitte von selbst. Dann wird das Rad angehalten und in die andere Richtung gedreht, wobei der Faden von der Spindelspitze gleitet. Erneut wird das Rad im Uhrzeigersinn gedreht und somit das Garn in der Nähe des Wirtels auf den Spinnstock gewickelt, bis gerade so viel übrigbleibt, um den Arbeitsgang wieder zu beginnen.

Ursprünglich benutzte man für den Anfang ein Maisblatt, aber viele Spinner befestigen einfach einen Anfangsfaden am Spinnstock und wickeln ihn ein paarmal darum. Zunächst befestigen Sie den Anfangsfaden oder ein Maisblatt (das vorher angefeuchtet wird) und wickeln es um die Spindel, wobei die Spindelspitze freibleibt. Umwickeln Sie beide Enden mit dünnen Fäden, damit das Maisblatt nicht abrutscht. Das Maisblatt wirkt für die Wolle wie ein Magnet, und die lockeren Fasern halten daran fest, wenn der erste Spinngang abläuft. An der Stoßstelle, wo das Maisblatt sich übereinanderlegt, bleiben die Fasern haften. Drehen Sie das Rad langsam, so daß die Fasern beim Drehen der Spindel an dem Maisblatt hängenbleiben. Bewegen Sie gleichzeitig die linke Hand auf die Spindelspitze zu, und lassen Sie, während die Hand auszieht und die Fasern sich angleichen, den Drall in die losen gestreckten Fasern einlaufen. Machen Sie dies langsam und sorgfältig auf eine kurze Länge, um einen guten Anfang zu bekommen. Jetzt drehen Sie das Rad kurz in entgegengesetzte Richtung, und zwar gerade nur soviel, um den gesponnenen Faden über die Spitze der Spindel gleiten zu lassen; drehen Sie dann wieder im Uhrzeigersinn, und wickeln Sie das kurze Anfangsstück zur Befestigung auf das Maisblatt. Nun fahren Sie fort mit dem Spinnen, wie es die Abbildungen zeigen.

Bei diesem elektrischen Rad läßt sich die Geschwindigkeit mit dem Fußpedal regulieren. Der Spinner zieht etwas ungesponnene Faser nach, bevor er den Faden aufspulen läßt.

1. Nach alter Tradition benutzt man beim Wanderrad anstelle eines Anfangsfadens ein Maisblatt. Dies wird mit feinem Garn an zwei Stellen auf der Spindel befestigt und bleibt auf der Spindel, wenn das Garn abgenommen wird.
Am Anfang nehmen Sie eine Flocke kardierter Wolle und lassen einige Fasern sich um das Maisblatt winden, während Sie das Rad im Uhrzeigersinn drehen.

2. Während sich die ersten Flocken verdrehen, bewegen Sie die Hand, die die Flocke hält, nach links, wodurch die Fasern über die Spitze laufen, wo sie sich verspinnen. Ziehen Sie die linke Hand zurück, so daß einige Fasern sich strecken und drehen können, und drehen Sie das Rad leicht. Dann bewegen Sie die linke Hand nach rechts und drehen dabei das Rad in entgegengesetzter Richtung, wobei der Faden von der Spitze der Spindel bis zum Anfang zurückläuft. Dann drehen Sie das Rad wieder im Uhrzeigersinn, so daß sich eine erste Garnlänge über dem Maisblatt aufwickelt. Damit ist der Anfang gemacht.

3. Sobald die erste Garnlänge aufgespult ist, ziehen Sie die letzten 12 bis 15 cm zur Spindelspitze hin, wobei nicht mehr als 2 bis 3 cm des gesponnenen Fadens über die Spitze schauen, und beginnen mit dem nächsten Auszug.

4. Ziehen Sie die linke Hand an der Locke ca. 10 cm zurück, behalten Sie die Fasern fest im Griff und ziehen sie mit der linken Hand zurück. Die Drehung von der vorher gesponnenen Fadenlänge läuft dabei in das vorgesponnene Garn ein. Dieser leichte Vordrall genügt meist gerade, um die ausgezogenen Fasern zusammenzuhalten.

5. Unmittelbar nach dem die linke Hand die eben beschriebene Bewegung ausgeführt hat, wandert sie nach links, bis der vorgesponnene Faden, der von den Fingerspitzen bis zur Spindelspitze reicht, mit dem Lager des Schwungrades einen Winkel von 30° bildet. Während Sie das Rad mit der rechten Hand im Uhrzeigersinn drehen, soll das Garn mit jeder Spindeldrehung von der Spindelspitze abgefangen werden, wobei das zu spinnende Garn Drall erhält. Bei Einhaltung des richtigen Winkels wird sich der Faden weder auf der Spindel aufwickeln noch sich zurückdrehen. Mit der Zeit kommt allmählich eine Koordination von Auszug und Drehung zustande, bei der ein gleichmäßig starker Faden entsteht. Wenn die gewünschte Fadenstärke erreicht ist, hören Sie auf, mit der linken Hand zu ziehen, fahren aber fort, mit der rechten Hand das Rad zu drehen, bis der gewünschte Drehungsgrad erreicht ist.

6. Wenn Sie glattes Garn haben wollen, halten Sie den so gesponnenen Faden straff und ziehen kleine Faserenden heraus.

7. Bewegen Sie die linke Hand zum Rad hin, so daß der eben gesponnene Faden mit dem Lager des Rades parallel verläuft. Dabei beschreibt die linke Hand gewöhnlich einen weiten Bogen über und vielleicht hinter dem Kopf, damit der Faden straff bleibt, während Sie mit der rechten Hand das Rad entgegen dem Uhrzeigersinn gerade so weit drehen, bis das Garn von der Spindelspitze abgewickelt ist. Dann drehen Sie das Rad im Uhrzeigersinn, um den Faden aufzuspulen. Mit der linken Hand begleiten Sie den Faden bis zur Spindel, wobei der Faden immer straff gehalten werden muß. Lassen Sie gerade so viel Faden ungespult, wie Sie für den Beginn des nächsten Arbeitsganges brauchen.

Behalten Sie immer gerade soviel von dem gesponnenen Faden, um ihn wieder über die Spindelspitze zu bringen und mit dem nächsten Auszug beginnen zu können (1. Schritt). Ziehen Sie die linke Hand zurück, wobei ein Teil der Fasern aus der Locke durch die Finger Ihrer linken Hand gleitet. Klemmen Sie mit der linken Hand ab, und ziehen Sie schnell nach hinten aus (2. Schritt). Der Drall aus dem vorher gesponnenen Fadenstück, das nicht aufgewickelt wurde, wird in die Fasern hineinlaufen, so daß sie nicht auseinanderfallen, aber nicht so stark, daß sie sich nicht mehr ausziehen lassen. Jetzt verlagern Sie die Hand, damit der Faden von der Spindelspitze gleitet, und drehen das Rad, um mehr Drall zu bekommen (3. Schritt). Die dünnen Stellen nehmen den Drall zuerst auf; erst wenn Hand und Körper sich nach rückwärts bewegen, werden die dickeren Stellen ausgezogen und gedreht. Wenn Sie ein sehr glattes Garn haben wollen, halten Sie das Ende straff und zupfen Enden und Faserreste mit der rechten Hand heraus (4. Schritt). Während Sie den Zug beibehalten, gehen Sie mit dem Faden dicht auf das Rad zu (5. Schritt). Gleichzeitig drehen Sie das Rad in entgegengesetzte Richtung, damit sich der Faden von der Spindelspitze abrollt, und wickeln ihn anschließend unter Drehung des Rades im Uhrzeigersinn auf den Spinnstock. Mit der Zeit wächst das Garn auf dem Spinnstock zu einem gleichmäßig geformten Kegel an.

Beim Ablauf dieser Arbeitsgänge werden Sie feststellen, daß Sie fortwährend vor- und zurückwandern. Spinner, die hauptsächlich kurze Fasern verspinnen, verändern die beschriebene Spinnmethode häufig ein wenig. Statt die losen Fasern abzuklemmen und dann bei nur wenig Vordrall auszuziehen (wodurch ein vorzeitiges Einlaufen des Dralls verhindert wird), zieht der Spinner die linke Hand zurück und läßt eine angemessene Menge von Fasern in dem Augenblick durch die Hand gleiten, wo die Drehung hineinläuft und aufgenommen wird. Wenn der Faden fortwährend überdreht wird, drehen Sie das Rad zu stark. Geht bei sich drehendem Rad keine Drehung auf die Fasern über, halten Sie wahrscheinlich den Faden nicht richtig zur Spindelspitze; haben Sie die richtige Haltung gefunden, schwingt die Spindelspitze beim Einlaufen des Dralls in den Faden leicht. Zieht man zu stark aus, kann die Antriebsschnur von der Spindelrolle gleiten. Dadurch wird das Spinnen unterbrochen. Wenn die Fasern nicht mehr gleiten, haben sie bereits zuviel Drall. Lassen Sie die Locke am Ende des vorgesponnenen Garnabschnittes herabhängen, und sie wird sich ein paarmal von selbst zurückdrehen. Dann nehmen Sie sie wieder zur Hand und probieren, ob sich die Fasern wieder ausziehen lassen. Unter Umständen müssen Sie diese Rückdrehung wiederholen. Haben die Fasern zuwenig Drall, werfen Sie das Rad nochmals an und lassen mehr Drall in den Faden laufen, bevor Sie die Hand zur Seite ziehen, damit das Garn sich aufspult.

Das Spinnen am Wanderrad. Dieses Rad aus dem frühen 19. Jahrhundert hat einen Minorkopf, wodurch die Spindel erheblich schneller läuft.

Das Spinnen am ostasiatischen Rad ist dem Spinnen am Wanderrad sehr ähnlich, aber hier sitzt die Spinnerin. Das Spinnen spielt sich wieder an der Spindelspitze ab, und das Rad wird zum Aufspulen des Fadens in entgegengesetzter Richtung gedreht. Da die Spinnerin sitzt, kann die linke Hand den Faden nicht über die Armlänge hinaus ausziehen. Dieses kleine Spinnrad mit horizontal angeordneten Antriebsrädern eignet sich zum Spinnen dünner Baumwollfäden. Der Radkasten kann auf einem Tisch befestigt oder mit dem Knie oder Fuß am Boden festgehalten werden.

Das Spinnen am ostasiatischen Spulrad

Das Spinnen am ostasiatischen Spulrad erfordert dieselben Handbewegungen und gleicht im Prinzip dem Spinnen am Wanderrad. Der Spinner sitzt oder hockt am Boden. Der Arm wird erst so weit wie möglich zurückgezogen und dann wieder zur Spindel hinbewegt, wobei sich der Faden aufspult. Europäer sind im allgemeinen das Hocken auf dem Boden nicht gewohnt und klammern diese Art Spinnrad lieber an einem Tisch fest, so daß sie bei der Arbeit stehen oder auf einem Stuhl sitzen können.

Das Spinnen am Spulrad mit Fußantrieb

Das Spinnen am Spulrad mit Fußantrieb geht schneller als mit einem handgetriebenen Rad. Der Vorgang ist etwas anders, weil man beide Hände für die Handhabung der Fasern frei hat. Der Antrieb erfolgt ohne Unterbrechung, und das Rad wird in ein und derselben Richtung gedreht, ohne angehalten und zurückgedreht werden zu müssen, wie es bei handgetriebenen Rädern erforderlich ist. Die Fasern werden ebenfalls über die Spindelspitze gesponnen, aber die Körperhaltung ist vollkommen anders. Auf den folgenden Fotos (S. 81/82) führt Alden Amos seinen Spinnstil an einem selbstentworfenen und selbstgebauten Rad vor. Während die Fasern bis zu Armlänge ausgezogen und dann mit der linken Hand zum Aufwickeln auf die Spule geführt werden, wird das Rad ununterbrochen mit dem Fuß angetrieben. Die Schwierigkeit besteht darin, den Faden bei gleicher Spannung allmählich auf die Spule zu bringen. Der Spinnkopf kann bei diesem Rad gekippt und gedreht werden, um das Spinnen zu erleichtern. Beim Spinnen mit dem fußgetriebenen Spulrad liegen die Schwierigkeiten vor allem in der Fadenspannung und in der Vorbehandlung des Materials. Hier hilft nur üben. Haben Sie den Ablauf erst einmal verstanden, kommt es nur auf das richtige Gefühl an.

Das Spinnen am Spulrad mit Fußantrieb unterscheidet sich vom Spinnen am Wanderrad und am ostasiatischen Rad. Der Spinner sitzt und treibt das Rad mit dem Fußantrieb fortgesetzt in einer Richtung. Es wird wieder über die Spindelspitze gesponnen, aber beide Hände sind frei zur Handhabung der Fasern. Dieses Foto zeigt den Anfang beim Auszug. Die rechte Hand hält die Locke und bewegt sich schnell nach hinten, während die Drehung in die ungesponnenen Fasern einläuft.

Die linke Hand führt den Faden und reguliert die Drehung. Die rechte Hand kann um Armlänge nach hinten gezogen werden.

Dann zieht die linke Hand den Faden hinüber, so daß er sich auf die Spindel wickeln kann, und führt ihn wieder zurück zur Fortsetzung des Spinnvorganges an der Spindelspitze.

Abnehmen des gesponnenen Garnes

Wenn das Garn gesponnen und die Spule oder Spindel voll ist, muß das Garn abgenommen werden. Bei der Handspindel oder beim Spulrad läßt sich der Garnkegel im ganzen von der Spindel abziehen, oder bei Spulen kann der Faden auf Knäuel gewickelt oder zu Strängen gelegt werden. Zum Strecken, Waschen oder Färben muß das Garn in Stränge gelegt werden. Einfache Methoden der Strangherstellung und Streckung werden in Kapitel 2 behandelt. Es gibt spezielle Haspeleinrichtungen, die häufig zu den Spinnrädern gehören. Eine Drehhaspel ist schneller und wirtschaftlicher als eine Kreuzhaspel oder die einfache Ellenbogentechnik. Eine Haspel ist dem Prinzip nach ein Sprossengerät, das sich um eine Achse dreht, ähnlich wie eine Windmühle. Das Garn wird um die Enden der herausragenden Arme gewickelt und bildet Stränge, deren Länge vom Außendurchmesser der Haspel abhängig ist. Dieser hat gewöhnlich bestimmte Maße, nach denen sich die Meterzahl leicht errechnen läßt.

Eine Haspel kann ganz einfach aus eingekerbten Stäben oder Bambusstöcken bestehen, die in eine Mittelachse eingefügt sind und damit in eine Flasche oder ein Loch gesteckt werden, in dem sie sich drehen lassen. Eine einfache, sehr robuste Haspel ist rechts oben abgebildet. Darunter eine schöne alte Haspel mit gedrechselten Teilen und einem Zählwerk.

Das Garn kann entweder direkt von der Spule abgehaspelt werden, oder man nimmt die Spule zuerst ab. Beim Abhaspeln des Garnes von der auf dem Rad befindlichen Spule lösen Sie die Antriebsschnur oder die Bremse von der Spulenrolle, so daß die Spule sich frei auf der Spindel drehen kann. Dann ziehen Sie den Faden aus dem Spinnloch und von den Flügelhaken. Übernehmen Sie den Faden direkt von der Spule auf die Haspel, ohne daß er sich dabei in den Flügelhaken verhängt. Drehen Sie die Haspel mit der einen Hand (manchmal hat sie einen Handgriff), und führen Sie mit der anderen Hand den Faden. Man kann die Spule auch vom Spinnrad abnehmen und zum Abhaspeln auf einem Stab befestigen. Beim Spulrad läßt man vor dem Stranglegen die

Eine einfache Standhaspel mit kräftigem Ständer. Der Spinner setzt einen Fuß auf den Ständer, damit die Haspel beim Aufwickeln des gesponnenen Garnes fest steht. Am unteren linken Flügel befindet sich ein Stift. Zieht man ihn heraus, kann das U-förmige Endstück leicht abgenommen werden.

Eine alte Drehhaspel mit Zählwerk. Die Zahl der Umdrehungen des Rades wird auf der uhrenähnlichen Stirnseite registriert. Unten links am Gestell befindet sich eine Anzahl Schlitze, die es ermöglichen, beim Aufwickeln den Garnverlauf zu regulieren. Dadurch läßt sich der Strang in kleine Abschnitte unterteilen. Man kann den Strang in dieser Anordnung abbinden. Das Kreuzstück am Ende der Speichen läßt sich abnehmen, um das Abziehen des Stranges zu erleichtern.

Antriebsschnur einfach von der Spindelspule gleiten. Das Garn muß zum Strecken, Waschen oder zum Färben zu Strängen gelegt werden. Zum Zwirnen oder bei Verwendung als Einfachgarn kann man es gleich zu Knäueln wickeln. Ein modernes Gerät zum Aufwickeln von Knäueln sehen Sie unten. Es ist handgetrieben und wickelt das Garn sehr schnell zu ordentlichen Knäueln mit einer mittleren Öffnung. Diese Knäuel sind fest, aber nicht so straff gewickelt, daß das Garn dabei übermäßig gedehnt wird. Die Bälle eignen sich vorzüglich zum Zwirnen, denn das Fadenende aus der Mitte kann gleichzeitig mit dem äußeren Fadenende abgerollt werden. Da bleibt kein Rest, und der Faden kann sich nicht verheddern.

Wenn Garnstränge zum Gebrauch wieder abgewickelt werden, spannt man sie auf eine Schirmhaspel. Schirmhaspeln (vgl. S. 85) sind den verschiedenen Stranglängen entsprechend verstellbar.

Knäuelwickler arbeiten sehr schnell und rationell. Viele Spinner verwenden sie zum Abwickeln der Spulen und Spindeln, wenn das Garn nicht gewaschen oder gefärbt zu werden braucht. Solche Knäuel sind besonders beim Zwirnen zweier Garne sehr angenehm. Soll ein Garn verzwirnt werden, kann man ein Fadenende von innen aus dem Knäuel und eines von außen auf das Spinnrad laufen lassen. Dadurch erübrigen sich mehrere Knäuel, und es entstehen keine ungleichen Längen.

Zwirnen

Beim Zwirnen werden zwei oder mehr gesponnene Fäden miteinander versponnen. Es ist nicht schwierig, und häufig zwirnen Anfänger zuerst gekaufte Garne, um mit Spindel und Spinnrad vertraut zu werden. Man zwirnt Fäden, um ihre Haltbarkeit zu erhöhen, ihnen mehr Fülle zu geben und um verschiedene Farben oder Garnstrukturen zu kombinieren. Viele Weberinnen und Strickerinnen bevorzugen gezwirnte Garne, weil sie sich nicht so leicht verknoten oder reißen. Man zwirnt meist auf einem Flügelspinnrad, weil es gleichmäßig und fortlaufend spult und beide Hände zur Handhabung der Fäden frei bleiben.

Nachfolgend wird das Zwirnen des am häufigsten verwendeten Garnes beschrieben.

1. Spinnen Sie mit dem Spinnrad zwei Spulen oder zwei Knäuel Garn mit etwas zu starker Drehung. Spinnen Sie die Fäden in der üblichen Drehrichtung, wobei das Rad im Uhrzeigersinn angetrieben wird. Es gibt Spinnräder mit besonderen Spulen oder mit eingebauten Spulenböckchen oder Haltern, die man Faulenzer nennt, auf die man die Spulen während des Zwirnens (auch wenn sie nicht gebraucht werden) aufstecken kann.

2. Legen Sie die Knäuel gesondert in kleine Körbchen oder Schachteln und stecken Sie die Spulen auf ein Spulenböckchen. Man kann sich einen einfachen Spulenhalter aus festem Draht und einer Schachtel (Schuhkarton) machen. Stoßen Sie den Draht seitlich durch die Schachtel, so daß sich die Spulen auf den Draht schieben lassen. Die Spulen sollten sich gut drehen, wenn man das Garn abspulen will. Man kann auch von einem einzigen Garnknäuel zwirnen, wenn dieses so aufgewickelt ist, daß beide Fadenenden freiliegen.

3. Bevor Sie mit dem Zwirnen beginnen, ziehen Sie die Stellschrauben für das Rad fest, damit Sie einen kräftigen Rollenzug haben. Befestigen Sie die beiden gesponnenen Fäden am Anfangsfaden, und lassen Sie die Fäden über die rechte Hand gleiten, wobei der eine zwischen Daumen und Zeigefinger und über die Handfläche läuft. Der zweite Faden geht zunächst über die Spitze desselben Zeigefingers und wird dann zurückgeschlagen zwischen Zeigefinger und Mittelfinger.

4. Treiben Sie das Rad entgegen dem Uhrzeigersinn an für eine S-Drehung. Beim Durchzug der Fäden durch die Finger und während des Zusammenspinnens verliert sich die Überdrehung, und die Einfachfäden verdrehen sich miteinander. Die linke Hand befindet sich in der Nähe des Spinnloches und reguliert, während sie den Faden führt, gleichzeitig die Drehung.

Zur Benutzung werden Garnstränge im allgemeinen auf eine Schirmhaspel gespannt, damit sie sich beim Abwickeln nicht verhaspeln. Schirmhaspeln sind verstellbar für verschiedene Strangmaße. Diese horizontal angebrachte Schirmhaspel wird häufig auch senkrecht befestigt, aber viele Spinner bevorzugen die horizontale Stellung. In aufrechter Stellung können ungleichmäßige Strangteile sich verheddern und verfangen. Diese Haspel läßt sich wie ein Regenschirm auf- und zusammenklappen. Eine große Holzschraube hält sie an Tisch oder Stuhl fest, und mit einer kleineren Schraube kann man die Spanten regulieren. Wenn die Haspel nicht gebraucht wird, lockert man die Schraube, und die Spanten werden zur Mitte zusammengeklappt.

Verzwirnen zweier Fäden am Flügelspinnrad. Mit der einen Hand wird der Faden geführt und die Drehung reguliert. Die andere Hand hält die Fäden, einen zwischen Daumen und Zeigefinger, den anderen zwischen Zeige- und Mittelfinger. Die Haltung der Hände kann nach Belieben gewechselt werden.

Eine doppelt gewebte, 2,5 m breite Wandtasche aus handgesponnener und mit Naturfarben gefärbter Wolle von Candace Crockett.

Handgestrickte Handschuhe aus gesponnener, mit Naturfarben gefärbter Wolle von Helen Pope.

Zwirnen im allgemeinen

Man kann die Hände auch umgekehrt halten, je nachdem, wie es am bequemsten ist. Die Fäden sollten getrennt gehalten werden, damit sie gleichmäßig abrollen können und die nötige Spannung erhalten bleibt. Das Foto auf S. 86 zeigt nur *eine* Möglichkeit der Fadenführung. Viele andere sind genauso geeignet. Links sehen Sie, wie drei Fäden für ein dreifädiges Garn gehalten werden. Aus zwei oder mehr überdrehten Fäden mit Z-Drehung (im Uhrzeigersinn) entsteht beim Zwirnen mit S-Drehung (entgegen dem Uhrzeigersinn) ein Garn, in dem die Fäden sich miteinander verzwirnen und zusammenhalten. Der Überdrall der Einfachfäden verliert sich beim Zwirnen, und das fertige Garn ist weich, glatt und kräftig. Die Oberflächenstruktur des zweifädigen Garnes unterscheidet sich von der Oberflächenstruktur des Garnes aus drei Einfachfäden. Den äußerlich sichtbaren Unterschied zeigt die Zeichnung auf S. 89.

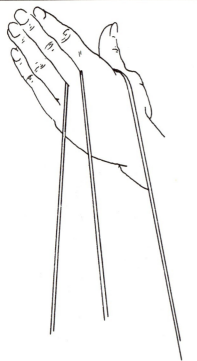

Handhaltung von drei Fäden beim Zwirnen von dreifädigem Garn.

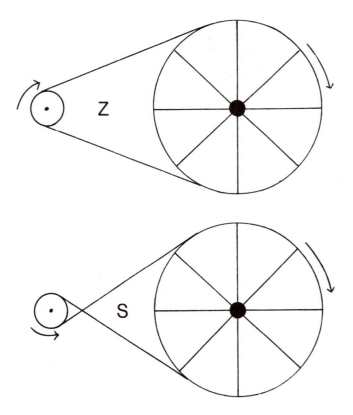

Auf Spulrädern wird die Antriebsschnur manchmal zum Zwirnen zwischen Spulenscheibe und Schwungrad über Kreuz aufgezogen. Dadurch kann der Spinner das Rad in der bequemeren Uhrzeigerrichtung drehen, während die Spindel in entgegengesetzter Richtung rotiert.

Das Flügelspinnrad eignet sich besonders zum Zwirnen. Beide Hände sind für die Führung der einlaufenden Fäden frei, und der Tretantrieb gewährleistet einen gleichmäßigen Zug, mit dem der Faden ununterbrochen und gleichmäßig durch die Hände gezogen wird. Man kann auch mit der Spindel und auf dem Spulrad zwirnen. Dies geht aber bedeutend langsamer vor sich, und es ist schwieriger, den Drall zu kontrollieren. Wie man mit der Handspindel zwirnt und eine S- oder Z-Drehung macht, finden Sie im 2. Kapitel. Beim Zwirnen mit einem handgetriebenen Spulrad kann man die Antriebsschnur zwischen Schwungrad und Spindelrolle überkreuzen. Man kann das Schwungrad dann im Uhrzeigersinn antreiben und erhält trotzdem die entgegengesetzte Drehrichtung.

Je nach Drehkombination und der Art, wie der Faden durch das Spinnloch geführt wird, lassen sich verschiedene Garne herstellen. Gezwirntes Garn kann mit anderen gezwirnten Fäden dubliert werden. Man kann den einen Faden straff, den anderen lose halten. Der straffe Faden wird zum Innenfaden, um den sich der andere herumwickelt. Vielfältige Strukturen erreicht man dadurch, daß man unterschiedliche Garnarten wie dicke mit dünnen oder fest gedrehte weiche mit locker gedrehten fusseligen Garnen kombiniert. Unterschiedliche Faserarten oder Faserlängen können beim Zwirnen ineinandergreifen. Es sind zahlreiche Varianten möglich. Oft entstehen ungewollt einmalige Spezialgarne. Modegarne oder sogenannte Effektgarne lassen sich durch das Verzwirnen von Fäden herstellen, die mit unterschiedlicher Spannung geführt werden. Diese Technik wird dem einfachen Zwirnen oft vorgezogen. Die zu zwirnenden Fäden hält man zwischen Daumen und Zeigefinger. Wenn die Spitzen des Zeigefingers den Faden nur schwach berühren, läßt sich der gleichmäßige Fadenfluß im gleichen Winkel halten.

Ausführung und Struktur des Garnes

Wenn Sie im Radspinnen Erfahrung gesammelt haben und mit Ihrem Rad vertraut sind, sollten Sie versuchen, alle Möglichkeiten der Spinntechnik zu erforschen. Welche Eigenschaften das gesponnene Garn hat, hängt davon ab, wie die Fasern vorbehandelt werden, ob sie als Locke oder geöffnet und gekämmt versponnen werden, ob sie verschnitten und gemischt wurden oder einfach als dünne rauhe oder ungemischte Fasern verarbeitet werden. Die Kapitel 6 bis 8 geben Ihnen einen Einblick in die große Vielfalt der Garne und erläutern die Methoden der Faserbehandlung und die charakteristischen Eigenarten. Die Art und Weise, mit der Sie Fasern beim Spinnen und Zwirnen der Drehung überlassen, hat großen Einfluß auf die Gestaltung und die endgültige Struktur des Garnes. Einige Beispiele können Sie auf der Zeichnung (S. 90) sehen. Zu wissen, wie ein Garn entsteht, heißt besser verstehen, für welche Textilien es sich eignet.

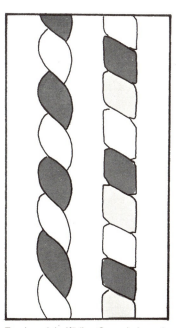

Zwei- und dreifädige Garne haben eine unterschiedliche Struktur als Folge davon, daß die in Z-Richtung gedrehten Garne mit denen in S-Drehung von selbst zusammenhalten.

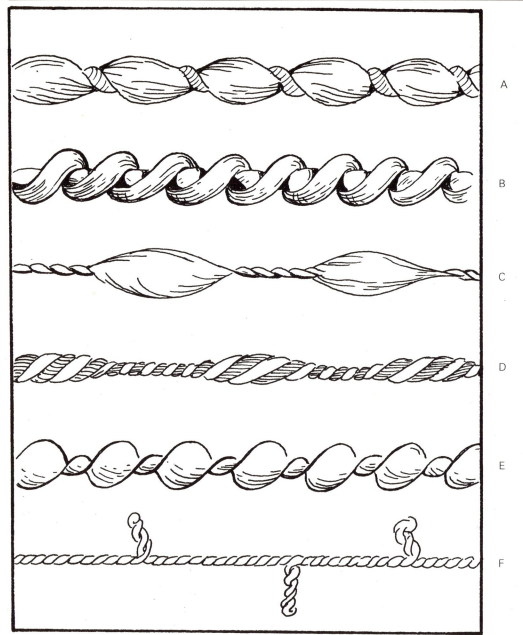

Sechs von vielen möglichen Garnstrukturen: (A) Ein dicker, weicher, in S-Richtung gedrehter Faden aus kurzen Fasern und ein dünner, weicher langfaseriger Faden mit Z-Drehung. Diese beiden Fäden wurden mit Z-Drehung verzwirnt. (B) Ein weicher, mit Z-Drehung gesponnener Faden und ein dünner, fester mit S-Drehung gesponnener Faden. Beide wurden in S-Drehung verzwirnt, wobei die Drehung hauptsächlich bei dem dünnen Faden liegt. Zur Herstellung dieses Garnes hält man den dünnen Faden beim Zwirnen gespannt und läßt den dickeren Faden schnell durchlaufen. (C) Dies ist ein einfädiges Garn mit ungesponnenen Abschnitten. Die Noppen sind als Musterelement beabsichtigt. Zur Herstellung dieses Garnes wenden Sie den kurzen Auszug an. Halten Sie in bestimmten Abständen eine gewisse Menge ungesponnenen Materials zwischen Daumen und Zeigefinger derjenigen Hand zurück, die die Fasern auszieht, und verhindern Sie deren Auszug. Dadurch entsteht innerhalb des Fadens ein ungesponnener, dickerer Abschnitt. Die gesamte Drehung konzentriert sich auf die dünnen ausgezogenen Abschnitte. Die Noppen können sowohl in gleichmäßigen wie in ungleichmäßigen Abständen entstehen. (D) Dieses Garn besteht aus einer Kombination von zwei ungleichmäßig miteinander verzwirnten verschiedenfarbigen Fäden. Zur Herstellung eines solchen Garnes spinnen Sie zwei Fäden verschiedener Farbe in derselben Drehrichtung und verzwirnen sie dann in entgegengesetzter Richtung. Während des Zwirnens läßt man an einigen Stellen eine extra starke Drehung zu, an anderen läßt man die Fäden so schnell wie möglich durch das Spinnloch laufen, so daß die Drehung gering ist. (E) Dieses Muster besteht aus zwei Fäden, einem dicken und einem dünnen, die beide in gleicher Richtung gesponnen und dann miteinander in entgegengesetzter Richtung verzwirnt wurden. (F) Zur Herstellung dieses Garnes spinnt man einen stark gedrehten und einen anderen etwas dickeren Faden mit normaler Drehung. Beide sollten in gleicher Drehrichtung gesponnen sein. Man zwirnt sie in entgegengesetzter Richtung. Während des Zwirnens hält man den dickeren Faden etwas zurück und läßt den überdrehten Faden abschnittsweise schnell gegen das Spinnloch laufen. Dadurch wird ein Drallüberschuß erzeugt, der die gedrehten Noppen ergibt.

Wie man ein Spinnrad baut

5

Ein robustes Spinnrad mit großem Spinnloch und großer Spule. So ein Rad kann man sich leicht selber bauen. Mit diesem Rad lassen sich die verschiedensten Garnarten spinnen, und es ist nicht teuer in der Herstellung.

John Gieling, ein Designer aus San Francisco, und ich haben ein Spinnrad entworfen und gebaut, das von einem Heimtischler mit wenig Fachkenntnissen in Holzbearbeitung und ohne komplizierte Werkzeuge nachgebaut werden kann. Wir haben uns bemüht, die Bestandteile so auszuwählen, daß sie sich jeder überall beschaffen kann, der so ein Rad nach unseren Angaben bauen möchte. Er soll schnell und einfach zum Ziel kommen können. Wir wollten außerdem ein Rad konstruieren, das funktionsgerecht, schön und billig ist. Spulräder in der Art eines üblichen Wanderrades können sogar noch einfacher hergestellt werden. Aber an ihnen spinnt es sich langsamer, und die meisten Handspinner wünschen ein etwas schnelleres Rad. Jeder Spinner, der auf Produktion und Bequemlichkeit achtet, wünscht sich ein Rad mit Fußantrieb und Spinnflügel. Dies erfordert ein relativ kompliziertes Gerät mit mehreren beweglichen Teilen. Die Anleitungen in diesem Kapitel sollen nicht nur zeigen, wie Sie Schritt für Schritt ein ausgezeichnetes Spinnrad selber bauen können, sondern der Leser erhält einen allgemeinen Eindruck davon, welche Schwierigkeiten der Eigenbau eines Rades mit sich bringt. Meine Erfahrungen beim Kauf von Spinnrädern haben gezeigt, daß billige Räder aus Fichte oder Sperrholz hergestellt sind und die teuren aus Hartholz. Wenn Sie das Geld haben und besonderen Wert auf gediegenes Aussehen legen, werden Sie wahrscheinlich mit dem teureren Rad besser bedient sein. Fertigen Sie Ihr Rad selber, so stehen Ihnen alle Möglichkeiten offen. Sie können Holzreste jeder Art verwenden. Vielleicht haben Sie selbst noch einiges im Keller, oder Ihr Schreiner ist Ihnen behilflich. So wird das Rad billiger, dafür aber ganz persönlich.

Vorderansicht des vollständig zusammengesetzten Spinnrades. Das Schwungrad ist aus Spanplatte und die Spule aus einem Rundholz (von einer Jalousierolle) gefertigt.

Dies ist die Rückenansicht des Spinnrades. Die Radachse ist aus Rohrstücken zusammengesetzt.

Gewisse Teile eines Spinnrades sind schwierig herzustellen. Wenn Sie in der Holzbearbeitung Erfahrung und Zugang zu einer Drehbank haben, werden Sie für einzelne Arbeitsgänge bessere Lösungen finden, als wir Sie aufgezeigt haben. Das kann Änderungen im Arbeitsablauf zur Folge haben, so daß es ratsam ist, den ganzen Herstellungsprozeß zunächst zu durchdenken. Bevor Sie mit dem Bau beginnen, studieren Sie alle möglichen Räder, die in diesem Buch abgebildet sind, und wenn es möglich ist, spinnen Sie an verschiedenen Rädern. Lesen Sie dieses Kapitel erst ganz durch, und folgen Sie dann sorgfältig unseren Anleitungen, oder nutzen Sie Ihre eigenen Vorstellungen und das, was zur Herstellung Ihres eigenen Spinnrades zu Ihrer Verfügung steht. Die nachfolgend angegebenen Maße sind so gewissenhaft wie möglich von Zoll in Zentimeter und Millimeter umgerechnet. Minimale Abweichungen sind möglich, dürften aber kaum ins Gewicht fallen.

Materialliste für den Bau eines Spinnrades

Holz

Hartholz (Ahorn), Kantholz: Weichholz (Kiefer, Tanne)	Maße:	18 × 23 × 2,5 cm
Kanthölzer:		5 × 5 cm, 290 cm lang
		5 × 2,5 cm, 370 cm lang
		15 × 2,5 cm, 38 cm lang
		5 × 2,5 cm, 130 cm lang
		2,5 × 2,5 cm, 66 cm lang
Sperrholz, 16 mm stark:		33 × 18 cm
Spannplatte, 19 mm stark:		41 × 84 cm

Eisenwaren

Holzschrauben mit Flachkopf:	30 St. 5 × 50 mm
	8 St. 5 × 20 mm
	7 St. 4 × 30 mm
	4 St. 4 × 40 mm
	2 St. 4 × 25 mm
Messingschraube:	1 St. 3 × 20 mm
Ösenschraube:	1 kleine
Schloßschrauben:	2 St. 5 × 65 mm mit 4 Flügelmuttern und 5 Unterlegscheiben
Maschinenschrauben mit Rundkopf:	1 St. 5 × 35 mm
Maschinenschrauben mit Sechskant:	1 St. 6 × 65 mm mit Unterlegscheibe
Flansch:	2 St. für ½ Zoll Rohrstück, mit Gewinde
Rohrstutzen:	1 St. 51 mm lang, ½ Zoll stark
	1 St. 64 mm lang, ½ Zoll stark, jeweils mit Gewinde
Verschlußkappe für Distanzscheibe	½ Zoll Rohrstück 1 St.
Unterlegscheiben:	5 St. mit 19 mm Innendurchmesser
	1 St. mit 19 mm Innendurchmesser
	1 St. mit 22 mm Innendurchmesser
Aluminiumrohr:	¾ Zoll Außendurchmesser, 58,5 cm lang
Schraubhaken:	6 St. mit 15 mm Öffnung
Eisenstange:	38 cm lang, 10 mm stark

Verschiedenes

Holzrohr:	1 St. 40,5 cm lang, 22 mm Außendurchmesser,
	1 St. Jalousierolle, 19 mm Außendurchmesser
Antriebsriemen einer Tretnähmaschine, Gummiband Bindfaden	165 mm lang

Erste Entscheidungen

Bevor man mit dem Bau beginnt, müssen grundsätzliche Entscheidungen getroffen werden. Das große Schwungrad ist für die Größe des Rahmens ausschlaggebend. Wenn Sie sich entschlossen haben, irgendein anderes Rad zu benutzen, oder wenn Sie ein Rad mit anderem Radius bauen oder benutzen wollen, werden Sie das Gestell und den Rahmen ändern müssen. Das größte Problem ist die hohle Spulenachse, die auf die Flügelspindel passen muß. Bevor dies nicht gelöst ist, sollten Sie nicht mit dem Bau beginnen. Der hintere Teil der Achse legt den Abstand fest zwischen Spule und hinterer Achsstütze. Auf unserem Rad mißt der erste Teil 35,6 cm und der zweite 5,1 cm. Die Herstellung dieses hohlen Spulenteiles ist auch an der Drehbank schwierig. Wir haben sie dadurch gelöst, daß wir das Kernstück einer großen Jalousierolle benutzten – ein Teil jeder Jalousierolle ist hohl.

Wenn Sie ein Rohrstück gefunden haben, das sich als Spulenschaft eignet, benötigen Sie ein anderes Rohrstück, das bequem darin Platz hat. Dieses zweite Rohrstück wird der Spinnstock und muß ebenfalls hohl sein, zumindest das vordere Ende. Wir benutzten ein Aluminiumrohr. Wenn der Faden gesponnen wird, läuft er in die Spitze der Spindelröhre und durch eine seitliche Öffnung auf die am Flügel befindlichen Haken. Die Stärke des zu spinnenden Garnes kann nicht dicker sein als der Innendurchmesser des hohlen Spinnstockes. Der Spulenschaft kann auch aus kräftiger Pappe oder aus einem Plastikrohr bestehen. Es ist auch möglich, den inneren Teil aus Holz und den äußeren aus Metall zu machen.

Der Bau des Spinnrades

Das gesamte Spinnrad kann aus Hartholz gearbeitet werden. Aber Hartholz ist teuer und häufig schwer zu verarbeiten. Wir brauchen fünf kleinere Teile, die einer starken Beanspruchung ausgesetzt sind; zumindest diese sollten unbedingt aus Hartholz gefertigt werden.

Wir benutzten Ahornholz von einer Stärke von 22 mm.

Der Rahmen

Beim Bau eines Spinnrades fertigen wir zuerst den Rahmen. Unsere erste Abbildung (S. 98) zeigt die vierzehn verschiedenen Teile einschließlich der Maßangaben. Auf dem zweiten Bild sehen Sie, wie die Teile zusammengesetzt sind. Die Holzmaße variieren bei verschiedenen Holzarten. Eine Leiste von 22 mm × 50 mm hat niemals ganz exakt diese Maße. Wir müssen also mit Abweichungen rechnen. Jedes Holz, das wir verarbeiten, sollte vollkommen trocken sein. Wir benutzten Rotholz, ein weiches Holz von wunderbarem Farbton. Wenn Sie von großer Statur sind oder ein besonders großes Spinnrad bevorzugen, können Sie das Ganze breiter und höher bauen. Für Teil 9 kann irgendeine kräftige Stange benutzt werden. Teil 14 paßt genau zwischen die beiden Frontpfosten unterhalb der Stange. Es ist das letzte Teil, das angebracht wird, und muß genau eingepaßt werden – warten Sie also mit dem endgültigen Zuschnitt bis ganz zuletzt. Zum Zusammenschrauben benötigen Sie 30 Flachkopfschrauben 5 mm × 50 mm Länge. Für weiches Holz wie Rotholz empfehlen wir dicke Schrauben, für andere Nadelhölzer dünnere und noch dünnere für Hartholz. Alle Schrauben werden versenkt. Die Rahmenteile werden der besseren Haltbarkeit wegen verfugt, die Schraubenlöcher vorgebohrt. Kanten und Unebenheiten sollten vor und nach dem Zusammensetzen mit Sandpapier geglättet werden. Achten Sie darauf, daß Sie die Schrauben nicht zu stark anziehen. Der fertige Rahmen sollte genau rechtwinklig sein. Arbeiten Sie mit Winkeleisen, damit die Schnittflächen exakt sind, und achten Sie darauf, daß die Teile genau ineinander passen. Leimen Sie erst, wenn das ganze Spinnrad zusammengepaßt ist. Und auch dann benutzen Sie Leim nur da, wo die Teile besonders fest miteinander verbunden sein müssen.

Bei der Betrachtung der Abbildungen auf S. 97 und 98 sehen wir, wie verfugt und überplättet wird. Der Rahmen wird in der Reihenfolge der Numerierung der Teile zusammengesetzt; wir beginnen mit Nr. 1. Die Falze in 1, 2, 3 und 4 beginnen in einem Abstand von 39,5 cm von oben gemessen. Sie liegen auf der Außenseite und nehmen die Leisten 5 und 6 auf. Die geschmirgelten Einbuchtungen an diesen Teilen brauchen erst später gearbeitet zu werden. Sie geben Raum zum Drehen des Schwungrades. Die Teile 7 und 8 gehören unten seitlich nach außen und verbinden 1 mit 4 und 2 mit 3. Sie haben einen Bodenabstand von 25 mm. In die Eckpfosten 1 und 2 bohren wir 13 mm oberhalb von 7 und 8 je ein Loch zum Einsetzen der Eisenstange für das Tretlager (9). Die Teile 10 und 11 dienen ebenfalls der Verspannung des Rahmens und sind so gearbeitet, daß sie auf die Teile 5 und 6 passen. Die Stellung von Teil 11 richtet sich je nach der Art des Schwungrades. Bei unserem Modell beträgt der Abstand zwischen 10 und 11 8,2 cm. Die Teile 12 und 13 bilden die oberen Querverbindungen. Sie haben Aussparungen am Ende passend für die Eckpfosten und gehören auf die Innenseite des Rahmens. Auch in der Mitte haben sie Aussparungen (5 cm breit und 6 mm tief) zur Aufnahme der Achsstützen. Teil 14 wird auf gleicher Höhe mit 7 und 8 an beiden Seiten 25 mm hinter der Eisenstange mit je einer Schraube befestigt.

Diese Teile sollten aus 25 mm starkem Hartholz zugesägt werden. Teil A dient als Verbindungsstück zwischen der Vorderachse und der Triebstange des Tretantriebs (siehe Abbildung S. 105).
B und C bilden die Lagerstützen für die Radachse. D und E sind Achsstützen, die den Spinnflügel tragen. Bohren Sie die Innenlöcher nicht zu früh. Ihre Größe hängt von den Teilen ab, die sie tragen sollen.

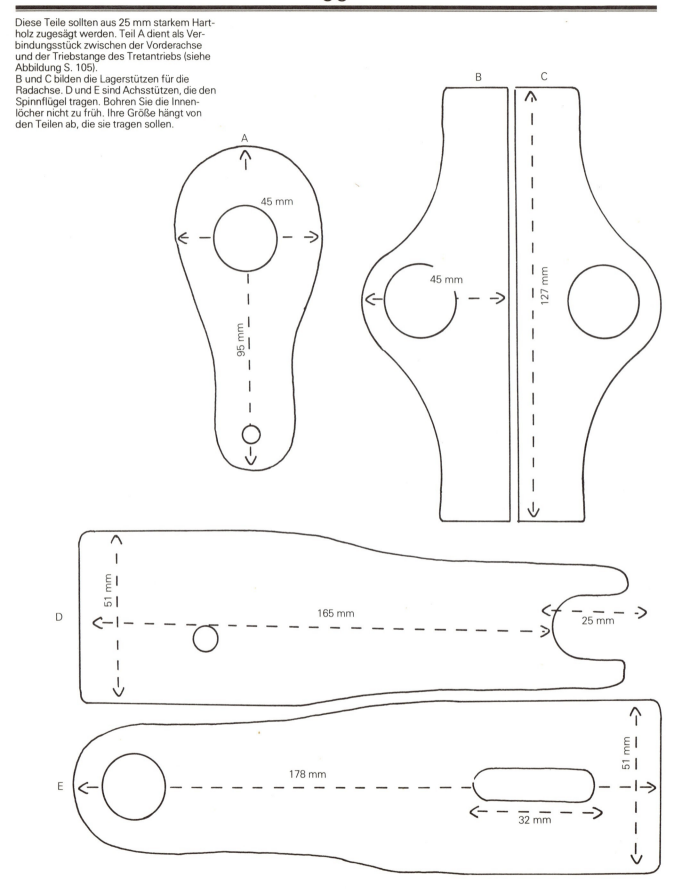

Die Teile des Grundgestells, von unten nach oben in der Reihenfolge numeriert, in der sie zusammengesetzt werden. Wir verwendeten Rotholz, ebenso brauchbar ist aber auch Kiefern- oder Tannenholz. 1, 2, 3, und 4 bilden die Eckpfosten von 5 × 5 cm und einer Länge von 71 cm. Die Teile 5, 6, 7 und 8 sind 61 cm lang und 2,5 × 5 cm stark. Teil 9 ist kaum sichtbar. Es besteht aus einer 10 mm starken Vorhangstange von 38 cm Länge aus Eisen. Die Teile 12 und 13 bestehen aus 2,5 × 5 cm starken Kanthölzern, beide 42 cm lang. Teil 14 ist ebenfalls 2,5 × 5 cm stark, aber 35,6 cm lang.

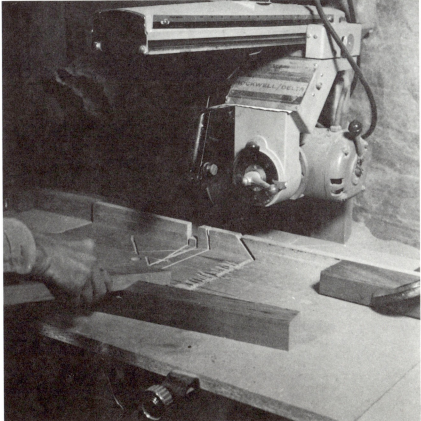

Die Rahmenhölzer werden der Stabilität wegen mit Paßschlitzen versehen. Man kann sie ausfräsen oder mit einem Stechbeitel arbeiten.

Das zusammengesetzte Grundgestell.

Diese Zeichnung stellt den Entwurf für die Löcher des Schwungrades dar. Das Rad selbst hat einen Durchmesser von 40 cm. Die Durchmesser der Löcher betragen 65 mm und 32 mm. Ein Metallflansch von 75 mm wird später mit 4 Schrauben auf die Mitte aufgeschraubt, wie in der Zeichnung angedeutet. Es ist wichtig, daß die Lochausschnitte sich nicht gegenseitig berühren.

Das Schwungrad

Wir haben uns entschieden, eine 19 mm starke Spanplatte zu benutzen. Sie wird für das Rad doppelt verwendet. Sperrholz eignet sich auch dafür, aber das Rad muß, damit es die nötige Schwungkraft entwickelt, schwer genug sein und mit der großen Spule und dem Spinnflügel in einem ausgewogenen Verhältnis stehen. Ein schweres Rad gibt der gesamten Konstruktion Halt. Anstelle des hier empfohlenen Rades kann jede Art eines fertigen Rades benutzt werden. Dieses Rad hat einen Durchmesser von 40 cm. Und so wird das Rad gemacht: Wir beschreiben auf der Spanplatte zwei Kreise mit einem Radius von 20 cm. Um das Gewicht am Rand zu erhöhen, wodurch Schwungkraft und Gleichlauf besser werden, schneiden wir verschiedene Löcher aus. Diese Löcher müssen genau ausbalanciert sein, damit keine Unwucht entsteht. Die Löcher können jede Größe haben.

Durch den Mittelpunkt jeder Spanplatte wird ein Loch gebohrt, das als Führungsloch dient, wenn die Spanplatte zur Scheibe zugeschnitten wird (besonders beim Sägen mit der Bandsäge).

Verteilen Sie Kalkleim (z. B. Ponal) auf die Innenseiten jeder Scheibe.

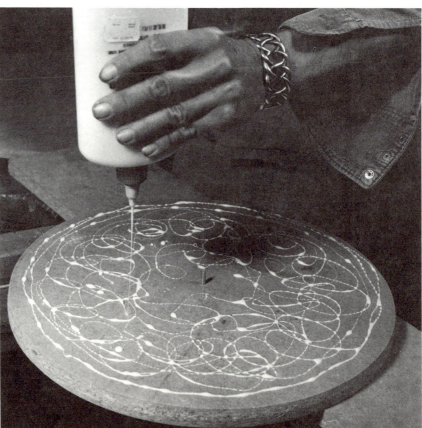

Pressen Sie beide Scheiben zusammen, und lassen Sie sie trocknen, bevor Sie die Löcher aussägen.

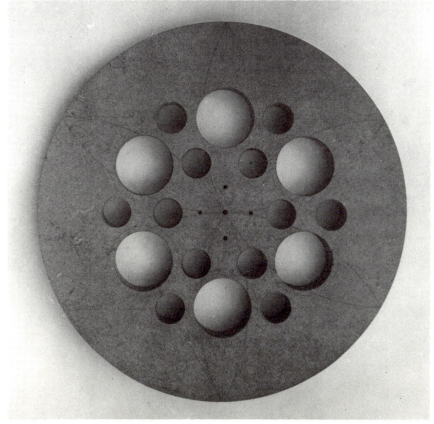

Arbeiten Sie die Löcher mit einer Loch- oder Stichsäge. Die größeren Löcher haben einen Durchmesser von 65 mm, die kleineren einen von 32 mm. Jeder gut ausgewogene Entwurf eignet sich ebenso.

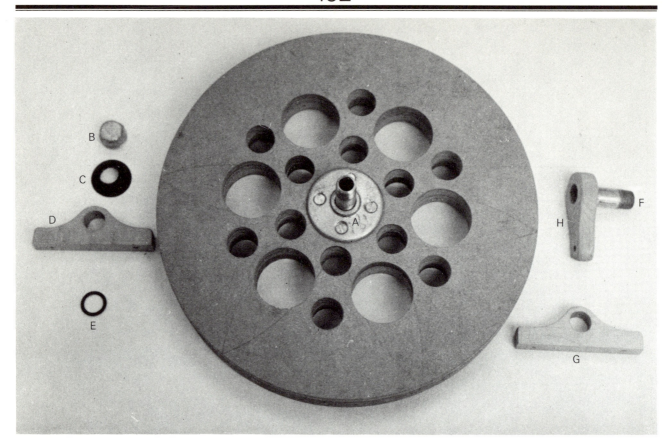

Hier sind der Reihe nach die Teile für das Schwungrad abgebildet und wie sie von der Rückseite des Rades beginnend zusammengesetzt werden: Teil A ist ein 51 mm langer Rohrstutzen (½ Zoll stark); B ist eine Verschlußkappe, passend für den Rohrstutzen. C ist eine Distanzscheibe, und D ist ein vorher ausgeschnittenes Stück Hartholz, durch das Teil A geführt wird. D wird am Rahmen festgeschraubt. Teil E ist eine Dichtung von ¾ Zoll, und F ist ein 64 mm langer Rohrstutzen (½ Zoll stark), der auf der anderen Seite in den Flansch eingeschraubt wird. Das andere Ende des Stutzens wird in das vorher gefertigte Hartholzstück geschraubt. Teil F wird durch G geführt. G wird dann am Rahmen befestigt.

Rückseite des eingesetzten Rades.

Frontansicht des eingesetzten Rades.

Es ist sehr wichtig, daß das Rad sauber rundgeschnitten und der Mittelpunkt genau angezeichnet ist. Obgleich die Achse nicht ganz durch das Rad hindurchführt und auf jeder Seite eine Achse ansetzt, bohren Sie durch den Mittelpunkt jeder Scheibe ein Loch zur Führung (siehe Abbildung S. 100). Stecken Sie einen Bolzen oder Nagel hindurch, der auf dem anderen Brett befestigt wird, das man am Sägetisch befestigen kann. Drehen Sie die Scheibe um ihre Achse, damit die Bandsäge genau rund schneidet. Drehen Sie dabei langsam rundum, ohne daß sich das Sägeblatt biegt. Nachdem Sie die Scheibe ausgeschnitten haben, kippen Sie die Säge, so daß die Innenseite der Scheibe etwas angeschrägt wird. Wiederholen Sie den Vorgang mit der zweiten Scheibe. Wenn die beiden Scheiben geleimt und gepreßt sind, zeigt sich in der Mitte des Außenrandes eine kleine Nut, in der der Antriebsriemen laufen wird. Wenn Sie die Nut nicht mit der Säge machen können, können Sie sie mit einer Fräse oder Raspel ziehen. Man kann die Radscheibe natürlich auch mit einer Stichsäge ausschneiden.

Wenn der Leim gut getrocknet ist, schneiden wir mit der Lochsäge die Löcher aus. Auf jeder Seite des Rades werden in der Mitte die Flansche für die $1/2$-Zoll-Rohre mit Flachkopfschrauben von 20 mm Länge (8) angebracht. Solche Flansche kann man in jeder Eisenwarenhandlung kaufen. Es ist sehr wichtig, daß sie ganz genau in der Mitte sitzen. Die Löcher im Rad sollten mindestens 5 mm Abstand von den Flanschen haben. Auf der Abbildung S. 99 sind die Befestigungspunkte für den Flansch markiert. Sie können variieren, je nachdem, wie der Flansch aussieht, den Sie kaufen.

Alle Teile des Rades sind auf S. 102 abgebildet. Die Teile D und G sind aus Hartholz gefertigt. Das Loch muß genau passend für die Achse sein. Bohren Sie ein ganz kleines Loch zum Ölen oben durch die Teile D und G, und schrauben Sie sie dann (mit Flachkopfschrauben 4 mm × 40 mm Länge) auf den Rahmen. Damit ist das Rad zentriert. Mit einer Raspel machen wir an den Seiten des Rahmens noch je eine Einbuchtung, damit das Rad sich frei drehen läßt. Die Unterlegscheibe sorgt für den richtigen Spielraum zwischen Rad und Lagerbock, der Distanzring zwischen Lagerbock und Verschlußkappe. Das Rad sollte sich frei drehen, aber möglichst wenig Achsspiel haben. Der Exzenter aus Hartholz, der die Achse mit dem Fußtritt verbindet, wird mit dem Durchmesser des Rohrstückes (F) durchbohrt. Beide Teile werden fest miteinander verbunden, und zwar am besten mit zwei Blechschrauben (Loch kleiner vorbohren als die Schraube im Durchmesser mißt).

Der Fußantrieb
Die Abbildungen zeigen die Teile des Fußantriebs und den eingebauten Fußtritt. Wir machten die Sperrholzplatte so groß, daß beide Füße darauf Platz haben. Wir hatten 16 mm starkes Sperrholz zur Hand, aber Sie können auch ein anderes Brett nehmen. Teil 2 versehen Sie mit einer Rille zur Aufnahme der Eisenstange (Tretlager). An den beiden Seiten hat es Aussparungen, damit es den Rahmen nicht berührt, wenn das Trittbrett in Bewegung ist. Die Teile 2 und 3 werden zunächst mit Schrauben 4 mm × 30 mm auf Teil 1 befestigt (7). Die Triebstange (4) wird mit Teil 3 durch ein Stück Leder verbunden (vgl. dazu Abb. S. 105). Dazu fräst man in beide Holzteile einen Falz 6 mm breit und 29 mm tief. Die Ecken werden abgerundet. Bohren Sie in beide Holzteile ein Loch, das der Schraubenstärke entspricht (z. B. 5,6 oder 8 mm), und zwar bei 15 mm von unten gemessen. Bohren Sie die passenden Löcher in das 56 mm lange Lederstück, das etwas breiter sein sollte als die Holzteile. Dann wird je eine 5 × 35 mm lange Schloßschraube durch Holz und Leder geführt. Sie können die Schloßschraube in das Holz einlassen, haltbarer ist es jedoch, wenn Sie das Holz ganz durchbohren und die Schloßschraube mit einer Flügelmutter oder einer Sechskantmutter sichern (Federring unterlegen). Eine 6 mm starke Sechskantschraube mit Kurzgewinde von 65 mm Länge mit zwei Lederscheiben, eine Unterlegscheibe und einem Federring verbindet die Triebstange mit der Achskurbel. Die Schraube geht durch die Triebstange und wird in der Achskurbel verschraubt. Führen Sie also den Bolzen durch einen Federring, eine Unterlegscheibe, eine Lederscheibe, die Triebstange, eine zweite Lederscheibe und verschrauben Sie sie im Hartholz. Loch etwas kleiner vorbohren, damit sich das Gewinde einschneidet. Unter Umständen müssen Sie die Länge von Teil 4 und das Ledergelenk entsprechend anpassen, damit der Fußantrieb reibungslos funktioniert.

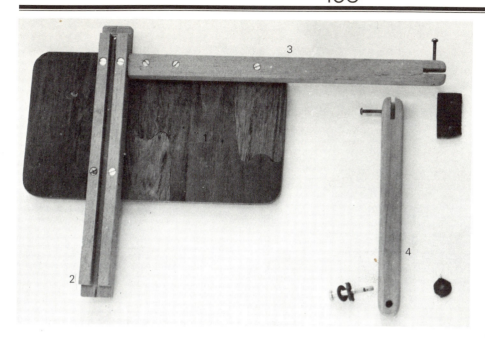

Der Fußantrieb von unten gesehen. Teil 1 aus 16 mm starkem Sperrholz hat die Maße 33 × 18 cm. Die Teile 2, 3 und 4 sind aus Tannenholz. Teil 2, 2,5 × 5 cm, hat eine Länge von 33 cm. Teil 3, 2,5 × 2,5 cm, hat eine Länge von 39,4 cm und Teil 4, 2,5 × 2,5 cm hat eine Länge von 25,4 cm.

Der eingebaute Tretmechanismus – das Rad sollte sich reibungslos und gleichmäßig drehen lassen.

Spinnflügel und Spule

Der leierförmige Teil des Spinnflügels besteht aus den in der Abbildung unten gezeigten Teilen. Teil 2 ist in der Mitte durchbohrt. Die Bohrung hat exakt die Stärke des Metallrohrs. An beiden Enden hat Teil 2 Falze, passend für die Zusammensetzung mit den Teilen 1 und 3. Die Verzapfungen werden geleimt, und der Spinnflügel wird mit Sandpapier zu einer gefälligen Form geschliffen. Dann werden die Haken eingeschraubt. Bohren Sie im Abstand von 75 mm, gemessen vom Ende in Teil 4, ein Loch mit ungefähr dem gleichen Durchmesser wie der des Rohrinneren, und feilen Sie es leicht oval und sauber aus. Der Spinnfaden läuft ca. 7 cm durch das offene Rohrende, tritt durch das Querloch aus und läuft über die Haken auf dem Flügelarm.

Bevor Sie das Metallrohr mit einer kleinen Messingschraube (20 mm lang) im Flügel befestigen, sollten Sie den Spinnflügel zusammengesetzt und auf das Spinnrad aufgesetzt haben. Der Spinnfaden sollte in einem Winkel mit der geringsten Bremswirkung durch das Querloch und über die Flügelhaken laufen. Überzeugen Sie sich also von der richtigen Stellung, bevor Sie den Spinnflügel festmachen. Feilen oder raspeln Sie in Teil 2 auf beiden Seiten eine Einbuchtung. Dadurch wird der Flügel leichter, und der Faden läuft nach Austritt aus dem Querloch möglichst unbehindert über die Flügelhaken.

Feilen Sie immer abwechselnd. Die Einbuchtungen der Flügel müssen ausgewogen sein. Der Flügel soll sich im Gleichgewicht befinden. Deshalb haben manche Spinnräder Haken auf beiden Seiten des Flügels. Diese tragen auch dazu bei, den Faden gleichmäßig aufzuspulen. Die Spulenwelle (9) sollte so über das Metallrohr (4) passen, daß sie sich frei drehen kann, aber nicht zu viel Spiel hat. Die Länge der Spulenwelle ist wichtig – ihr Ende sollte etwas über die Flügelarme hinausragen. Spannen Sie die Schnurscheibe (11) in einen Schraubstock, und feilen Sie in den Außenrand eine Rille. Dann wird sie auf die Mitte von Teil 10 geleimt. Die Kanten werden abgerundet, und die Spulenscheibe wird in der Mitte so durchbohrt, daß sie auf 9 paßt.

Bitte beachten Sie, daß Spinnflügel und Spule auf verschiedene Weise verändert werden können. Die Spulenrolle kann größer oder kleiner oder aus anderem Material sein.

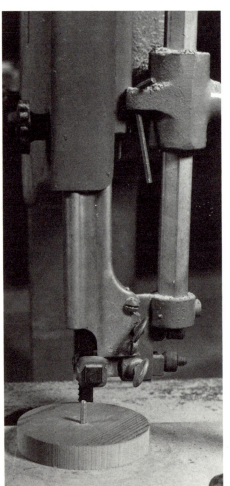

Die Spulenscheiben werden auf gleiche Weise mit der Bandsäge ausgesägt wie das Schwungrad, indem sie um ihre Mittelachse gedreht werden. Man kann sie auch mit der Lochsäge aussägen.

Die Grundbestandteile des Spinnflügels. (Die Holzteile sind aus Tannenholz). Teil 2, 2,5 × 5 cm ist 23 cm lang; die Teile 1 und 3, 2,5 × 5 cm, sind 33 cm lang; Teil 4 besteht aus einem ¾-Zoll-Rohr aus Aluminium und ist 58,4 cm lang.

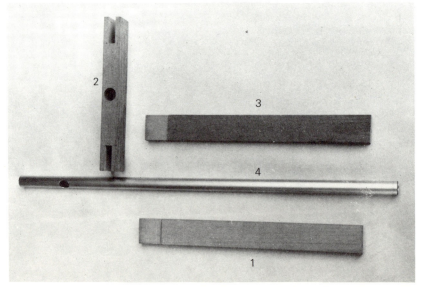

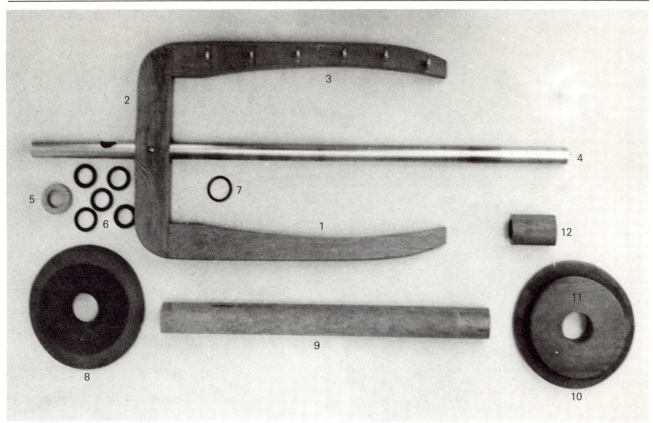

Der Spinnflügel aus den Teilen 1, 2, 3 und 4 in seiner Zusammensetzung. Teil 5 ist 3,8 cm lang und hat einen Innendurchmesser von ¾ Zoll (statt dessen kann man auch Klebeband verwenden). Teil 6 besteht aus 6 Unterlegscheiben von je ¾ Zoll (19 mm) Innendurchmesser. Teil 7 ist ein ⅞ Zoll (22 mm) Distanzring. Die Teile 8 und 10 bilden die äußeren Spulenscheiben aus 25 mm starkem Rotholz. Sie haben einen Durchmesser von 13 cm. Teil 11, ebenfalls aus 25 mm starkem Rotholz, hat einen Durchmesser von 10,2 cm. Die Spulenwelle (9) ist 35,6 cm lang und hat einen Innendurchmesser von 22 mm. Teil 12 ist aus dem gleichen Stück wie 9, aber nur 5,1 cm. (5, 9 und 12 sind aus dem Hohlstab eines Rolladens.)

Der zusammengesetzte Spinnflügel mit Spule. So wird er auf den Rahmen des Spinnrades aufgesetzt.

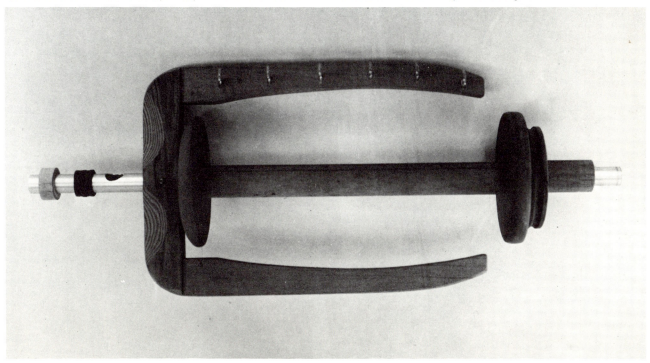

Diese Bremse besteht aus einem Gummiband und einem Stück Bindfaden und wirkt auf den Spinnflügel.

Auf S. 107 finden Sie die Beschreibung aller Teile des gesamten Spinnflügels. Die Teile 5 und 6 sitzen fest auf Teil 4. Der Abstand zwischen ihnen entspricht der Stärke der vorderen Achsstütze plus 2 mm Spiel. Sie dienen als Sperre, damit die Welle nicht aus der Achsstütze läuft. Die Bremse setzt bei 5 an, wie es auf S. 108 zu sehen ist. Sie kann aus Gummi oder Band bestehen. Teil 7 sitzt locker. Die Distanzscheibe verhindert, daß die Spule sich am Spinnflügel reibt. Mit Teil 12 wird der Abstand zwischen Spule und hinterer Achsstütze festgelegt. Dieser muß so sein, daß die Einkerbung auf 11 mit der Einkerbung des Schwungrades in einer Fluchtlinie liegt.

Bevor der gesamte Spinnflügel mit der Spule angebracht werden kann, müssen die Stützen am Rahmen befestigt werden. Die hintere hat einen senkrechten Schlitz, in dem man den Spinnkopf verschieben kann. Dadurch läßt sich die Spannung der Antriebsschnur regulieren. Die hintere Stütze für den Spinnflügel wird mit einer 65 mm langen Schloßschraube mit Flügelmutter und einer Unterlegscheibe auf jeder Seite angebracht. Die vordere Achsstütze wird von innen mit zwei Holzschrauben am Rahmen befestigt. Dann wird der Spinnflügel in die Stützen gelegt. Das Metallrohr paßt in das hintere Loch und liegt auf der vorderen Gabel auf. Die hintere Achsstütze stellen wir so niedrig wie möglich ein und lassen die Antriebsschnur unter dem Schwungrad und über die Rille der Schnurscheibe laufen. Dann fügen wir die Enden der Antriebsschnur zusammen, so daß sie straff sitzt.

Wir benutzten eine Antriebsschnur mit Hakenverschluß von einer Tretnähmaschine. Statt dessen kann man aber auch eine kräftige Schnur verwenden.

Die Spinnflügelbremse

Die Bremse ist an der vorderen Achsstütze befestigt. Mit ihr läßt sich die Geschwindigkeit des Spinnflügels herabsetzen. Schrauben Sie auf einer Seite der Achsstütze eine Hakenöse ein, und bohren Sie auf der anderen Seite ein Loch passend für eine 6 × 65 mm lange Schloßschraube, die mit einer Flügelmutter angezogen wird. Legen Sie auf beiden Seiten Unterlegscheiben unter. Ein Gummiband wird mit einem halben Schlag an der Öse befestigt. An dieses Gummiband schlagen Sie wieder eine Schnur an, die über das Holzstückchen (Teil 12) an der Spitze des Spinnflügels läuft und zwischen den beiden vorderen Unterlegscheiben mit der Flügelmutter festgeklemmt wird. Das Gummiband wirkt ausgleichend und macht aufgrund seiner Elastizität häufiges Nachstellen überflüssig.

Das fertige Rad

Das Spinnrad kann gestrichen, gebeizt oder bemalt werden oder man beläßt es natur. Rauheiten und Kanten sollten mit Sandpapier geglättet werden.

Das Schwungrad sollte sich leicht drehen und auf den Fußtritt gut ansprechen. Wenn es ordnungsgemäß zentriert ist, sollte sich das Schwungrad drehen, ohne zu eiern. Schmieren Sie diejenigen beweglichen Teile, wo Metall und Holz zusammentreffen, mit Graphit oder Talkumpuder.

Mit der Zeit können Holzteile sich abnutzen, besonders dort, wo Unebenheiten vorhanden sind. Dies passiert meistens an den Lagern. Natürlich lassen sich Teile, die nicht angeleimt sind, jederzeit auswechseln. Wenn Teile verleimt wurden, kann man eine Messing- oder Kupferbuchse einfügen. Man kann die Löcher auch größer bohren und Kunststofflager einsetzen. Wer lange etwas von seinem selbstgebauten Spinnrad haben will, sollte das gleich tun.

Viel Glück beim Spinnen!

Faserbehandlung: Kardieren und Kämmen 6

Das Zupfen der Wolle muß sehr behutsam geschehen und darf nicht in nervöses Zerren ausarten. Halten Sie eine Wollflocke in der linken Hand und spreizen Sie sie zwischen Daumen und Fingern auseinander, wobei die Finger zu Ihnen hin zeigen. Mit der rechten Hand ziehen Sie dann Fasern aus und »öffnen« so die Flocke.

Mit Faserbehandlung ist hier das Ordnen der Fasern vor dem Spinnen gemeint. Die Sorgfalt und Zeit, die Sie für diese Vorarbeiten aufbringen, zahlen sich beim Spinnen doppelt wieder aus: leichtere Fadenführung, besseres Mischen von Farben und Fasern und größere Gleichmäßigkeit des gesponnenen Garns.

Es mag umständlich erscheinen, mehrere Kapitel hindurch das Spinnen auf der Handspindel und dem Spinnrad zu erörtern, bevor die Techniken der Faserbehandlung erklärt werden; aber die in diesem Kapitel besprochenen Arbeitsgänge lassen sich besser begreifen, wenn Sie mit den Grundbegriffen des Spinnens vertraut sind. Viele Spinner verschwenden kaum einen Gedanken an die Faserbehandlung, weil sie stark strukturiertes, unregelmäßiges Garn bevorzugen oder weil sie bereits vorbehandelte Fasern kaufen.

Eingehende Faservorbehandlung und »perfektes« Spinnen scheinen Hand in Hand zu gehen, aber für viele Zwecke ist ein »perfektes« Garn nicht notwendigerweise das richtige. Ob Sie nun die Faser vorbehandelt und spinnfertig oder als Rohfaser erwerben, Sie sollten auf jeden Fall wissen, wie man die Fasern zum Spinnen vorbereitet. Zur Vorbehandlung braucht man vor allem Zeit. In früheren Zeiten war die ganze Familie damit befaßt. Lange Winterabende verbrachte man gemeinsam, sogar mit kleinen Kindern, beim Zupfen und Kardieren. Es gibt ein altes Sprichwort, das hierher paßt: »Für einen Spinner braucht man sieben Karder, für einen Weber sieben Spinner.« Sie werden sich fragen, warum gibt man nicht einfach etwas mehr Geld aus und kauft spinnfertige Fasern?

Meist haben Fasern, die vorbehandelt und spinnfertig in den Handel kommen, eine ganze Reihe mechanischer Prozeduren durchlaufen. Das ist notwendig für den Einsatz beim Maschinenspinnen, nicht aber beim Handspinnen. Dabei wird der spezifische Charakter der Faser unwiederbringlich der Gleichförmigkeit geopfert. Man kann den Vorgang mit frischen und gekochten Früchten vergleichen. Einige Leute möchten Äpfel pflücken und gleich so essen; andere pflücken, waschen, schälen, schneiden das Kerngehäuse heraus und kochen die Äpfel, bevor sie sie essen. Das eine muß nicht besser sein als das andere. Man kann Äpfel auf sehr verschiedene Weise verzehren, und das gilt im übertragenen Sinn eben auch für die Verarbeitung von Fasern.

Die in diesem Kapitel besprochenen Arbeitsgänge der Faserbehandlung betreffen das Zupfen, Kardieren und Kämmen. Sie werden am Beispiel der Schafwolle erklärt und illustriert und gelten natürlich auch für alle anderen Fasern. Spezielle oder seltenere Methoden der Faservorbereitung werden in den anschließenden Kapiteln behandelt. Es gibt keine festen Regeln bei der Faserbehandlung; wichtig sind Fingerspitzengefühl und offene Augen.

Zupfen

Das Zupfen ist ein Vorgang, bei dem die zusammengedrückten oder verfilzten Fasern geöffnet werden. Man braucht nichts weiter zu tun, als die Fasern behutsam zu trennen und auseinanderzuziehen. Beim Öffnen der Fasern fallen Schmutz und kurze Enden heraus. Durch das Zupfen kommt Luft und Fülle in die Fasern, und sie lassen sich danach beim Spinnen leicht ausziehen. Zupfen Sie Pflanzenreste ab beim Auseinanderziehen der Fasern, die nicht von selbst herausfallen. Tierische Fasern müssen meist sowohl verzogen als auch gezupft werden, weil das natürliche Wollfett Schmutz und Absonderungen anzieht. Einige Fasern, besonders die rauhen, erfordern nur wenig Zupfen, andere um so mehr.

Wollfasern in verschiedenen Stadien der Aufbereitung. Oben links ist eine Wollocke vom frisch geschorenen Schafvlies. Oben rechts die gezupften Fasern. In der Mitte die kardierte Faserlocke und darunter eine zum Vorgespinst gerollte kardierte Faserlocke.

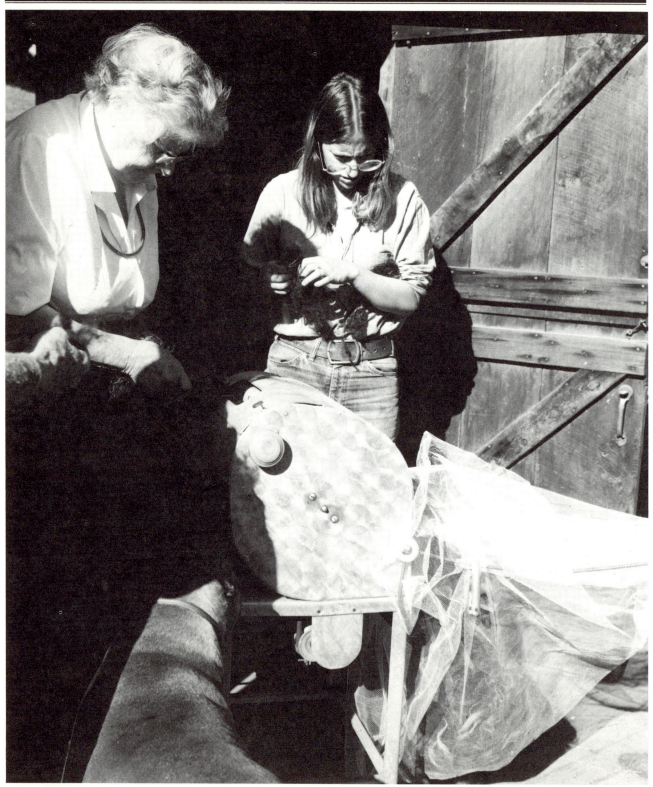

Man kann nie wissen, was einem mitunter in die Hände fällt. Dieses ist eine alte Reißmaschine, die von Polsterern zum Ausziehen von Pferdehaar benutzt wurde. Grobe stumpfe Fasern, die hoffnungslos verfilzt scheinen, werden damit auseinandergezogen und in ein Netz geschleudert.

Diese alten kalifornischen Karden aus der spanischen Kolonialzeit sind aus gewöhnlichen Disteln hergestellt, die zwischen zwei Leisten befestigt sind. Man weiß nicht genau, ob sie zum Kardieren von Wolle oder zum Anrauhen gewebter Stoffe verwendet wurden.

Handkarden werden paarweise gebraucht. Es gibt sie in flacher oder gewölbter Form aus Holz oder Metall. Die Eisenhäkchen des Beschlages haben der Feinheit der zu kardierenden Fasern entsprechend unterschiedliche Dichte. Dies sind Wollkarden Nr. 8.

Kardieren

Fasern werden auf ähnliche Weise kardiert, wie man Haare bürstet; lose, verworrene Fasern werden geordnet. Je gründlicher Sie kardieren, um so mehr können Sie später den sich bildenen Faden beeinflussen. Es mischt die Fasern in Struktur und Farben und trägt dazu bei, daß sich feine und glatte Garne spinnen lassen. Fasern mit einer Länge von mehr als 20 cm verheddern sich leicht beim Kardieren. Sie werden daher zum Kardieren verschnitten oder nur gekämmt.

Das Kardieren besteht darin, daß Fasern zwischen zwei Geräten mit gebogenen Haken gebürstet und dabei zueinander parallel gelegt werden. Sie können dies mit der Hand entweder mit zwei Karden oder auf der Trommelkarde ausführen. In Spinnmühlen wird mit großen Maschinen kardiert, die eine ganze Reihe von Rollen mit Metallzähnen aufweisen; jede folgende Rolle hat dichter stehende Zähne, so das ein gründliches Kardieren – von grob bis fein – erfolgt. Das kardierte Faserband wird dann in anderen Maschinen zu gleichen Bändern aus gleichlaufenden Fasern verdichtet, die man als Vorgespinst oder Vorgarnlocke bezeichnet. Das Vorgespinst kann auf gewerblichen Spinnmaschinen versponnen werden. Die meisten Fasern sind für den Handspinner in diesem Zustand erhältlich.

Ganz früher wurden Karden aus Disteln gemacht. Man befestigte Disteln auf mit Handgriffen versehenen Brettern. Ähnliche Geräte benutzte man auch zum Aufrauhen von Tuch, um diesem eine bürstenartige Oberfläche zu geben. Die heute gebräuchlichen Handkarden ähneln denjenigen, die man vor der Industrialisierung in Europa verwendete. Sie sind praktischer als die Distelkarden. Jede Karde besteht aus einem rechteckigen Stück Holz, das mit einem Lederstück belegt sein kann, in das Drahthäkchen oder -zähne eingelassen sind, die zum Handgriff hin etwas abgewinkelt sind. Man arbeitet mit einem Kardenpaar, und einige Spinner kennzeichnen ihre Karden als eine »linke« und eine »rechte«, denn bei laufender Benutzung ist es bequemer, wenn sie immer in der gleichen Hand bleiben. Karden mit feinen, eng stehenden Zähnen benutzt man für feinere Fasern, solche mit gröberen, weiter auseinanderliegenden Zähnen für gröbere Fasern oder zum Vorkardieren von feinen Fasern. Die Karden selbst übrigens lassen sich mit einem Metallkamm und einer Bürste reinigen.

Das Kardieren mit Handkarden

Dies ist die Grundtechnik des Kardierens:

1. Setzen Sie sich, und legen Sie die linke Karde mit den Zähnen nach oben so auf Ihren Schoß, daß der Handgriff nach links zeigt. Breiten Sie die gezupften Fasern auf den Zähnen aus. Dazu fassen Sie die Fasern und drücken Sie mit den Fingern in den Kardenbeschlag ein. Beginnen Sie an der Griffseite, und ziehen Sie die Fasern geradewegs über die Zähne, bis sie die gesamte gezähnte Fläche ziemlich bedecken. Diesen Vorgang nennt man »einschlagen«. Wenn Sie mit ungewaschener Wolle arbeiten, legen Sie ein Tuch unter die Karde, das Schmutz und Abfall auffängt.

2. Halten Sie die mit Wolle bedeckte Karde mit der linken Hand, und ziehen Sie die rechte Karde leicht darüber, so daß die Zähne die Fasern bürsten und parallel zueinander anordnen. Dabei sind die Häkchen in entgegengesetzter Richtung geneigt. Die rechte Karde wird nach rechts gezogen, abgehoben, wieder auf die linke Karde zurückgelegt und abgezogen, so lange, bis die Fasern zueinander parallel liegen. Das Kardieren muß leicht und locker vor sich gehen. Zuviel Druck führt dazu, daß die Zähne ineinander hängenbleiben und blockieren. Kardieren Sie die Fasern, nicht die Karden! Man kann mit der rechten Karde eine Art schlagende Bewegung machen, um die Fasern von der Oberfläche abzuheben. Bitte beachten Sie, daß beim Abziehen der rechten Karde jeweils einige Fasern darin hängenbleiben und auf die obere Karde übertragen werden. Diese Fasern sollten ab und zu auf die untere Karde zurückgegeben werden.

Der Kardenbeschlag besteht aus verschiedenen Materiallagen mit symmetrisch versetzten Reihen von leicht gebogenen Zähnen. Diese sind die sichtbaren Enden von U-förmigen Stahldrähten, die von unten in das Leder bzw. die Auflage eingelassen sind. Diese krampenartige Anbringung verhindert, daß die Zinken herausgezogen werden. Die Abstände der Zinken sind versetzt, so daß die Fasern von überall erfaßt werden. Die Zinken sind im Winkel abgebogen, damit die Fasern hängenbleiben, wenn die Gegenkarde mit dem nötigen Druck darübergezogen wird.

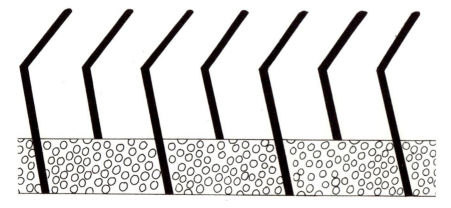

Das Kardieren sollte leicht und behutsam von der Hand gehen. Anfänger wenden gewöhnlich zuviel Druck an und pressen die Karden beim Bürsten zu fest. Die Zinken dürfen sich beim Bürsten nicht berühren. Haben Sie Geduld! Es braucht Zeit, sich mit einem neuen Paar Karden einzuarbeiten.

1. Die sorgfältig gezupften Fasern werden über die Zähne der einen Karde gebreitet.

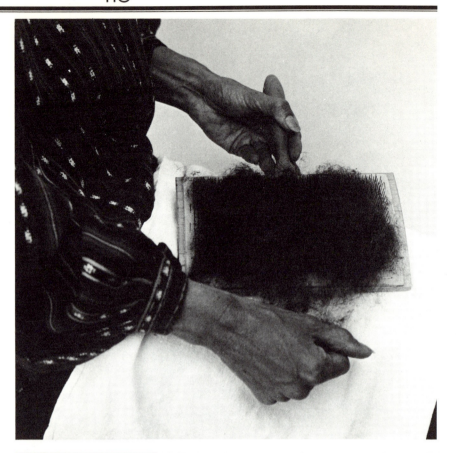

2. Die zweite Karde wird locker von links nach rechts über die erste gezogen. Heben Sie ab, und wiederholen Sie dies, bis die Fasern gleichmäßig gebürstet sind.

3. Übertragen Sie die Fasern, die von der zweiten Karde aufgenommen wurden, wieder auf die erste Karde.

4. Bürsten und übertragen Sie die Fasern so oft, bis die Locke gleichmäßig und locker ist. Dann lösen Sie die Fasern von der ersten Karde und rollen sie zu einer Vorgarnlocke.

3. Bringen Sie die Fasern zurück auf die linke Karde, indem Sie den oberen Rand (der Rand, der dem Handgriff gegenüberliegt) der rechten Karde über den unteren Rand der linken Karde legen. Dann streichen Sie die rechte Karde über den unteren Rand der linken Karde, so daß die Fasern wieder auf die linke Karde kommen. Damit dies mühelos und ungehindert vor sich gehen kann, muß die linke Karde etwas angehoben und leicht gedreht werden. Anders ist es ungeschickt.

4. Fahren Sie mit dem Bürsten und Abnehmen fort, bis alle Fasern geordnet sind und parallel liegen. Dann nehmen Sie die kardierten Fasern (Faserband genannt) mit einer kurzen Hackbewegung ab. Zunächst bringen Sie die Fasern auf die linke Karde, wie beim dritten Schritt beschrieben, und ziehen schnell die rechte Karde in genau entgegengesetzter Richtung ab, als wollten Sie die Fasern von der linken Karde abschälen. Dabei hebt sich das kardierte Faserband ab, das entweder so bauschig belassen oder zu einer sogenannten Vorgarnlocke gerollt wird. Mit dem Ende dieser lockeren, luftigen Vorgarnlocke kann man direkt mit dem Spinnen beginnen.

Das Kardieren mit der Trommelkarde

Die Trommelkarde ist ein komplizierteres Handgerät als die Handkarden und wird von vielen Handspinnern zum Kardieren bevorzugt, weil man damit zwar weniger gründlich, aber um so schneller kardieren kann als mit Handkarden. Es gibt verschiedene Modelle im Handel, die aber alle auf die gleiche Weise funktionieren. Auf den meisten Apparaten befinden sich zwei Trommeln, eine größere und eine kleinere, die jeweils mit dem Kardenbeschlag bedeckt sind. Eine Antriebsschnur oder Kette verbindet beide Rollen oder Trommeln.

1. Legen Sie eine Handvoll gezupfter Wolle auf das Blech neben der kleinen Trommel, und drehen Sie die Handkurbel im Uhrzeigersinn. Die Häkchen von der kleinen Trommel erfassen die Fasern und ziehen sie unter und um die Rolle, bis sie auf die Häkchen der großen Trommel treffen. Wo die beiden Trommeln sich berühren, werden die Fasern auf und um die große Rolle gezogen. An eben dieser Stelle geschieht das Kardieren. Geben Sie fortgesetzt kleinere Mengen an Fasern nach, so daß sich auf der großen Trommel ein gleichmäßiges Faserband aufbaut.

2. Suchen Sie die Stelle an der großen Trommel, wo der Kardenbeschlag zusammentrifft und sich weniger Zähne befinden. Nehmen Sie dann einen langen, kräftigen und spitzen Stock (z. B. eine Stricknadel) und führen Sie ihn an dieser Stelle unter dem Faserband hindurch. Dann heben Sie an, und ziehen Sie so lange, bis sich die Fasern von der Trommel lösen. Es ist wichtig, daß die Faserlängen erhalten bleiben. Benutzen Sie deshalb hierzu keine Schere. Ziehen Sie das Faserband von der Trommel, indem Sie die Kurbel entgegen dem Uhrzeigersinn drehen. Das Faserband kann zur Vorgarnrolle gerollt werden, die bei Bedarf ausgezogen und dann versponnen wird. Ein bauschiges Faserband kann zu einer weichen Schnur geformt werden, wenn man den Durchmesser des Faserbandes verringern will.

Eine Kardiertrommel, die nach demselben Prinzip arbeitet wie die Handkarden: Zwei in entgegengesetzter Richtung gebogene Zinkenreihen greifen ineinander. Damit sie richtig funktionieren, gilt es, folgendes zu beachten: Die Zinken der kleineren Rolle sollten nur gerade knapp den Rand der Metallpfanne berühren, und die Zinken zwischen den beiden Trommeln sollten sich nicht ganz berühren, obgleich sie parallel liegen sollten. Der Keilriemen (ganz hinten), der die Trommeln antreibt, muß straff genug sein. Die Lager der Kardiermaschine müssen gelegentlich geölt werden.

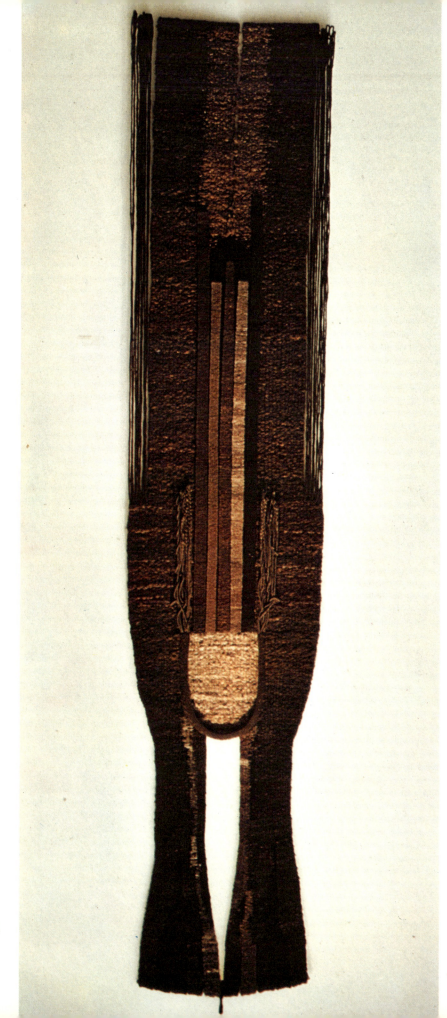

In memoriam. Wandbehang von Dina Barzel, 76×30 cm.

1. Eine kleine Menge von gezupften Fasern wird auf die Metallpfanne neben der kleinen Trommel gelegt und die Kurbel in Uhrzeigerrichtung gedreht, so daß sie hineingezogen werden. Wenn die Fasern sorgfältig gezupft sind, gehen sie auf die große Trommel über und verwickeln sich nicht in der kleinen Trommel. Wenn zu viele Fasern auf einmal eingefüttert werden, läßt sich die Kurbel nur schwer drehen, und es wird unnötig viel Druck auf den Kardenbeschlag ausgeübt.

2. Nehmen Sie die kardierten Fasern ab, und ziehen Sie die kardierte Flocke ab. Wenn Sie mit ungewaschener, fettiger Wolle arbeiten, ist es unvermeidlich, daß auf den beiden Trommeln allerlei Fasern und Abfälle hängenbleiben. Diese lassen sich mit einem dünnen Draht entfernen.
Auf dem Tisch neben der Kardiermaschine zwei alte Wollkämme.

Die Flickkarde

Dieses kleine billige Gerät ähnelt einer Katzenbürste, hat aber weiter auseinanderliegende Zähne und wird mitunter für längere Fasern benutzt. Die Flickkarde arbeitet genauso wie eine Bürste. Nehmen Sie eine Vlieslocke, halten Sie sie auf dem Schoß über einer Unterlage, und bürsten Sie die Fasern, wie Sie Ihr Haar bürsten würden. Dann drehen Sie die Locke um und bürsten die andere Seite, bis die Fasern spinnfertig sind.

Mit der Flickkarde lassen sich längere Fasern trennen und glätten, ähnlich wie beim Gebrauch einer Haarbürste.

Kardiervorrichtungen

Die verschiedenen Kardiervorrichtungen sind Geräte, die in überlieferter Art und von allen, die Fasern bearbeiten, auf gleiche Weise gehandhabt werden. Man benutzt sie nicht nur zur Herstellung von Faserbändern, sondern auch zum Mischen verschiedener Farben oder Faserarten unterschiedlicher Länge für mannigfache Garnkombinationen. Kardierte Faserbänder können geteilt und zum Mischen oder weiterer Faserangleichung nochmals kardiert werden.

Einige Spinner kardieren grundsätzlich überhaupt nicht; andere kardieren nur flüchtig, um lediglich die Fasern für ein schnelles Spinnen vorzuordnen; wieder andere kardieren einmal und noch einmal, wobei sie jeden Quadratzentimeter auf Gleichmäßigkeit und Anordnung hin genau untersuchen und vergleichen. Die Kardiergeräte können bei entsprechender Phantasie und bewußter Verwendung in dem zu spinnenden Garn Wirkungen erzeugen, die ohne ihre Hilfe auf andere Weise kaum zu erreichen sind.

Kämmen

Kardierte Fasern ergeben lockere, luftige und weiche Garne. Längere Fasern jedoch werden mitunter besser gekämmt als kardiert, um dichte, glatte und glänzende Garne zu erhalten. Das Kämmen ist ein Vorgang, bei dem Fasern durch starke, feste Zähne gezogen werden, um sie zu glätten und der Länge nach zu ordnen. Beim Kämmen werden die Fasern gerade und parallel zueinander ausgezogen und kurze Fasern entfernt. Der Vorgang ist ziemlich derselbe wie das Kämmen der Haare eines Menschen. Knötchen und Zotteln werden entfernt. Man beginnt an den Spitzen und arbeitet sich langsam bis zum Ansatz vor, und die Fasern werden dabei immer gelöster und flaumiger. Man kann sich mit dem Kämmen viel oder wenig Arbeit machen. Einige Spinner verwenden viel Zeit und Kraft auf eine perfekte Faserbehandlung, während andere, ob aus Eile oder weil sie kein so ausgeglichenes Garn anstreben, die Fasern nur flüchtig kämmen.

Die nötige Ausrüstung für das Kämmen ist unterschiedlich. Zu den brauchbaren Kämmen gehören auch solche, die für die Haare von Menschen und Haustieren bestimmt sind; es kommt nur auf die Fasern und ihre Beschaffenheit an. Meistens werden die Fasern durch einen Kamm gezogen, der fest angebracht ist (z. B. am Tisch). Man zieht die Fasern entweder mit der Hand oder mit einem weiteren Kamm durch. Große Wollkämme mit langen Zinken, wie die beiden aus Skandinavien auf der Abbildung S. 124, werden paarweise benutzt. Ein Kamm ist an einem Pfosten oder Tisch befestigt, und der andere wird in der Hand gehalten. Diese großen schweren Kämme erleichtern die Bearbeitung dicker schwerer Fasern und Faserbündel.

Manchmal werden die Fasern angefeuchtet oder geschmälzt, damit sie beim Kämmen nicht brechen. Früher hat man die Kämme sogar über Holzkohleöfen angewärmt, damit das Fett sich daran nicht festsetzte. Das erleichterte das Kämmen erheblich. Heute halten die meisten Spinner es für ausreichend, ihren Stuhl vor einem Ofen oder Kamin stehen zu haben. Auch ein warmer Sommertag ist ideal zum Faserkämmen.

Streichgarn und Kammgarn

Streichgarn und Kammgarn sind Bezeichnungen, die sich auf die Art von Wollgarn beziehen, das entweder von kardierter oder gekämmter Wolle gesponnen worden ist. Kardierte Faserbänder oder -locken enthalten kurze Fasern, die auch nach dem Kardieren in verschiedene Richtungen angeordnet bleiben. Das macht Streichgarne, die aus kardierten Fasern bestehen, luftig und mitunter etwas fusselig.

In der Faserindustrie werden Wollfasern, die gekämmt werden sollen, mitunter zuerst kardiert. Beim Kämmen werden kurze Fasern entfernt und alle übrigen begradigt und parallel zueinander angeordnet. Das beim Kämmen entstehende Faserband ist schmaler. Man nennt es Kammzug oder Florband, und es wird zu einem Band oder Bündel gewickelt. Dieses gekämmte Vorgarn wird dann zu griffigen glatten Garnen versponnen, die man als Kammgarn bezeichnet. Kammgarnspinnen führt meist zu hartgedrehten, haltbaren glänzenden Garnen mit wenig Dehnfähigkeit. So kann der Spinner schon während der Faserbehandlung das Endprodukt beeinflussen, indem er mehr Nachdruck auf Streich- oder Kammgarneffekt legt.

Diese Zeichnung zeigt deutlich den Unterschied von Streichgarn und Kammgarn. Das Streichgarn besteht aus kurzen kardierten Fasern, das Kammgarn dagegen aus langen Fasern, die nach dem Kämmen parallel zueinander liegen.

Vor der Industrialisierung wurde in Europa das Kämmen der Wolle mit einem Satz von Kämmen ausgeführt, die jeweils zwei oder drei Reihen langer Stahlzinken hatten. Zuerst erhitzte man die Kämme, dann wurde einer waagerecht an einem Pfosten angebracht. Auf diesen Kamm brachte man saubere, feuchte und geschmälzte Wolle, die in einem nahen Bottich bereitstand. Dann nahm man den zweiten Kamm in beide Hände und zog die Zinken senkrecht durch die Fasern, wobei man an den Spitzen begann und langsam gegen die Kammbefestigung zufuhr. Die Kämme wurden ab und zu neu erhitzt, damit das Fett flüssig blieb. Allmählich wurde so die Wolle von dem verankerten Kamm auf den freien Kamm übertragen und dann in umgekehrter Richtung wieder auf den verankerten Kamm zurückgebracht.

Ein paar Wollkämme aus Nordeuropa mit einer Spezialvorrichtung zum Anbringen des einen an einem Tisch oder Pfosten. Man kämmt damit lange Wollfasern, wie die vom Spelsau-Schaf, weil dadurch die langen Außenhaare von den kurzen Innenhaaren getrennt werden.

Diese isländischen Wollkämme werden für grobe Fasern verwendet. Sie ähneln den seit Jahrhunderten von den skandinavischen Wollkämmern benutzten Kämmen.

Man kann sich brauchbare Kämme leicht selber anfertigen, wenn man Tierkämme aus Metall auf einen Holzblock befestigt und diesen auf einem Tisch oder Geländer anbringt. Kleinere Faserbündel lassen sich schnell durch die Zinken ziehen.

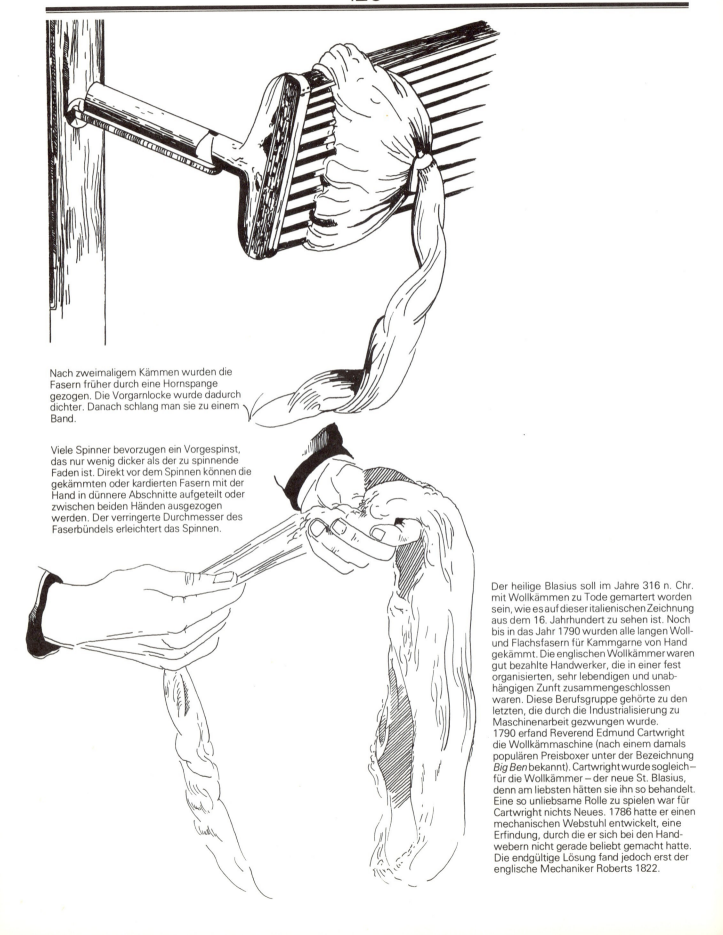

Nach zweimaligem Kämmen wurden die Fasern früher durch eine Hornspange gezogen. Die Vorgarnlocke wurde dadurch dichter. Danach schlang man sie zu einem Band.

Viele Spinner bevorzugen ein Vorgespinst, das nur wenig dicker als der zu spinnende Faden ist. Direkt vor dem Spinnen können die gekämmten oder kardierten Fasern mit der Hand in dünnere Abschnitte aufgeteilt oder zwischen beiden Händen ausgezogen werden. Der verringerte Durchmesser des Faserbündels erleichtert das Spinnen.

Der heilige Blasius soll im Jahre 316 n. Chr. mit Wollkämmen zu Tode gemartert worden sein, wie es auf dieser italienischen Zeichnung aus dem 16. Jahrhundert zu sehen ist. Noch bis in das Jahr 1790 wurden alle langen Woll- und Flachsfasern für Kammgarne von Hand gekämmt. Die englischen Wollkämmer waren gut bezahlte Handwerker, die in einer fest organisierten, sehr lebendigen und unabhängigen Zunft zusammengeschlossen waren. Diese Berufsgruppe gehörte zu den letzten, die durch die Industrialisierung zu Maschinenarbeit gezwungen wurde.
1790 erfand Reverend Edmund Cartwright die Wollkämmaschine (nach einem damals populären Preisboxer unter der Bezeichnung *Big Ben* bekannt). Cartwright wurde sogleich – für die Wollkämmer – der neue St. Blasius, denn am liebsten hätten sie ihn so behandelt. Eine so unliebsame Rolle zu spielen war für Cartwright nichts Neues. 1786 hatte er einen mechanischen Webstuhl entwickelt, eine Erfindung, durch die er sich bei den Handwebern nicht gerade beliebt gemacht hatte. Die endgültige Lösung fand jedoch erst der englische Mechaniker Roberts 1822.

Wolle und andere tierische Fasern 7

Ein Wildschaf von den Färöer-Inseln zwischen Island und Norwegen. Diese Schafrasse wurde von den Wikingern auf den Inseln angesiedelt.

Tierische Fasern, an erster Stelle solche von Hausschafen, sind dem Handspinner vorzügliches Spinnmaterial. Unser Hauptaugenmerk liegt auf der Schafwolle, weil sie besonders leicht und angenehm zu verspinnen ist und in den verschiedensten Qualitäten und Sorten relativ preiswert zu beschaffen ist. Es gibt viele Tiere, die man als Wollträger bezeichnen kann; aber nur von Hausschafen beziehen wir die richtige Wolle. Ihr Fell oder Vlies besteht aus einer Fasermasse, die in Büscheln oder Locken auf dem Körper des Tieres wächst. Dichte, Länge und Feinheit sind bei den einzelnen Rassen sehr unterschiedlich. Andere tierische Fasern ähneln der Schafwolle in den physikalischen und chemischen Eigenschaften, sind aber nur in begrenztem Maße erhältlich, und die daraus produzierten Garne sind nicht so vielseitig verwendbar.

Dieses Kapitel beginnt mit den Merkmalen von tierischen Fasern im allgemeinen. Anschließend werden die Faserarten behandelt, die gewöhnlich zum Spinnen verwendet werden. Zwar handelt es sich bei der Mehrzahl des vorgestellten Materials um verschiedene Sorten von Schafwolle, doch sind die Angaben und Anleitungen in der Regel auf die Behandlung und Verwendung anderer tierischer Fasern übertragbar. Spezialfasern wie Mohair, Kaschmirwolle und Alpaka kann der Handspinner im Handel kaufen. Seltenheit, Zartheit und ungewöhnliche Eigenschaften verleihen ihnen besonderen Reiz.

Allgemeine Eigenschaften

Tierische Fasern bestehen aus Proteinen (Eiweißstoffen). Ähnlich dem menschlichen Haar wachsen sie als Schutzdecke auf dem Körper des Tieres. Sie können durch Licht, Bleichen und Laugen beschädigt werden. Schafwolle ist außerdem besonders stark Mottenfraß ausgesetzt. Im allgemeinen haben Garne aus tierischen Fasern Spannung und Elastizität, gute Isoliereigenschaften, und sie lassen sich leicht färben. Besonders empfindlich sind sie in nassem Zustand. Sie sollten daher beim Waschen und Trocknen immer mit besonderer Sorgfalt behandelt werden. Auch zu starke Seifenlaugen greifen die Fasern an und sollten daher nicht verwendet werden.

Tierische Fasern sind von Natur aus schwer entflammbar und löschen von selbst aus.

Innerhalb der jeweiligen Tierfasertypen gibt es große Qualitätsunterschiede. Sie sind bedeutsam für die Art der Vorbehandlung und das Spinnen selbst. Die Faserbeschaffenheit ist maßgebend für Verwendungszweck und Art des herzustellenden Garnes. Eine zuverlässige Prüfung und Beurteilung der Qualität ist, wenn man es nicht gerade mit einem bekannten und angesehenen Lieferanten zu tun hat, nur durch Betasten und genaues Hinsehen möglich. Prüfen Sie immer mit Ihren Fingerspitzen, wenn Sie Fasern aussuchen. Was Sie mit den Fasern vorhaben, muß für Ihre Wahl ausschlaggebend sein. Feine kurze Fasern ergeben dünne weiche Garne; rauhe lange Fasern lassen sich zu dicken Strukturgarnen verspinnen.

Es gibt Spinner, denen die spezifische Faserwahl so wichtig ist, daß sie sich eigene Schafe halten und züchten. Derart engagierte Spinner können nicht nur die Vorzüge bestimmter Erbeigenschaften besonderer Tierrassen, sondern auch die Unterschiede innerhalb einer einzigen Schafdecke ausnutzen, um eine ganz bestimmte Faser für ein ganz bestimmtes Garn mit einem speziellen Verwendungszweck zu spinnen. Anne Blinks, die für den Eigenbedarf und zum Verkauf Schafe züchtet, berichtet von »Leuten, die schreiben, sie wollten Vlies, aber nicht angaben, was für Wolleigenschaften es haben soll«. Da jedes Tier und jedes Fell verschieden ist, weiß der Wollieferant nicht, was er liefern soll, wenn die Bestellung keine genauen Angaben enthält. Die Unterschiede in den Wolleigenschaften bei verschiedenen Schafen sind so groß, und selbst die Qualität innerhalb des einzelnen Vlieses variiert so erheblich, so daß man viel Erfahrung braucht und viel Zeit, um das richtige Gefühl für die Fasern zu entwickeln. Die großen Unterschiede bei Schafwollen bieten jedem, der sich mit Interesse, Fleiß und der nötigen Zeit mit dem Spinnen befaßt, eine breite Palette an Möglichkeiten.

Schafwolle

Wolle gehört zu den ältesten und über die ganze Welt verbreiteten Textilfasern. Das Schaf lieferte Nahrung und Kleidung und war, und ist es noch immer, für viele die einzige Existenzgrundlage. Seit der Zeit der Römer hat Zuchtauslese zu neuen Arten und Unterarten geführt, die fast allen klimatischen und geographischen Bedingungen angepaßt sind.

Das einst wilde, primitive Bergschaf hatte eine doppelte Felldecke aus Wolle, ein langes haariges Außenfell aus rauhen Fasern und ein flaumiges Unterfell aus weichen kurzen Fasern. Bei einigen heutigen Schafrassen wie beim Karakul ist dieses Doppelfell erhalten geblieben. Man findet es auch bei anderen Tiere, wie der Kaschmirziege, dem Moschusochsen und bei einigen Hunderassen. Schafwolle hat jedoch spezielle charakteristische Eigenschaften, die sie zum Spinnen besonders geeignet machen.

Wie die Haare des Menschen wachsen Wollfasern aus Follikeln in der Haut. Je nach Rasse und Häufigkeit des Scherens erreichen die Haarfasern Längen zwischen, 2,5 und 20 cm. Zum Spinnen eignen sich am besten Längen von 8 bis 16 cm. Ihrer Struktur nach besteht jede Faser aus drei Schichten: einer äußeren Schicht von sich überlappenden Schuppen, einer Mittelschicht, dem *Cortex*, und dem Innenmark. Dieses Innenmark fehlt mitunter bei sehr feinen Wollfasern. Die Oberflächenschuppen, die sich zur Faserspitze hin überlappen, geben der Wolle ihre besonderen Hafteigenschaften. Dank dieser Schuppen halten die Wollfasern zusammen. Diese Hafteigenschaften erleichtern vor allem das Spinnen. Die Fasern werden zu Fäden gedreht, und durch die Schuppenstruktur entstehen Luftkammern, so daß die Wolle ein lockeres, elastisches Garn bildet. Feine Fasern, die gleichbleibend kurz sind, haben eine starke Verdichtung an Schuppen und liefern weiche, wollige Garne. Lange Fasern, die rauher sind, haben weniger und flachere Schuppen und verspinnen sich daher zu festeren, glatteren und glänzenderen Garnen. Die Zahl der Schuppen pro Zentimeter schwankt zwischen 9000 bei feinen Fasern bis zu 4500 in gröberen Sorten.

Im allgemeinen unterscheidet man beim Schaf drei Arten von Haaren:
1. Das Wollhaar hochgezüchteter Rassen. Es ist ein feines, gekräuseltes, markfreies Haar.
2. Das Grannenhaar gröberer Rassen, ein langes, schlichtes und markhaltiges Haar.
3. Ein kurzes, ungekräuseltes und dickes Haar mit einem ausgeprägten Markzellenraum, das Stichelhaar. Es befindet sich an den Füßen und an der Schnauze des Schafes. An anderen Körperteilen findet man es nur bei züchterisch vernachlässigten Rassen.

Mikroskopisch betrachtet stellt man bei groben und feinen Wollen Unterschiede fest.

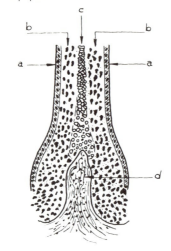

Schema des unteren Teils einer Haarwurzel
a) Oberhaut
b) Rindenschicht
c) Markkanal
d) Haarpapille

Diese Schafe sind eine Corriedale-Lincoln-Kreuzung. Anne Blinks züchtet seit achtzehn Jahren schwarze Schafe.

Grobe Wolle

Ihre Oberhaut besteht wie auch bei den feinen Wollen aus einzelnen Deckschuppen, von denen mehrere erforderlich sind, um das Haar zu umfassen. Man vergleicht hier die Oberfläche des Haares oft mit einem Schieferdach. Oftmals ist der Abstand der Schuppenränder so groß, daß sich diese nicht mehr überlagern, sondern nur noch aneinanderstoßen. Die Oberfläche ist hierbei verhältnismäßig glatt. An die Deckschuppen schließt sich dem Innern zu die Rindenschicht an, die vielfach den Hauptbestandteil des Haares ausmacht. Diese Schicht besteht aus langgestreckten, spindelförmigen, dicht aneinander gelagerten Zellen. Die Stärke und Struktur dieser Schicht beeinflußt sehr stark die Elastizität und Widerstandsfähigkeit des Haares. In der Mitte des Haares befindet sich ein Markstrang. Die bei dieser Schicht vorhandenen Einzelzellen sind nicht verhornt, sondern haben ihre Zellstruktur deutlicher beibehalten als die Rindenzellen. Sie sind recht-, aber auch viereckig und durch starke Brücken verbunden. Die früher verbreitete Meinung, der Markkanal wäre maßgeblich für die Ernährung des Haares, hat sich als falsch herausgestellt. Man sieht vielmehr das Vorhandensein dieser Schicht als nachteilig für die betreffende Wolle an.

Feine Wollen

Sie haben im Prinzip den gleichen Aufbau wie die zuerst geschilderten, nur daß bei ihnen kein Markkanal vorhanden ist; es sind also markfreie Wollen. Da die Größe der Deckschuppen bei allen Wollarten annähernd die gleiche ist, genügt hier oft eine einzige Deckschuppe, um das Haar zu umfassen. Aus dem geringen Längenwachstum ergibt sich auch, daß sich die Schuppen verhältnismäßig weit überlappen und so dem Vergleich mit übereinandergestülpten Trinkbechern gleichkommen. Die Oberfläche ist hier ziemlich rauh, und der Rand zeigt unter dem Mikroskop eine sägezahnartige Beschaffenheit. Aus dieser Oberflächenstruktur ergeben sich für die Praxis folgende zu beachtende Faktoren:
1. Die höhere Ausspinnbarkeit,
2. das größere Filzvermögen,
3. der geringere Glanz

gegenüber den groben Wollen.
Verfilzen ist eine Haupteigenschaft von Wolle. Wenn die Fasern Wasser ausgesetzt werden, besonders heißem Wasser, öffnen sich die Schuppen und dehnen sich aus, wobei die Fasern Wasser absorbieren. Geschieht dies unter heftiger Bewegung oder plötzlichem Temperaturwechsel, so werden die Schuppen für immer ineinander verschachtelt. Die Wolle ist verfilzt. Das Verfilzen wird begünstigt durch die Behandlung mit Säuren oder Laugen sowie durch kochendes Wasser. Deshalb sollte man für Wolle keine scharfen Seifenlaugen verwenden und Wollfasern, besonders feinere, in nassem Zustand vorsichtig behandeln. Ein leichtes Verfilzen ist bei manchen Wollprodukten jedoch erwünscht. Beachten Sie, daß Wollfasern sich sowohl gesponnen wie ungesponnen zu einer dichten Masse verfilzen können.

Die Wollfaser hat außerdem eine natürliche Kräuselung oder Welle, die innerhalb der Faser auf und ab sowie von einer Seite zur anderen verläuft. Die Stärke der Kräuselung ist von Schaf zu Schaf unterschiedlich und reicht von sehr fein und dicht bei kurzen Fasern bis zu breit und wellig bei langen rauhen Fasern. Die Kräuselung ähnelt häufig einer Dauerwelle. Sie ist die Folge von ungleichmäßig angeordneten Strukturunterschieden innerhalb der Faser, erhöht die Elastizität und Spannung der Wollfaser und trägt mit den Schuppen dazu bei, Luft zu speichern und die Hafteigenschaften zu erhöhen. Solange das Vlies noch auf dem Tier ist, bleibt jede Wollfaser vor Beschädigung, Verfilzung und Stumpfwerden durch die Tätigkeit der Talgdrüsen geschützt. Sie sondern ein Fett (Lanolin) ab, das die Fasern umgibt. An diesem Fett bleiben Schweiß, Schmutz und Grasteile hängen; manchmal verkleben und verkrusten die Fasern dadurch. Die meisten Spinner kaufen ihr Vlies als »Schweißwolle«, die noch das natürliche Wollfett oder Lanolin sowie Schweiß, Schmutz und andere Verunreinigungen enthält. Dieser Schmutzanteil beträgt zwischen 30 und 60% des Wollgewichtes. Man kann die Wollfasern mit dem Naturfett verspinnen, oder man wäscht und säubert sie vorher. Das Wollfett erhöht jedoch die Hafteigenschaften der Fasern, weshalb von vielen Spinnern Schweißwolle bevorzugt wird.

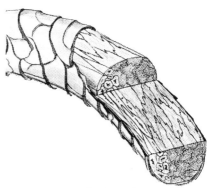

Morphologisches Strukturschema, wie es sich unter dem Elektronenmikroskop zeigt. Schuppen und Rindenzellen der Merinowollfaser sind erkennbar.

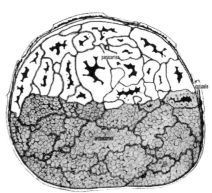

Schema eines Querschnitts durch das Wollhaar eines Merinoschafes.

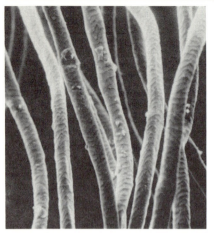

Wollfaser (F. 2)
240fache Vergrößerung.

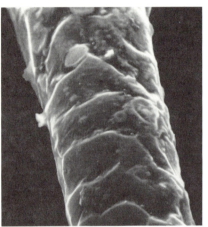

Schuppenoberfläche einer feinen Wollfaser
(F. 2). 2400fache Vergrößerung.

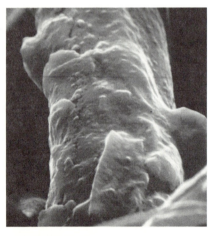

Grannenhaar.
2400fach vergrößert.

Augenfälliger Unterschied zwischen Wollhaaren (links) und Stichelhaaren (rechts).

Schafrassen

Der Handspinner kann Vliese der verschiedensten Schafrassen erwerben. Da die Auswahl so groß ist, ist es oft schwer, die richtige Wolle auszusuchen. Zwar ist es immer am besten, sie zu fühlen und genau anzuschauen, aber einige allgemeine Kenntnisse braucht man zur Beurteilung. Einige Schafrassen werden zwar hauptsächlich ihres Fleisches wegen gehalten, liefern aber auch ausgezeichnete Wolle.

Die Schafrassen in Deutschland lassen sich in drei Gruppen einteilen, in die Merinorassen, Fleischschafrassen und die Landschafrassen. Die Wollfeinheit der Rassen wird in der Regel in My ($\mu = 1/1000$ mm) angegeben. Diese Maßzahl bezieht sich auf den Querschnitt des Haares. Zu den Merinorassen gehören das Merinofleischschaf und das Merinolandschaf mit einer Wollfeinheit von 23 bis 26 μ. Die Rasse ist auf feine Wolle und ausgeglichenes Vlies gezüchtet. Das Deutsche schwarzköpfige (Wollfeinheit 27 bis 35 μ) und das Deutsche weißköpfige Fleischschaf (Wollfeinheit 36 bis 37 μ) sind in der Wolle etwas gröber und vor allem auf Fleischleistung gezüchtet. Zu den Fleischschafrassen gehört noch das Deutsche Texelschaf, bei dem die Wollfeinheit 33 bis 36 μ beträgt.

Zu den Landschafrassen zählen das Ostfriesische Milchschaf, das Leineschaf, das Rhönschaf, die Heidschnucke, das Dentheimer Schaf und das Deutsche Bergschaf. Die Wollfeinheit liegt zwischen 33 und 36 μ Die Heidschnucke, die vom Mufflon abstammt, hat das gröbste Vlies mit 38 bis 39 μ.

Die Schafrassen mit Wolle bester Qualität, zu denen Merino und Rambouillet gehören, sind Nachkommen des Bergschafes. Die rauhen Außenhaare wurden schon vor langer Zeit herausgezüchtet, als man die feinen weichen Innenhaare besonders bevorzugte. Das Vlies des reinrassigen Merinoschafes, das im 14. Jahrhundert von den Spaniern gezüchtet wurde, ist sehr fein und stark gekräuselt. Aber es ist schwierig zu behandeln und filzt sehr leicht. Es ist für Anfänger kaum geeignet.

Die Bedeutung der Merinoschafe für die spanische Wirtschaft war so groß, daß in Madrid alljährlich extra ein Gericht, mesta genannt, abgehalten wurde, um die vielen Regeln und Gesetze, die sich mit der Zucht, Pflege und Nutzung der Merinoschafe befaßten, zu bestätigen oder neu festzusetzen. Schirmherr der Merinozüchter war der König selbst. Heute hält man die Wolle des Merinoschafes für die beste überhaupt.

Das Lincoln-Longwool-Schaf trägt ein schweres glänzendes Fell mit 30 bis 40 cm langen Haaren. Die Wolle ist dick. Die Rasse wird häufig mit Schafen feinerer Wolle gekreuzt, um deren Glanz und Länge zu erhöhen.

Das langgebaute Suffolk-Schaf hat kein Gehörn, ein schwarzes Gesicht und schwarze Beine. Das Fell besteht aus 5 bis 8 cm langen Haaren und wird schon seit dem Mittelalter zur Wollfabrikation verwendet. Heute wird das Schaf vor allem wegen seines Fleisches gehalten.

Die Entdeckungsreisen von Columbus und der spanischen Eroberer wurden hauptsächlich durch Erträge aus dem Wollhandel finanziert. Spanien hütete diese Quelle des Wohlstandes argwöhnisch, und es war bei Androhung der Todesstrafe verboten, auch nur ein einziges Mutterschaf auszuführen. Trotzdem gelang es Ludwig XVI. von Frankreich 1786, 386 Merino-Mutterschafe aus Spanien einzuführen, die er mit anderen Schafen auf seinem Landgut Rambouillet kreuzen ließ. Das Ergebnis dieser Kreuzung war eine neue Rasse, nach dem Gut Rambouillet genannt. Sie gehört noch heute zu den begehrtesten Schafrassen.

Merinofleischschafbock

Deutsche weißköpfige Fleischschafe

Rhönschafherde

Graue gehörnte Heidschnucken

Deutsche schwarzköpfige Fleischschafe

Texelschaf

Für die Vorbehandlung der Merinofasern muß man viel Zeit und Sorgfalt verwenden. Wegen seines feinen Vlieses hat man das Merinoschaf mit vielen anderen Schafrassen gekreuzt, um deren Vliese zu verbessern. Dies gilt für die deutschen Schafrassen wie für die ausländischen. So z.B. Romney March und Corriedale, deren Wolle von vielen Spinnern bevorzugt wird. Sie gehören zu den Langwollschafen. Das Corriedale-Schaf wurde im späten 19. Jahrhundet in Schottland gezüchtet. Es ist eine Kreuzung eines neuseeländischen Merinomutterschafes mit einem Lincolnbock. Das Corriedale hat ein schweres dichtes Vlies, dessen Fasern leicht zu handhaben sind und das gute Kräuselung aufweist, gute Spinneigenschaften besitzt und eine Vielfalt an Garnen liefert. Die Vliese deutscher Schafrassen gibt es nicht in so reichhaltiger Abstufung in den Naturfarben wie die ausländischer. Am Ende des Buches finden Sie ein Bezugsquellenverzeichnis, aus dem Sie ersehen können, wer welche Wolle liefert.

Sehr beliebt, besonders unter Spinnern, die Strukturgarne mit vielen natürlichen Farbvariationen bevorzugen, ist das Karakulschaf, eine alte Züchtung, bei der sich noch das doppelte Fell des Bergschafes erhalten hat. Seine ursprüngliche Heimat ist Bokhara im Westen Zentralasiens. Das Tier hat einen flachen breiten Schwanz, in dem es Fett speichert. Dieser Futtervorrat ermöglicht es dem Schaf, längere Zeit mit wenig Futter auszukommen. Gewöhnlich ist die Wolle sauber, lang, rauh und gewellt. Das beste Vlies liefern Jungtiere. Die doppelte Felldecke kann durch Kämmen getrennt werden. Beide Faserarten können auch zusammen versponnen werden, wodurch man ein stark strukturiertes abwechslungsreiches Garn erhält. Wie auch bei anderen primitiven Schafen, die keiner so intensiven Zuchtauslese unterlagen, dominiert beim Karakul die dunkle Färbung. Dazu ist anzumerken, daß jedes Schaf, das nicht weiß ist, als dunkel bzw. schwarz bezeichnet wird. Ein dunkles Vlies weist häufig eine ganze Skala natürlicher Farben auf, von Hellgrau bis Pechschwarz, einschließlich verschiedener Brauntöne.

Viele Schafhalter oder Spinner, die dunkle Schafe züchten, meiden das Karakul, weil es keine guten Weideeigenschaften und rauhes Haar hat, das im Alter struppig und grau wird, und weil es oft ein recht ungebärdiges Temperament an den Tag legt. Da es nur wenige reinrassige Karakulschafe gibt, enthalten die meisten Stämme so viele Unwägbarkeiten und Verschiedenartigkeiten, daß das Züchten zum Glücksspiel wird. Das Fell der ungeborenen Karakullämmer – sehr dicht gekräuselt und oft von schönem und interessantem Muster – wird in Asien noch immer für Hüte und Mäntel verwendet. Leider öffnet sich die dichte Krause, und das Muster verschwindet, sobald die Tiere geboren sind.

Das Vlies wächst zu einem starken dichten Fell heran, das das Schaf umgibt. Dies schwarze Vlies wird hier noch auf dem Rücken des Tieres auseinandergespreizt, so daß Länge und Qualität der Wolle gut erkennbar werden. Um dieses glänzende, lockere schwarze Vlies zu erzielen, mußte man jahrelang züchten.

Im allgemeinen ist die Wolle um so feiner, je mehr Kräuselung sie hat und je kürzer der Stapel bzw. die Länge der Faser ist. Feine Wolle ist sehr weich und läßt sich zu dünnen Garnen verspinnen. Die feinen Wollen stammen von den sogenannten Weideschafen, die immer ein weißes Gesicht haben. Nach der Faustregel: »Je größer der Herdeninstinkt, desto feiner die Wolle«, kann man diese Weideschafe auf weiten Flächen ohne starke Bewachung heranziehen. Schwarzgesichtige Schafe besitzen kaum Herdeninstinkt und müssen in Gattern gehalten werden. Wenn auch in letzter Zeit den dunklen Fellen viel Interesse entgegengebracht wird, blieb das schwarze Schaf bis vor kurzem noch streng von den Herden getrennt. Ein schwarzes Schaf galt als Zeichen für schlechte Zucht und war allgemein eine Blamage. Heute bringt ein gutes dunkles Vlies eine Zuchtprämie ein. Die langwährende Überbewertung der weißen Farbe hat ihre Ursache in der besseren Kontrollierbarkeit des Färbens bei der kommerziellen Verwertung, denn für einheitliche Farbnormen war Weiß als Grundton unerläßlich.

Verschiedene Fasern zum Spinnen. Oben links Mohair von einer Angoraziege. Es ist wegen seines Glanzes und seiner Zartheit in der Textilverarbeitung sehr begehrt. Hier sehen wir sowohl die gewaschenen natürlichen Locken sowie die gewaschenen kardierten Fasern. Oben rechts das lange, kräftige haarähnliche Karakulvlies, das häufig zum Spinnen von dicken kräftigen Garnen für Teppiche und Wandbehänge verwendet wird. Unten links Seide. Seidenfäden, die sich nicht aufspulen lassen, werden als Schappeseide zum Spinnen verkauft. Unten rechts ungewaschene Locken von einem Spelsauvlies. Sie sind so schön, daß sie fast zum Verspinnen zu schade sind. Spelsau-Schafe sind eine norwegische Rasse, die zweierlei Wollen liefern: Lange haarähnliche Fasern vom Außenfell und weiche Fasern von der Innendecke.

Spinnzahl

Feinheit und Stärke der Wolle werden für den Handel durch die sogenannte Spinnzahl gekennzeichnet. Diese Zahl wird häufig im Zusammenhang mit der Züchtung von Schafen erwähnt und bietet dem Handspinner einen Anhaltspunkt für die Garnmenge, die sich von einem Vlies spinnen läßt. Die Gradeinteilung von 1–100 bezeichnet die relative Faserstärke innerhalb einer Rasse und von einer Rasse zur anderen. Die Zahl wird durch die Zahl der Fäden bestimmt (Baumwollgarn 768,09 m, Kammgarn 512,60 m), die aus einem Pfund sauberer Wolle mit der Maschine gesponnen werden können. Je feiner die Wolle, desto dünner das Garn. Eine Spinnzahl über siebzig und darüber bezeichnet sehr feine Garne. Mittlere Wollgarne haben eine Spinnzahl zwischen fünfzig und sechzig. Am unteren Ende der Skala liegen die derben Garne zwischen zwanzig und vierzig. Für das Vlies des echten Merinoschafes wäre eine Spinnzahl von siebzig und mehr als typisch anzusehen, während die langen seidigen Lincolnlocken eine Spinnzahl um die dreißig haben können.

Es gibt Bücher, die sich speziell mit der Schafzucht befassen. Diese können dem Spinner, der mit dem Vlies einer weniger bekannten Rasse in Berührung kommt, sehr nützlich sein (vgl. Anhang).

Schafwolle kann in Länge, Struktur und Locke von Rasse zu Rasse sehr unterschiedlich sein. Links sieht man die langen kräftigen Haare des Herdwick-Schafes. Rechts davon die kürzeren Haare der Shetlandrasse. Daneben die langen Locken mit dunklen Spitzen vom Spelsau-Schaf; ganz oben rechts Cheviot und unten Jacob.

Die Auswahl eines Vlieses

Die Kenntnis von Rasse und Spinnzahl gibt dem Spinner bereits gut Aufschluß darüber, was er von einem Vlies zu erwarten hat. Aber dies ist nur der Anfang. Viele Leute mit kleinen Herden und die meisten, die dunkle Schaf züchten, sind fortwährend bemüht, die Qualität ihrer Wolle zu verbessern. Sie streben nicht unbedingt vollblütige Zuchtreihen oder Rassen an, sondern sie kreuzen fortwährend, um ein Schaf hervorzubringen, bei dem sie bleiben, von dem sie leben können und das eine bestimmte Farbe, bestimmte Faserlänge und eine bestimmte Wollqualität hält. Einige Rassen sind temperamentvoll, einige brauchen besonderen Schutz; andere lassen sich nicht kreuzen usw.

Wenn kein Elektroanschluß vorhanden ist oder man aus Überzeugung oder Sparsamkeit altes Werkzeug bevorzugt, schert man auch heute noch die Schafe mit einer einfachen Handschere.

Schafe werden ein- oder zweimal im Jahr mit der Handschere oder häufiger mit dem elektrischen Schafscherer geschoren. Das Scheren ist eine harte Arbeit, und ein guter Scherer (der weder das Schaf verletzt noch ein zweites Mal nachscheren muß, um das ganze Vlies zu erfassen) ist nicht leicht zu finden, besonders nicht für den Besitzer einer kleinen Herde. Das fachmännisch abgenommene Vlies ist in einem Stück geschoren und fällt mit locker zusammenhängenden Faserlocken vom Tier. Ein feines Vlies wiegt zwischen 900 und 3600 Gramm, ein grobes Vlies zwischen 2700 und 6800 Gramm. Das Vlies, das noch Fett und Schmutz enthält, wird übereinandergelegt und zusammengerollt, so daß die saubere Seite, die dem Tier zunächst war, außen ist. Der Käufer hat nicht immer die Möglichkeit, das Vlies aufzurollen und das gesamte Fell in Augenschein zu nehmen. Es gibt aber bestimmte Anhaltspunkte, welche die Kaufentscheidung erleichtern. Das Alter des Tieres wirkt sich auf die Vliesqualität aus. Die erste Schur eines Schafes nennt man Lammvlies, und dies ist das feinste und zarteste Vlies, das ein Tier liefert.

Die zweite Schur wird als die beste erachtet. Die Rassen sind unterschiedlich, und einige liefern über viele Jahre hinweg hochwertige Vliese. Im allgemeinen aber lassen Gewicht und Feinheit nach dem dritten Jahr nach. Auf was Sie achten müssen, wenn Sie unter mehreren Bündeln oder Vliesteilen wählen können, ist nachfolgend aufgeführt.

Sauberkeit

Sauberkeit ist ein sehr wichtiger Faktor. Manchmal werden Schafe vor dem Scheren gewaschen und vorbereitet. Ob der Boden gekehrt worden ist, bevor das fetthaltige Vlies darauffiel, oder ob das Schaf sich während der letzten Monate auf grünem Gras oder auf dungverschmutztem Boden gewälzt hat, ist entscheidend, ob Ihnen das Vlies begehrenswert erscheint oder nicht. Natürlich ist ein Vlies aus niederschlagsreichen Gebieten meist sauberer. Deshalb sind die Vliese aus Neuseeland bei Handspinnern so beliebt. In Kalifornien und im Südwesten von Amerika, wo es lange Trockenperioden gibt, kann das Vlies sehr schmutzig sein.

Der Käufer eines schmutzigen Vlieses zahlt nicht nur für Schmutz, Dung und Ausscheidungen, die in den Fasern hängen, mit, sondern er muß auch später noch »draufzahlen« mit der Zeit, die er auf das gründliche Waschen und Zupfen verwendet. Die Sauberkeit läßt sich vom äußeren Anblick und durch Befühlen beurteilen. Ein feines Vlies enthält mehr Naturfette und verschmutzt daher leichter als ein derbes Vlies mit gleichen Eigenschaften. Fettgehalt, Schmutz und Abfall können zwischen 30 und 60% des Gesamtgewichtes eines Vlieses ausmachen.

Öffnungsbereitschaft

Die Öffnungsfähigkeit eines Vlieses ist für den Handspinner ein weiteres Qualitätsmerkmal von großer Bedeutung. Um spinnfähig zu sein, müssen die Fasern die Eigenschaft haben, aneinander zu gleiten. Sie müssen sich zur Vorbehandlung gut auseinanderziehen oder »öffnen« lassen. Wenn das Vlies geöffnet ist, lassen sich die Wollflocken leicht auseinanderziehen, aber mitunter verharzt das Wollfett, oder die Fasern sind regelrecht verfilzt, wodurch das Zupfen der Fasern außerordentlich erschwert wird. Ich erhielt einmal ein Vlies, das so verfilzt war, daß ich es nicht einmal mit der Schere auseinanderschneiden konnte. Lassen Sie sich nicht von einer schönen Färbung oder hübschen Locken verführen – ein Vlies, das sich nicht mühelos öffnen läßt, ist es nicht wert, daß man sich damit befaßt.

Bemerkenswert ist der Unterschied im Verhalten der Merino- und Cheviot-Schafe. Eine Cheviotherde besteht meist aus Gruppen von jeweils zwei bis drei Tieren, während die Merinos in geschlossenen Herden durch das Land ziehen. Sie bilden zur Nacht eine Art Lager, und nichts kann sie dazu bringen, sich wie andere Bergschafe abseits an einzelnen Flecken niederzulegen. Die zweite dieser Eigenarten erhält sich bei Kreuzungen, seltsamerweise aber nicht die erste.

Faserlänge
Die Faserlänge beeinflußt das Spinnen bis zu einem gewissen Grad. Fasern von einer Länge zwischen 8 und 16 cm lassen sich am leichtesten spinnen, während längere oder kürzere Fasern mehr Geschicklichkeit und Vorbehandlung erfordern.

Unversehrtheit der Fasern
Es ist wichtig, sich vom unversehrten Zustand der Fasern zu überzeugen. Das tun Sie am besten in der Weise, daß Sie ein kleineres Büschel von Fasern ergreifen, es zwischen den Händen ausbreiten und, während Sie es an beiden Enden festhalten, ruckartig an den Fasern reißen, als wollten Sie diese brechen. Schwache Stellen werden nachgeben und brechen. Derartige Schwachstellen wird dann vermutlich das ganze Vlies aufweisen. Manchmal, insbesondere bei dunklen Schafen, weisen die Flocken versengte Spitzen auf, die miteinander verfilzt sind. Diese verfärbten oder verklebten Spitzen kann man wegschneiden, wenn sie die Faserbehandlung oder das Spinnen beeinträchtigen.

Kräuselung, Farbe, Glanz
Die Stärke der Kräuselung und der Glanz oder Lüster sind je nach Feinheit oder Derbheit des Vlieses unterschiedlich. Aber diese Faktoren sollten innerhalb ein und desselben Vlieses gleichbleiben. Die Farbe ist Geschmacksache. Bedenken Sie aber, daß ungeachtet dessen, wie sauber das Vlies aussieht, noch eine beachtliche Menge von Schmutz verbleibt, der sowohl Farbe wie Glanz beeinträchtigen kann.

Griffigkeit
Die Griffigkeit sollte so sein, daß sich das Vlies lebendig und elastisch anfühlt. Die Anordnung der Fasern sollte luftig und offen und das Lanolin oder Naturfett frisch und glänzend sein. Es sollte angenehm sein, die Fasern anzufühlen.

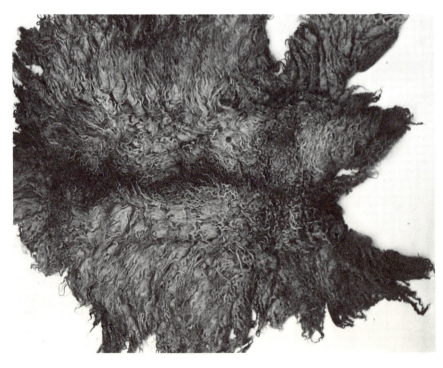

Das Vlies eines Gotlandschafes, so wie es vom Schaf kam. Gewöhnlich wird das Vlies, nachdem das Schaf geschoren ist, mit der Hautseite nach außen zusammengelegt oder -gerollt. Manchmal kann man es wieder aufrollen, so daß die Umrisse des Tieres erkennbar werden.

Reinigung:
Sortieren, Waschen, Entfetten

Wenn Sie ein Vlies gekauft haben, werden Sie es zuerst auf einem sauberen Boden, einem Tisch oder auf dem Rasen aufrollen. Das ausgebreitete Vlies sollte die Form des Tieres haben mit dem Rückenteil in der Mitte und den Beinen nach außen weisend. Schon beim Ausbreiten des fettigen Vlieses werden Schmutzteile herausfallen. Vesuchen Sie das Vlies so zu handhaben, daß Schmutz und Abfall nicht wieder hineinkommen. Denken Sie daran, daß auch ein »sauberes«, aber ungewaschenes Vlies schmutzig ist. Das Schwanzende ist wahrscheinlich voller Kot, und die Halspartien sind manchmal ausgedehnt. Nach dem Scheren wird das Vlies mit diesem gestreckten Teil umwickelt und als Bündel zusammengehalten.

Zuerst wird der Rand bereinigt. Viele Schafhalter machen das gleich nach dem Scheren. Dabei werden schmutzige und unbrauchbare Fasern außen herum entfernt. Dazu gehören auch die Bauchhaare, die meist kurz, weich und dicht sind. Was übrigbleibt, sind die saubersten und zum Spinnen am besten geeigneten Teile des Vlieses. Bei einigen Rassen ergeben sich innerhalb des Vlieses in der Faserqualität und Farbe solche Unterschiede, daß man das Vlies am besten in kleinere Häufchen gleicher Fasern sortiert. Mitunter sind die Faserspitzen verklebt oder von der Sonne versengt; solche Spitzen kann man wegschneiden, durch Kämmen öffnen oder auseinanderzupfen. Wenn Sie das Vlies bearbeiten und es in handliche Bündel aufteilen, schütteln Sie es gelegentlich, damit Pflanzenreste und Schmutz herausfallen. Ziehen Sie die Flocken auseinander und öffnen Sie das Vlies.

Einige Spinner werden nun die Wolle zupfen und gleich mit dem Spinnen beginnen; andere waschen sie erst ohne Seife, um zwar den ganzen Schmutz, nicht aber das Wollfett zu entfernen. Wenn die Fasern vor dem Spinnen noch gefärbt werden sollen, wird man entfetten, d.h. gründlich mit Seife waschen.

Es gibt zahlreiche Rezepte für das Waschen und Entfetten eines Vlieses, und das eine braucht nicht besser zu sein als ein anderes. Die Menge an Schmutz und Fett im Vlies ist ausschlaggebend dafür, wie es gewaschen werden muß. Auch die Härte des Wassers spielt eine Rolle. Einige Spinner schwören auf Detergentien, andere wieder benutzen nur Waschmittel ohne Detergentien. Das eine Vlies kann von Anfang bis Ende behandelt werden und sieht dennoch schön aus, ein anderes verfilzt bei der leisesten Berührung mit Wasser.

Hier einige Gebote und Verbote: Beginnen Sie beim Waschen oder Entfetten immer damit, daß Sie die fettige Wolle in klarem Wasser spülen. Füllen Sie eine große Schüssel oder Wanne mit lauwarmem Wasser und tauchen Sie das Vlies vorsichtig ein. Wenn das Wasser dunkel wird – sehr bald nach dem Eintauchen –, ziehen Sie das Vlies vorsichtig wieder heraus, schütten Sie das Wasser aus – am besten in den Garten –, und wiederholen Sie den Prozeß. Drücken Sie niemals das Vlies in der Schüssel, und lassen Sie niemals Wasser direkt darauflaufen. Lassen Sie die Fasern über Nacht in sauberem Wasser weichen, und geben Sie dem Wasser die Möglichkeit, in die Fasern einzudringen und sie zu lockern. Denken Sie immer daran, daß Wolle empfindlich ist und im nassen Zustand besonders leicht angegriffen wird. Ein plötzlicher Temperaturwechsel beeinträchtigt die Fasern. Temperaturänderungen müssen allmählich erfolgen. Das Vlies besitzt einen eigenen natürlichen Reinigungsstoff, und es ist erstaunlich, wieviel Schmutz und Fett beim Einweichen und Waschen abgestoßen wird.

Nachdem das Vlies sortiert und gewaschen oder entfettet ist, wird es zum Abtropfen und Trocknen im Schatten so ausgebreitet oder aufgehängt, daß von allen Seiten möglichst viel Luft herankommt. Das Trocknen nimmt man am besten an einem bewölkten Tag vor. Eine leichte Brise und gelegentliches Wenden beschleunigen den Vorgang.

Spinner, die es vorziehen, daß das Wollfett zum Spinnen in der Wolle enthalten bleibt, weichen und spülen das Vlies, nachdem es über Nacht eingeweicht war, in warmem bis heißem Wasser, ohne Zusatz von Seifen. Bei Einweichen ohne Seife bleibt die natürliche wasserabstoßende Eigenschaft der Wollfaser erhalten, die sie auch auf dem Tier besitzt. Man kann ein wenig Waschmittel ohne Detergentien benutzen, wobei ein guter Teil des Wollfettes zurückbleibt, besonders dann, wenn das Vlies einen hohen Fettgehalt besitzt.

Wolle kann vor oder nach dem Spinnen entfettet werden. Zum Entfetten nach dem Einweichen über Nacht müssen Sie die Fasern in warmem bis heißem Wasser mit Seife mehrmals hintereinander waschen und spülen. Danach soll die Wolle im Schatten zum Abtropfen und Trocknen aufgehängt werden. Gesponnenes Garn wird in Strängen gewaschen und mit Gewichten gestreckt, damit sich der Drall gleichmäßig verteilt und gestärkt wird (siehe 2. Kapitel).

Das natürliche Wollfett schützt und macht das Garn wasserabstoßend, verhindert aber auch, daß Farbstoffe in die Faser eindringen können. Daher muß das Vlies zur gleichmäßigen Färbung irgendwann gründlich entfettet werden.

Einige fügen dem letzten Spülwasser nach dem Entfetten Eukalyptusöl, Weichmacher, Salz, Kerosin oder Zitronensaft zu, damit die Wolle wieder weich wird. Entfettete Fasern sind spröder als nicht entfettete Fasern, deshalb gibt man zum leichteren Kardieren und Spinnen Öl in irgendeiner Form wieder zu. Die meisten Spinner belassen den Fasern etwas von ihrem natürlichen Wollfett. Dies erleichtert die Faserbehandlung und das Spinnen.

Viele Leute, die bestimmter Wollqualitäten wegen selber Schafe halten, haben spezielle Rezepte, die auf ihre Rasse abgestimmt sind. Virginia Rowell, die Cheviot-Schafe in Nordkalifornien bei Sacramento züchtet, macht folgende Angaben für die Behandlung ihres Vlieses, eines 100%igen Cheviot-Vlieses von mittlerem Drehgrad-48 s bis 56 s. Der Fettgehalt beträgt weniger als 35%: Außer wenn Sie dieses Vlies im Naturton der Wolle färben wollen, müssen Sie es gründlich entfetten. Um die besten Resultate zu erzielen, wird erst nach dem Spinnen entfettet. Empfehlung für die Wäsche: Lösen Sie 2 Eßlöffel Calgon-Wasserenthärter in 20 l handwarmem Wasser auf. Legen Sie $1/4$ Pfund des vorbehandelten Vlieses in einen großen Wäschebeutel oder ein großes Nylonnetz. Dann tauchen Sie das Vlies behutsam in das temperierte Wasserbad und lassen es ungestört darin liegen, bis das Wasser erkaltet ist. Dann nehmen Sie es heraus, drücken das überflüssige Wasser aus und spülen in lauwarmem Wasser einmal nach. Das Vlies kann in dem Beutel bleiben und für ein paar Sekunden in einer Wäscheschleuder angeschleudert werden. Nehmen Sie das Vlies aus dem Beutel, und breiten Sie es auf einem Handtuch aus. Schütteln Sie es behutsam und leicht, und zupfen Sie die Spitzen und Schnittenden auseinander, dadurch wird das Filzen an den Spitzen verhindert. Lockern und wenden Sie die Wolle während des Trocknens. Danach ist das Vlies fertig für die Vorbereitung zum Spinnen.

Nach Anne Blinks kann man ein Vlies auch in der Waschmaschine waschen, ohne daß die Fasern beschädigt werden. Legen Sie das Wollvlies flach aus, und betrachten Sie es genau. Wenn Sie einen Tischrost haben, durch den der Schmutz und Ausschuß hindurchfällt, um so besser. Entfernen Sie die Bauchwolle, Kot und verfilzte Enden vom Hinterteil sowie Urinverschmutzungen und die unteren Beinpartien. Ein gereinigtes Vlies aus Neuseeland oder England ist meist in dieser Weise behandelt, ein Vlies von einer amerikanischen Farm wahrscheinlich nicht, wenn es sich nicht um ein Mustervlies handelt.

Wenn Sie das ganze Vlies gründlich säubern wollen, müssen Sie es jeweils zweipfundweise mehrmals waschen, Stück für Stück zupfen, verschneiden und kardieren. Wenn Sie reichlich viel Vlies haben, können und sollten Sie es nach dem Feinheitsgrad sortieren. Haariges Beinfell auf die eine Seite, Schultern und Hals auf die andere Seite, der Rücken bleibt für sich oder kommt seinem Aussehen entsprechend auf die eine oder andere Seite. Ist das Vlies farbig, sortieren Sie es nach Farben. Ein rostiges Aussehen entsteht durch Sonnenbrand, ist aber nichtsdestoweniger eine hübsche Farbe. Aus einem gemischten Grau kann man drei oder vier Farbtöne gewinnen. Sollten die Grautöne sich zuwenig unterscheiden, kann man nach dem ersten Kardieren mit Weiß oder Schwarz mischen. Sie können z. B. ein graues Kardenband mit einem weißen (oder schwarzen) Kardenband nochmals gleichzeitig kardieren.

Nun zum Waschen. Nehmen Sie so viel Vlies, wie Sie unmittelbar verwenden wollen. Öffnen Sie es, und beseitigen Sie, soweit es jetzt möglich ist, Schmutz, Grassamen, Ausschuß und verfärbte Teile. Legen Sie die gezupfte Wolle in ein ausreichend großes Gefäß (eine saubere Plastikwanne eignet sich gut) und bedecken Sie sie mit Wasser. Lassen Sie dies mindestens über Nacht, besser noch 24 Stunden stehen. Als nächstes lassen Sie das Vlies auf dem Rasen ausdünsten. Sie können es einfach auf den Rasen legen, besser noch auf einen mit Tuch bespannten Holzrahmen (13 cm × 26 cm) aus 5 mm starken Leisten. Heben Sie die durchgeweichte Wolle vorsichtig auf, und legen Sie sie in die leere Trommel der Waschmaschine oder Schleuder, und schleudern Sie das Wasser aus.

Von jetzt an sollten Sie immer nur einen Eimer voll feuchter Wolle verarbeiten. Nehmen Sie die nasse Wolle, und legen Sie sie in den Eimer zurück. Wischen oder spülen Sie den Schmutz aus der Wanne, und füllen Sie sie mit heißem Wasser. Geben Sie etwa $1/2$ Tasse Seifenpulver zu, und lösen Sie es auf. Die Menge hängt davon ab, wie schmutzig und wie empfindlich das Vlies ist. Jedes ist anders. Tun Sie die Wolle hinein, drücken Sie sie unter Wasser, und *lassen Sie sie ruhen*, bis das Wasser nur noch lauwarm ist. Nach einiger Erfahrung werden Sie beurteilen können, wann die Wolle sauber ist. Bei zuviel Seife und zu langem Einweichen wird der Glanz beeinträchtigt, bei zuwenig bleibt die Wolle grau oder gelb. Zwei milde Wäschen sind besser als eine zu scharfe.

Nun schütten Sie das schmutzige Seifenwasser aus, nehmen die Wolle behutsam heraus, wischen und spülen die Wanne und füllen sie wieder mit lauwarmem Wasser. Es kann sein, daß Sie die Wäsche mit lauwarmem Wasser und weniger Seife als beim erstenmal wiederholen müssen. Wenn nicht, fügen Sie $1/4$ Tasse farblosen Weichspüler hinzu. Legen Sie die nasse Wolle hinein, drücken und öffnen Sie sie vorsichtig unter Wasser. Schütten Sie dann das Wasser ab, heben Sie die Wolle heraus und wischen Sie die Wanne aus. Dann wiederholen Sie dies mit einer zweiten Spülung. Nun kann die Wolle wieder auf den Rahmen oder auf ein Tuch oder einen Tisch in den Schatten zum Trocknen gelegt werden. Von Zeit zu Zeit öffnen Sie sie während des Trocknens, aber zupfen Sie sie noch nicht in diesem Stadium. Wiederholen Sie diesen Vorgang mit der restlichen Wolle.

Alle Wolle muß zunächst etwas ruhen und mit Öl und Wasser besprenkelt werden, bevor sie gezupft, kardiert und gesponnen wird. Olivenöl, Speisefett und Kerosin eignen sich wie alle anderen handelsüblichen Öle. Aber fetten Sie nicht mehr Wolle, als Sie voraussichtlich in zwei Wochen verspinnen können.

Dieser Stich zeigt das Waschen des Vlieses in Frankreich im 18. Jahrhundert. Die Industrialisierung brachte enorme Veränderungen, aber bis dahin war die Prozedur ähnlich derjenigen, die der Handspinner heute noch vornimmt. Im Hintergrund sehen wir das Schurgerüst. Das Vlies wurde in großen Bottichen gewaschen, der drei Teile Wasser und ein Teil Urin enthielt. Der Urin spaltete das Fett und löste Schweiß und Schmutz. Nach dem Waschen wurde das Vlies im Fluß gespült und in kleinen Bündeln zum Lufttrocknen auf ein Gerüst gehängt.

Nach dem Waschen wurde das saubere und trockene Vlies gezupft und nach Länge und Qualität sortiert. Man hatte dazu einen Tisch mit Schlitzen, durch die die Abfälle und Fusseln auf den Boden fielen.

Für die Wäsche der Vliese von in Europa heimischen Schafrassen empfiehlt die Schweizerische Inlandwollzentrale folgende Vorgehensweise:
Man verwendet ein synthetisches Feinwaschmittel. Seife eignet sich nur bei ganz kalkfreiem Wasser. Verbindet sich der Kalk mit der Seife, so wird die Faser gelb, glanzlos und hart. In der Wäsche muß man Schweiß, Schmutz, Fremdkörper und einen Teil des Fettes fortbekommen. Das Eiweiß der Wollfaser ist empfindlich gegen Wärme. Zu große Temperaturunterschiede machen die Wolle hart. Wollfett wird aufgelöst bei 45°. Hat man vor, die Wolle später zu färben, so muß die Temperatur eher gegen 50° sein, damit mehr Fett weggeht. Waschpulver sparsam verwenden, auflösen, dann die Wolle beigeben und leicht bewegen. Wieder 1/2 Stunde liegenlassen, sorgfältig ausdrücken. Spülwasser: 30–35°, Wolle darin etwas liegenlassen. 3 bis 4 weitere Spülwasser sind nötig, jedes etwas kälter als das vorhergehende. Das letzte sollte 25° sein, und darin läßt man die Wolle erneut 10 Minuten liegen.

Nun darf man die Wolle in die Schwingmaschine geben, oder man drückt sie sorgfältig von Hand aus. Zum Trocknen an der Luft verteilt man sie locker auf einer größeren Fläche.

Karbonisieren

Für den Handel bestimmte Wolle wird nach dem Waschen und Entfetten karbonisiert. Dabei wird die Wolle durch eine schwache Schwefelsäurelösung gezogen. Die Wolle wird langsam getrocknet, und die Säure, die nicht verdunstet, sammelt sich in den pflanzlichen Rückständen. Dann wird die Wolle gestampft oder geschlagen, wobei die Pflanzenrückstände zu Staub zerfallen, der durch den Staubsauger herausgezogen wird. Anschließend werden die Wollfasern neutralisiert und gespült.

Das Karbonisieren ist nur eine der maschinellen und chemischen Prozeduren, der die Wolle in der Industrie unterzogen wird, um ein einheitliches Standardprodukt daraus zu machen.

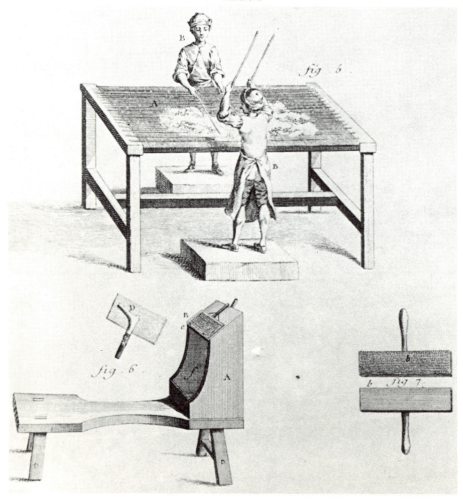

Nach dem Zupfen und Sortieren wurde die Faser geschlagen, damit noch vorhandene Pflanzenteile oder Schmutz herausfielen. Außerdem wurden die Fasern durch das Schlagen gelockert und getrennt. Danach wurden sie mit einem Paar Handkarden kardiert.

Das Lagern der Wolle

Wollvlies sollte an einem dunklen, kühlen Ort gelagert werden, wo es vor Mottenbefall sicher ist. Direkte Sonneneinstrahlung führt dazu, daß die Fasern austrocknen und im wahrsten Sinne des Wortes gedörrt werden. Wolle enthält Feuchtigkeit, und man lagert sie besser nicht in Plastiksäcken. Vlies, das in braunes Packpapier oder Zeitung eingewickelt ist – sorgfältig zugeklebt – oder in großen Papiersäcken aufgehoben wird, ist vor Licht geschützt und kann atmen.

Ein im Naturfett belassenes Vlies sollte nicht zu lange ungewaschen gelagert bleiben, weil das Wollfett allmählich austrocknet und die Fasern einen penetranten Geruch annehmen und matt werden. Zum Schutz vor Motten kann man Mottenkugeln benutzen; falls ein Mottenbefall schon eingetreten ist, kann er durch Einfrieren der Wolle über einige Tage behoben werden.

Ich habe eine Freundin, die große Mengen von Rohwolle zum Spinnen von schweren Strukturgarnen verwendet. Sie friert ihre Vliese gegen Mottenbefall ein.

Mohair

Mohair ist das lange, seidige, schneeweiße Fell der Angoraziege. Die Fasern fallen in leichten Wellen und Locken über das Tier. Die Ziege ist im asiatischen Teil der Türkei beheimatet und hat ihren Namen von der alten Handelsstadt Angora. Zu Beginn des 19. Jahrhunderts, als der Bedarf an Mohairwolle stark zunahm, wurden Angoraziegen per Schiff in alle Teile der Welt befördert. Heute gibt es viele Herden in Südafrika und im Westen der Vereinigten Staaten, besonders in Texas. Um sie dem neuen Klima anzupassen, wurde die Angoraziege häufig mit gewöhnlichen Ziegen gekreuzt, aber das Fell dieser Nachkommen ist kürzer, rauher und hat nicht den ursprünglichen Seidenglanz.

Der Aufbau der Mohairfaser ähnelt dem der Wolle, aber die Schuppen sind wie bei den anderen Haarfasern nur angedeutet und nicht entwickelt. Diese Oberflächenglätte gibt den Fasern Glanz und die Schlüpfrigkeit. Alter und Geschlecht des Tieres sind ebenso wie die Rasse für die Feinheit des Vlieses maßgebend. Es gibt viele Unterschiede und Qualitäten, deren feinste von den Jungtieren stammen. Die Ziegen werden im allgemeinen einmal im Jahr geschoren, und die Fasern erreichen häufig eine Länge von 25–30 cm.

Mohair ist eine haltbare Faser, die sich leicht färben läßt und dabei ihren wundervollen Seidenglanz bewahrt. Mohairgarne werden häufig gebürstet, um die Faserenden aufzurichten. Dieses Bürsten erzeugt eine weiche flauschige Oberfläche. Wegen seiner Schlüpfrigkeit, besonders nach mechanischem Kardieren und Kämmen, ist Mohair für den Anfänger schwer zu verarbeiten. Die äußerst feinen Fasern von der ersten Schur eines jungen reinrassigen Tieres machen selbst einem erfahrenen Spinner Schwierigkeiten.

Eine Angoraziege hat lange seidige Locken, die bis auf den Boden herabfallen. Das glänzende weiße Vlies nennt man Mohair.

Kaschmir

Eine weitere Ziegenfaser ist Kaschmir. Sie wird als diejenige Wolle bezeichnet, die »dem Himmel am nächsten« ist. Sie stammt vom Fell der Kaschmirziege, einem kleinen, kurzbeinigen, genügsamen Tier, das auf den kargen Hochebenen Asiens beheimatet ist. Das feinste Kaschmir kommt aus China, der Mongolei, Mandschurei und Tibet (in dieser Rangfolge). Je höher die Weidegebiete über dem Meeresspiegel liegen, desto feiner ist das Vlies. Die Ziege hat wie viele behaarte Tiere in kalten Regionen ein doppeltes Vlies. Die weichen, feinen Fasern, die hoch bezahlt werden, liegen dicht am Körper unterhalb des rauheren, äußeren Schutzfelles. Diese kurzen Flaumfasern werden von Nomadenhirten, die die Tiere halten, herausgekämmt oder -gezupft. Eine einzige Ziege bringt etwa soviel brauchbare Fasern wie ein Angorakaninchen – nämlich nur wenige Unzen pro Jahr (1 Unze = 28,35 g). Die natürliche Farbe der Kaschmirdaune ist ein helles warmes Grau oder Naturbraun.

Kaschmirfasern kommen in kleinen Bündeln aus den Hochregionen und werden über die alte Seidenstraße gehandelt. Die Handelsmenge ist je nach der politischen Situation und der Höhe des Handelspreises von Jahr zu Jahr verschieden. Kaschmir ist eine teure Faser, die charakteristischerweise im Jahr nur einmal und meist nur in kleinen Mengen erhältlich ist.

Wegen ihrer Feinheit und Dichte haben Kaschmirgarne eine unerreichte Weichheit. Die zarten Daunenfasern sind sauber und, wenn auch kurz, leicht zu spinnen. Die Haare des äußeren Schutzfelles, die lang und rauh sind und sich zu sehr stark strukturiertem, kratzendem Garn verspinnen lassen, kann der Handspinner auch kaufen. Bei dem großen Unterschied zwischen der daunengleichen Zartheit der Unterhaare und der kratzigen Rauhigkeit der Haare des Außenfelles kann man kaum glauben, daß beides von demselben Tier stammt.

Wie Wolle verfilzt auch Kaschmir besonders leicht. In China pflegte man die Daunen zu filzen für Kopfbedeckungen, die vor den eisigen Winden auf den Hochebenen schützten. Diese Kopfbedeckungen wurden genauso wie andere gewebte Kaschmirprodukte gebürstet und bekamen dadurch eine wundervoll weiche gerauhte Oberfläche.

Kamelhaar

Das zweihöckrige Kamel trägt ein dickes Winterfell. Wie die Kaschmirziege hat das Kamel zwei Felldecken: eine innere aus weichen, warmen Daunen und eine äußere aus rauhen Haaren. Die Bezeichnung »Kamelhaar« bezieht sich gewöhnlich auf die hellbraunen Innenfasern, die sehr haltbar und widerstandsfähig sind und sich gut zu einem weichen hellbraunen Garn spinnen lassen. Manchmal bekommt man auch die Haare des Außenfelles, die sich zu einem rauhen Garn verspinnen lassen. Sie sind häufig mit Stroh vermischt und nur schwer und unter großem Zeitaufwand zu säubern.

Das Kamel ist vor allem ein Lasttier, und während es auf den Handelswegen durch Nordafrika, Zentralasien und die Mongolei zieht, folgt ihm immer irgend jemand, der die Haare aufsammelt, die das Kamel verliert. Kamele verlieren ihr Haar das ganze Jahr hindurch, und jedes Tier liefert auf diese Weise zwischen 30 und 40 Pfund Fasern pro Jahr.

Die Kaschmirziege lebt auf den Hochebenen und in den Bergen Asiens. Ihr daunenweiches Unterfell wird gekämmt und gezupft. Der Kaschmirwollhandel ist für diese Region sehr bedeutsam.

Wolle vom Lama, Alpaka und Vikunja

Lama, Alpaka und Vikunja sind drei höckerlose Arten der Kamelfamilie, die ursprünglich auf den *altiplano* von Peru, Bolivien und Argentinien lebten. Obgleich es bis zum heutigen Tage nicht an Versuchen gefehlt hat, konnten diese Tiere andernorts nicht mit Erfolg gezüchtet werden. Sie haben alle die gleichen Körpereigenschaften, unterscheiden sich aber in der Größe.

Das Lama (eine wilde Abart wird Guanako genannt) ist ein domestiziertes Lasttier, das langes, dichtes und feines Fell hat. Das Alpaka ist kleiner als das Lama und hat längere und feinere Wolle. Es wird seit Jahrhunderten auf gute Wollqualität hin gezüchtet. Das Vlies des Alpaka ist glänzend und seidig, die Faser haltbar und sehr elastisch. Bei regelmäßigem Scheren wachsen die Haare jährlich 15 bis 20 cm. Wenn sie nicht beschnitten werden, können sie eine Länge von 75 cm erreichen. Das Tier, das etwa 1,20 m hoch wird, läßt sich nicht leicht zähmen. Die Fasern sind seit vielen Generationen von Handspinnern hochgeschätzt wegen ihrer Länge, Zartheit und den wundervollen natürlichen Farbabstufungen. Es gibt braune, rotbraune, graue, schwarze und weiße Alpakafasern. Sie werden entsprechend der Qualität und Farbe sorgfältig sortiert und im gewaschenen und gekämmten Zustand exportiert. Garne aus Alpaka sind weich, fein, dicht und sehr warm. Wie bei Mohairfabrikaten werden Textilien aus Alpaka häufig gebürstet, um den Flor aufzurauhen.

Das Vlies vom Lama ist minderwertiger als das vom Alpaka und nicht so leicht zu bekommen. Innerhalb desselben Felles gibt es oft ziemliche Farbunterschiede. Alpaka- und Lamafasern haben keine Schuppen. Deshalb sind die daraus hergestellten Garne nicht so luftig und flauschig wie Wolle.

Das Vikunja, dessen Lebensraum das Hochland der Anden ist (3000 bis 3600 m ü. NN.) konnte niemals domestiziert werden. Wolle, Fleisch und Fell dieser kleinen zarten Tiere werden gleichermaßen geschätzt. Das Vikunja soll die feinste Wolle liefern, die es überhaupt gibt. Auf 1 cm kommen ca. 10 000 Fasern. Sie sind also doppelt so fein wie die feinste Schafwolle. Ein ganzes Vlies wiegt etwa 1 Pfund. Zur Zeit des Inkareiches war die Wolle des Vikunja Königen vorbehalten. Heute ist das scheue ängstliche Tier, das man leicht mit Fallen fangen kann, fast ausgestorben. Man hofft, daß neue Schutzbestimmungen helfen, seine Zahl wieder zu vermehren, und daß die Fasern vielleicht in Zukunft den Handspinnern wieder zugänglich werden.

Das zweihöckrige Kamel hat zweierlei Haar: die 5 bis 6 cm langen, großen, steifen Grannenhaare und die bis zu 10 cm langen Flaumhaare. Letztere werden zu weichem braunem Garn versponnen, das ungewöhnlich gute Isoliereigenschaften hat.

Das Lama gehört zur Familie der Kamele und lebt in Südamerika. Es wurde schon früh als Lasttier domestiziert. Die Fasern aus seinem Fell werden schon seit Jahrhunderten zur Textilherstellung verwendet. (Rechts)

Quiviut-Fasern

Diese Fasern stammen vom Moschusochsen, der heute noch in den unbewohnten Regionen der nördlichen Arktis und in Grönland vorkommt. Der Moschusochse ähnelt dem Ur oder Wisent mit seinen schweren herabgebogenen Hörnern. Vor einiger Zeit wurde dieses Tier domestiziert. Die Wollproduktion ist heute in dieser Region wirtschaftlich bedeutsam.

Das Tier hat ein dunkelbraunes rauhes Schutzfell, mitunter so lang, daß es bis auf den Boden reicht. Dieses Haar stößt Regen und Schnee ab. Unter dem zottigen Mantelfell befindet sich ein daunenartiges Innenfell aus feinen, weichen hellbraunen Haaren, die das Tier vor der strengen Kälte schützen. Im Frühjahr fällt dieses Innenfell aus und pellt sich regelrecht in ganzen Lagen vom Tier ab. Die Eskimos nennen diese feinen weichen Haare *Quiviut*. Die Daune ähnelt dem Kaschmir, aber die Fasern sind länger. Feine Garne aus Quiviut sind unglaublich leicht, weich und warm. Heute werden die Fasern maschinell gesponnen, und die Eskimofrauen stricken daraus Spezialartikel. Die Tiere sind noch immer sehr selten, aber ab und zu gelangen kleinere Mengen an Fasern in den Handel, die jedoch sehr teuer sind.

Hundehaar

Früher fanden Hundehaare – besonders in Verbindung mit Wolle – häufig Verwendung für weiche strukturierte Garne. Viele Spinner interessieren sich für Hundehaar, weil es leicht und meist kostenlos zu bekommen ist. Nicht jeder hat die Möglichkeit, ein Schaf oder eine Angoraziege zu halten. Aber einen Hund kann man ziemlich leicht haben, und es erscheint nur natürlich, daß das ausgekämmte Haar, das sonst weggeworfen würde, zum Spinnen von Garnen genutzt wird. Fasern gibt es überall, wo man sie findet, und Hundehaare, deren Länge zum Spinnen ausreicht, können durchaus eine bedeutsame Faserquelle sein.

Nur bestimmte Rassen liefern Haare, die sich spinnen lassen. Dazu gehören Hunderassen, die in kaltem Klima leben. Die bekannteste ist der Samojedenspitz, aus dessen Haaren sich ein sehr weiches weißes Garn mit einem wollartigen Aussehen, ähnlich dem von Angorakaninchen, spinnen läßt. Manchmal werden die kurzen rauhen Fasern von Terriern mit Wolle gemischt. Die Hundehaare tragen zur Hebung der Struktur bei, und die Wolle verleiht dem Garn Zusammenhalt und Festigkeit. Hundehaare haben die Tendenz, leicht »wegzufliegen«, und sind gesponnen irgendwie leblos und schwach. Das Mischen mit Wolle erleichtert das Spinnen und ergibt einen brauchbaren Faden mit mehr Fülle. Lange Haare lassen sich am leichtesten reinigen und handhaben, und gebürstete unverfilzte Haare werden bevorzugt verwendet. Die Haare eines Afghanhundes ergeben ihrer Länge und schönen Farbabstufungen wegen ein besonders beliebtes Garn. Leider riechen einige Hundehaare streng, wenn sie feucht werden.

Haar von einem Afghan-Hund läßt sich zu wunderbar weichem Garn mit reichen Farbschattierungen verspinnen.

Haar vom Angorakaninchen

Die Fasern von Angorakaninchen sind weich und seidig und werden zum Spinnen von weichen flauschigen Garnen verwendet, die besonders schön wirken, wenn sie gebürstet sind. Die Fasern sind schwierig zu handhaben, und das gesponnene Garn ist nicht besonders haltbar. Das Angorakaninchen ist schwer aufzuziehen und liefert nur geringe Mengen an Fasern. Die etwa 12 cm langen Haare werden meist gezogen oder ausgekämmt und nur ganz selten geschnitten. Das Tier wechselt häufig das Fell, und in diesen Zeiten sammelt man die Fasern. Von bester Qualität sind diejenigen von jüngeren ausgewachsenen Tieren. Wenn die Kaninchen altern, werden die Fasern rauher und haarähnlicher.

Pferdehaar und Ziegenhaar

Für den Handspinner sind auch die Schweifhaare vom Pferd brauchbar. Wie die meisten Ziegenhaare ist Pferdehaar rauh, borstig und ziemlich widerhaarig. Sowohl Pferde- wie Ziegenhaare sind schwer zu spinnen. Damit sie zusammenhalten, muß man Öl zugeben. Meist mischt man diese Fasern mit Wolle und kann dadurch besondere Wirkungen erzielen.

Zusammenfassung

Ob man nun die seltenen Fasern des Vikunja, die Kämmlinge von Hunden oder Schafwolle spinnt, Tiere bieten uns einen vielfältigen Schatz an Fasern, der uns immer wieder aufs neue erstaunt und entzückt. Das Spinnen gibt uns die Möglichkeit, mit diesen Fasern zu experimentieren und vielleicht zum erstenmal zu begreifen, was es mit den jahrhundertealten Fasern wie Kaschmir, Mohair und Merino für eine Bewandtnis hat. Schafe auf dem Felde zu sehen, ihr Vlies mit nach Hause zu nehmen, es anzufühlen und zu handhaben, die Fasern auszusortieren und den Entstehungsprozeß des Garnes vom Felde bis zum fertigen Produkt zu beobachten – das ist eine seltene und lohnende Erfahrung.

Wir sind in der glücklichen Lage, Fasern aus der ganzen Welt kaufen zu können, ob sie aus dem peruanischen Hochland oder aus den Bergen der Mongolei stammen.

Maschinen mögen perfekte Garne produzieren, aber dadurch geht uns das Verständnis und die Erfahrung dieses Prozesses verloren. In der Vergangenheit waren die Spinnerinnen aus der Notwendigkeit heraus gezwungen zu spinnen. Wir gehören zu den Glücklichen, die ohne deren Mühen und Sorgen nur das Angenehme dieser Tätigkeit erleben dürfen.

Verschiedene tierische Fasern. Rechts eine lange seidige Locke einer Mohairziege; links unten das Haar eines Angorakaninchens und oben die weichen Flaumhaare des Moschusochsen.

Pflanzenfasern

8

Die Ägypter sagen, Isis habe die Kunst zu spinnen erfunden und gelehrt. Die Chinesen glauben, die Gattin ihres Kaisers Yao hätte es sie gelehrt; fast alle Völker geben der Geschicklichkeit des schönen Geschlechts die Ehre: Die Lydier der Ariadne, die Griechen Minerva, die Peruaner Mamcella, der Frau ihres ersten Herrschers Manco-capac.

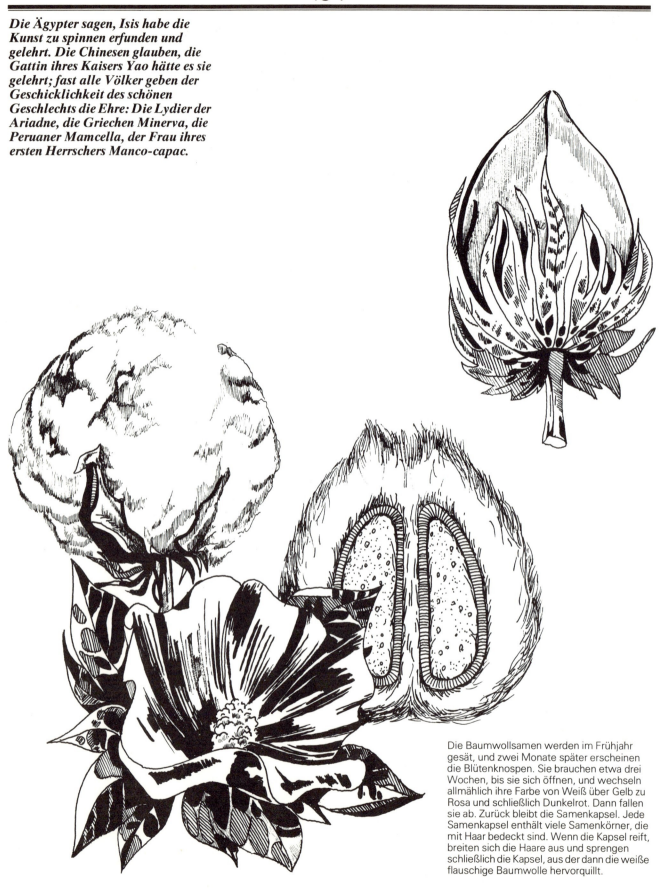

Die Baumwollsamen werden im Frühjahr gesät, und zwei Monate später erscheinen die Blütenknospen. Sie brauchen etwa drei Wochen, bis sie sich öffnen, und wechseln allmählich ihre Farbe von Weiß über Gelb zu Rosa und schließlich Dunkelrot. Dann fallen sie ab. Zurück bleibt die Samenkapsel. Jede Samenkapsel enthält viele Samenkörner, die mit Haar bedeckt sind. Wenn die Kapsel reift, breiten sich die Haare aus und sprengen schließlich die Kapsel, aus der dann die weiße flauschige Baumwolle hervorquillt.

Viele Fasern werden aus Pflanzen gewonnen; aus den Samen als Haare wie z.B. die Baumwolle, aus dem Bast (oder Mark) von Pflanzenstengeln wie beim Flachs oder Hanf, aus Blättern wie z.B. Sisal, von äußeren Schutzhüllen wie z.B. Rinden oder Schalen und von Baumfasern wie bei der Kokospalme. Die Faserqualität ist von vielen Faktoren abhängig: von der Pflanzensorte, den Samen, dem Boden, der Anbaumethode, den klimatischen Bedingungen und der Erntezeit.

In diesem Kapitel befassen wir uns mit den traditionellen, zum Spinnen speziell gezüchteten Fasern, die überall gebrauchsfertig erhältlich sind. Man darf jedoch nicht vergessen, daß es viele sehr brauchbare Fasern gibt, die seltener verwendet werden, weil sie teurer sind und kaum im Handel angeboten werden.

In Ihrer näheren Umgebung finden Sie sicherlich viele Pflanzen, aus denen man auf die eine oder andere Weise Fasern gewinnen kann. Fasern von Wildpflanzen verschiedenster Art werden in unterentwickelten Gebieten noch häufig genutzt. Das Studium der Textilien solcher Kulturen kann uns Hinweise geben auf viele ungewöhnliche Fasern und einfache Methoden, sie zu bearbeiten. So haben früher die Pflanzen der Nesselfamilie vielen amerikanischen Indianern brauchbare Fasern für sehr feine Textilarbeiten geliefert. Getreidehülsen und Zedernrinde wurden ebenfalls mit großer Kunstfertigkeit verarbeitet. Die Innenrinde von bestimmten Bäumen wurde in Streifen geschnitten, in Lauge gekocht, getrocknet und dann gebrochen oder geschlagen, bis sie weich und faserig waren. Rauh belassen, drehte man sie zu kräftigen Tauen. Die verschiedensten Arten von Gras, Stroh und Schilf können ebenfalls gedreht und verarbeitet werden, nicht unbedingt zu Gold wie von der Müllerstochter im Märchen vom Rumpelstilzchen, sondern zu brauchbaren Schnüren oder Garnen.

Faserpflanzen sind weit verbreitet und überall zu finden. Jede Kletterpflanze mit biegsamen Stengeln ist ein möglicher Faserlieferant. Auf der Suche nach Fasern zum Spinnen halten wir Ausschau nach langen, schnellwachsenden Pflanzen mit geraden faserigen Stengeln, Bäume mit leicht abzutrennender Rinde und Pflanzen mit großen, zähen Blättern. Sie eignen sich vielleicht zur Fasergewinnung durch Abkratzen, Schlagen oder Rotten. Doch bevor man darangeht, Wildpflanzen zu sammeln, sollte man die Pflanzen kennen, aus denen traditionell Fasern gewonnen werden, vor allem aber die Methoden, derer man sich dabei bedient.

Pflanzliche Fasern reichen von der sehr feinen Flachsfaser (links) bis zur derben steifen Sisalfaser (rechts).

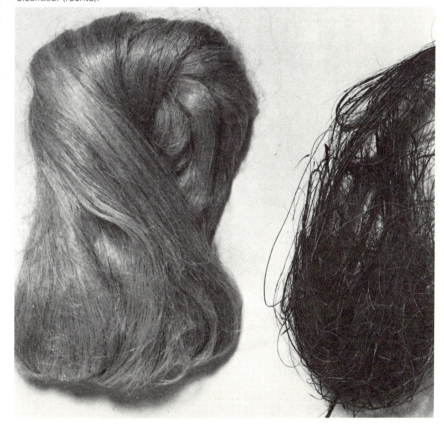

Allgemeine Merkmale

Pflanzenfasern bestehen hauptsächlich aus Zellulose in Verbindung mit Wachsstoffen, Farbstoffen, Protein und Pektin. Pflanzenfasern werden durch starke Säuren zerstört und sind leicht entflammbar. Garne, die aus Zellulosefasern gesponnen sind, lassen meist Luftigkeit und Offenheit vermissen. Es sind dichte, feste Gespinste mit wenig Elastizität. Werden die Fasern trocken gesponnen, entstehen ungleichmäßige und haarige Fäden. Beim feuchten Spinnen, man feuchtet die Finger beim Spinnen oder die Fasern unmittelbar vor dem Spinnen an, kann man weiche, ebenmäßige und glatte Fäden erzeugen. Zellulosefasern nehmen gut Feuchtigkeit auf und können hohe Temperaturen vertragen. Sie sind leichter brennbar als tierische Fasern. Sie werden nicht von Motten befallen, bekommen dafür aber leicht Stockflecken. Pflanzliche Fasern sind derber, härter und haben weniger Glanz als tierische. Ihnen fehlen die natürlichen Fette der Wolle. Sie werden daher häufig unter Zusatz von Öl oder Wasser gesponnen, damit sie geschmeidiger sind und sich besser verbinden. Im Unterschied zu Wolle sind pflanzliche Fasern haltbarer, wenn sie naß sind. Wegen ihrer Feinheit, der natürlichen Verwindungsstruktur und porösen Oberfläche lassen sich Baumwolle und Flachs von allen Pflanzenfasern bei weitem am besten spinnen. Hanf und Jute sind im Vergleich dazu grob und störrisch, gegenüber Blattfasern wie Sisal jedoch noch fein und flexibel.

Viele pflanzliche Fasern kommen in solchen Längen vor, die schwierig mit der Hand zu spinnen sind, weil sie sich gern verheddern und nicht gut ausziehen lassen. Man kann sie kürzer schneiden. Häufig werden sie schon in den Mühlen geschnitten, aber dieses Kürzen hat ein weniger haltbares Garn mit rauher Oberfläche zur Folge. Die einzelnen Methoden für die Handhabung der pflanzlichen Fasern sind in den folgenden Abschnitten behandelt und abgebildet.

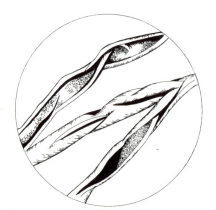

Die Windungsstruktur der Baumwollfasern ist nur in der Vergrößerung erkennbar. Wenn die Faser reif wird, trocknet sie zu einer flachen, gewundenen bandähnlichen Form mit wenig oder keinem Glanz. Der Hohlraum in der Faserzelle, das Lumen, fällt spiralenartig zusammen, wodurch die Faser in verschiedene Richtungen gedreht wird. Diese Drehung erleichtert das Spinnen.

Baumwolle

Baumwolle, *gossypium hirsutum*, ist ein Samenhaar mit guten Kohäsionseigenschaften. Weil sie so gut zusammenhält, lassen sich die Fasern leicht spinnen. Für den Anfänger ist es zunächst schwierig, weil die Fasern kurz sind. Zum Spinnen eines gleichmäßig gedrehten glatten Baumwollfadens bedarf es daher einiger Übung.

Obgleich Baumwolle schon im alten Mexiko und in Peru bekannt war, gilt Indien als Zentrum der Baumwollverarbeitung von 1500 v. Chr. bis 1500 n. Chr. Im Laufe der Jahrhunderte ist sehr viel mit Baumwolle experimentiert worden, woraus sich Hunderte von verschiedenen Methoden und Richtungen entwickelt haben. Heute liefern moderne Baumwollplantagen eine verbesserte Faser, und man hat Pflanzen gezüchtet, die in mehreren Klimazonen gedeihen.

Seit 1500 n. Chr. ist Baumwolle in der ganzen Welt bekannt. Sie galt als die Faser für die Bekleidung der Massen, wahrscheinlich weil sie am besten in heißem, feuchtem Klima gedeiht, wo die Mehrzahl der ärmeren Menschen lebt. In Europa und Nordamerika wurde sie bis zum Beginn der Industrialisierung nicht verwendet. Das Problem beim Spinnen von Baumwolle bestand schon immer in der Schwierigkeit, die Fasern von den Samenkörnern zu entfernen, weil sie sonst nicht verarbeitet werden können. Dies erfordert mühsame Handarbeit. Die in Amerika angepflanzte Baumwolle unterscheidet sich von der in Indien wachsenden Baumwolle durch die stärkere Haftung der Fasern an den Samen. So war trotz billiger Arbeitskräfte die Fasergewinnung zeitraubend und unwirtschaftlich. Dies änderte sich erst, als im Jahre 1793 Eli Whitney die Entkörnungsmaschine erfand, mit der man die Haare von den Samenkörnern maschinell trennen konnte. Die industrielle Revolution, die dann folgte, gilt auch für die Entwicklungsgeschichte der Baumwollbearbeitungsmaschinen. Baumwolle wurde mit Verbreitung der Maschine zur billigen und führenden Faser. Sie blieb bis zur Erfindung und billigen Herstellung der Kunstfaser Mitte des 20. Jahrhunderts die meistverwendete Faser der Welt.

Die Pflanze
Die Baumwollpflanze erreicht eine Höhe von ein bis zwei Meter, verlangt warmes feuchtes Klima und feuchte lößartige Lehmböden. Alle diese Bedingungen spielen eine Rolle hinsichtlich der Faserqualität. Baumwolle ist in allen warmen Klimazonen beheimatet, kommerziell angebaut wird sie aber nur in einigen wenigen.
Die Baumwollfaser entsteht aus einer Einzelzelle, die die Gestalt eines schlauchartigen Zellröhrchens hat, dessen Außenhaut von tiefen spiralförmig verdrehten Längsrillen durchzogen ist. Dieser Schlauch füllt sich mit Protoplasma und wächst in die Länge. Allmählich werden die Zuckeranteile des Protoplasmas lagenweise in viele Zelluloselagen verwandelt, die sich spiralartig verdreht im Innern des Schlauches aufbauen und zur Haltbarkeit und Flexibilität der späteren Faser beitragen. Wenn die Samenkapsel sich öffnet, trocknet jede der Fasern zu einem flachen, gewundenen bandartigen Gebilde mit wulstartigen Erhöhungen, und der innere Kanal fällt zusammen. Dieser innere Hohlraum ermöglicht der Faser, Feuchtigkeit aufzunehmen, und die Verwindungsstruktur gibt ihr die Haftfähigkeit, durch die die Fasern sich beim Spinnen so gut miteinander verbinden. Die Spinnfähigkeit hängt jedoch nicht nur vom Vorhandensein und der Stärke der Verwindung ab, sondern auch von Länge und Feinheit der Faser. Die feinsten und längsten Baumwollen haben übrigens, im Verhältnis zu ihrem Querschnitt betrachtet, die größte Festigkeit. Die Baumwollfaser hat auch eine wachsähnliche Außenseite, die das Spinnen begünstigt.
Baumwollfabrikate nehmen leicht Staub und Flecken an und schmutzen schnell infolge ihrer rauhen Oberfläche; aber sie lassen sich auch leicht waschen und können heißes Wasser und rauhe Behandlung vertragen. Baumwollfasern werden durch starke Waschmittel und Kochen nicht zerstört. In natürlichem Zustand lassen sich die Fasern nicht leicht färben. In der Industrie werden die gesponnenen Garne und Baumwollfabrikate häufig mit Pottasche oder Lauge behandelt. Man nennt das Merzerisation. Durch diese Behandlung wird die Faserstruktur verändert, so daß sie schwerer, dichter und für Färbemittel aufnahmefähig wird. Wenn die Pottasche hinzugefügt wird, solange die Fasern unter Zug stehen, führt die Strukturveränderung zu einem schönen Glanz.
Weil das Färben von Baumwolle schwierig ist, bevorzugen viele Spinner naturbraune Baumwolle. Braune Baumwolle ist lange Zeit von Baumwollzüchtern ignoriert worden. Man bekommt sie daher selten. Was jetzt in den Handel kommt, ist eine minderwertigere Baumwollsorte mit Stapellängen von weniger als 2 cm – aber in einem wundervollen Braunton. Die Pflanze selbst ist relativ unergiebig und unter verschiedenen Bezeichnungen bekannt. Die Samen erhält man mitunter von Spinnereibedarfshändlern. Braune Baumwollfasern kommen als Mutationen bei allen Baumwollarten vor, werden aber rigoros entfernt, um jeden Einfluß auf die weißen Erträge zu verhindern. Die Acadier in Louisiana haben eine lange Tradition in der Anpflanzung brauner Baumwolle auf kleinen Feldstreifen für den Eigenbedarf an handgefertigter Kleidung. Diese Baumwolle wurde immer erst am letzten Tage, nachdem alle weiße Baumwolle fertig war, egreniert, also entkörnt. Trotz der zahllosen Unterschiede und Sorten sind drei Grundarten von Baumwolle im Handel. Die beliebteste und am besten spinnfähige hat lange feine Fasern in Längen von 2,5 bis 4 cm. Zu dieser Art gehören die ägyptischen und peruanischen Sorten. Hinzu kommt die von Sea Island, also den South Carolina und Georgia vorgelagerten Inseln. Die zweite Gruppe, unter der Bezeichnung *American Uplands* bekannt, enthält gröbere Sorten, die kürzere Fasern mit Stapellängen von 1,5 bis 4 cm aufweisen. Die dritte Fasergruppe (Europa) ist rauh, stumpf und hat nur kurze Faserlängen von einem Zentimeter.

Die Behandlung der Baumwollfasern für das Spinnen
Wenn Sie Baumwolle vom Felde geerntet haben, besteht die erste Arbeit darin, die flockige Haarmasse von den harten aufgesprungenen Kapseln und anderen Verunreinigungen zu befreien. Jede Kapsel enthält viele Samen, und jedes Samenkorn ist mit kurzen, weichen Haaren bedeckt. Diese Haare müssen von jedem einzelnen Samen abgezupft werden. Dazu fächert man die Fasern rund um das Samenkorn auf und zupft dabei kräftig. Nach Entfernung der Samenkörner können die Fasern gehechelt oder gezupft und zu losen Bäuschen geformt werden, von denen man unmittelbar abspinnen kann. Baumwollfasern können außerdem auch kardiert werden. Baumwollkarden sind ähnlich wie Wollkarden, nur sind die Stahlhäkchen für die kürzeren und dünneren Fasern dichter gesetzt. Die verschiedensten Karden lassen sich verwenden, und man braucht nur leicht und kurz zu kardieren.
In vielen Gegenden, wo Baumwolle von Hand gesponnen wird, schlägt man sie vorher mit einer biegsamen Rute, damit die Fasern locker und flauschig werden. Manchmal wird ein Bogen gemacht, indem man eine Schnur von einem zum anderen Ende einer biegsamen Rute spannt und diese über die Baumwolle schwirren läßt. Durch die Vibration wird die Baumwolle aufgelockert. Viele Spinner nehmen diese aufgeflockten oder kardierten Bäusche gerne und formen sie zu sogenannten *punis*. Diese ähneln dem Vorgespinst bei Wolle und eignen sich besonders gut zum Spinnen am Spinnrad. Um einen *puni* zu machen, wickeln Sie die Baumwollfasern fest um einen glatten Holzpflock oder -stab (siehe Abbildung auf S. 158). Dann ziehen Sie die gerollten Fasern vom Stab ab und fangen mit dem Ende zu spinnen an.

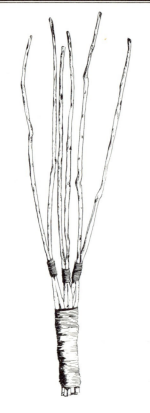

Ein altes spanisches Gerät aus Südamerika zum Schlagen der Baumwolle. Nachdem die Fasern vom Samenkorn gezupft waren, schlugen sie manche Spinner mit langen dünnen Stöcken, um sie zu zerfasern und zu öffnen. Die ermüdende Tätigkeit wurde meist auf einer Unterlage ausgeführt. Diese Art der Vorbehandlung der Baumwolle ist in unterentwickelten Kulturen weit verbreitet.

Die für den Handel bestimmte Baumwolle wird nach der Ernte sofort egreniert und unter starkem Druck zu festen großen Ballen gepreßt, die Hunderte von Pfund wiegen. In den meisten Geschäften für Spinnbedarf bekommt man jedoch auch kleinere Mengen. Die Fasern sind meist zu einer unansehnlichen Masse zusammengepreßt; Baumwolle von guter Qualität ist mitunter auch in Form von fertigen Spinnbändern erhältlich. Egrenierte oder handgezupfte Baumwolle kann man zum Spinnen vorbereiten, indem man die Fasern Dampf aussetzt. Dazu breiten Sie die Fasern über kochendem Wasser aus, so daß der Dampf die gesamte Masse vollständig durchdringen kann. Am besten benutzt man einen Durchschlag oder ein Sieb, das man in einen großen Topf hängt, der mit etwas Wasser gefüllt ist. Decken Sie ihn mit einem Deckel ab, und lassen Sie den Dampf unmittelbar vor dem Spinnen einige Minuten auf die Baumwolle einwirken. Die feuchten aufgegangenen Fasern lassen sich dann gut zu einem glatten weichen Faden spinnen.

Baumwolle ist leicht brennbar und muß daher in der Nähe von offenem Feuer oder Dampf mit Vorsicht behandelt werden. Die leichte Entflammbarkeit von Baumwolle galt von jeher als Nachteil.

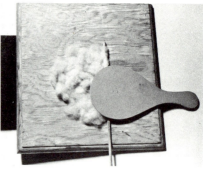

Geschlagene oder mit Handkarden kardierte Baumwolle kann zu festen Vorgespinsten gerollt werden. Sie lassen sich gut verspinnen. Zum Kardieren braucht man einen Holzstab, ein Brett und einen Holzschläger, wie man ihn für Schlagball benutzt. (Gibt es in jedem Spielwarenladen zu kaufen.) Stellen Sie das Brett schräg, legen Sie die vorbereitete Baumwolle darauf und den Holzstab dicht daneben. Dann rollen Sie diesen mit dem Holzschläger immer in der gleichen Richtung, so daß sich die Baumwolle fest um den Stab preßt. Am Anfang muß man auf den Stab ziemlich viel Druck ausüben und den Schläger locker halten. Wenn die Baumwolle auf dem Stab aufgerollt ist, rollt man weiterhin mit verstärktem Druck in derselben Richtung, um die Fasern zu verdichten.

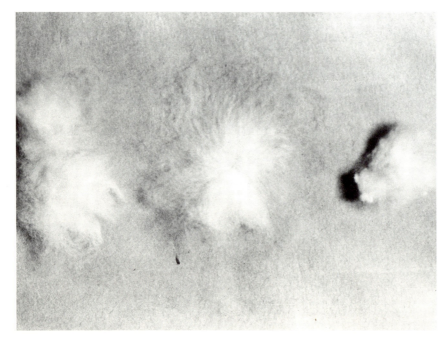

Rechts ist ein von Samenhaaren eingeschlossener Baumwollsamen abgebildet, daneben die aufgefächerten Haare und die gezupften Fasern.

Das Spinnen der Baumwolle

Wie Baumwolle versponnen wird, hängt in erster Linie von der Stapellänge der Fasern ab. Der Auszug muß entsprechend kurz sein, und die Hände arbeiten nahe beieinander in rhythmischen Bewegungen. Feuchten Sie Ihre Finger an, und lassen Sie sie beim Einlaufen der Drehung am Faden auf- und abgleiten, um ihn zu glätten und kurze Enden einzuarbeiten. Wird Baumwolle mit der Handspindel gesponnen, stützt man die Spindel häufig mit der Spitze auf einen festen Untergrund, damit das ganze Spindelgewicht nicht auf die kurzen Fasern einwirkt. Dann kann die Spindel nicht auf den Boden fallen, und man kann mit den Fingern behutsam den Faden kontrollieren. Versuchen Sie, die Fasern fächerartig zu halten, so daß sich beim Einlaufen der Drehung ein Faserdreieck bildet.

Beim Spinnen von Baumwolle auf einem Spinnrad ist vor allem die Anpassung der kurzen Fasern an den Tretrhythmus und das Einlaufen auf die Spule wichtig. Der Faden muß gut gedreht sein, bevor er auf die Spule gelangt. Während des Spinnens sollte das Faserdreieck sowohl beim kurzen wie beim langen Auszug nicht zu dicht am Spinnloch liegen. Wenn man mit den kurzen Fasern zu dicht am Spinnloch arbeitet, entstehen leicht schwache Stellen im Faden, weil die Drehung sich nicht gleichmäßig verteilen kann. Achten Sie also darauf, das Faserdreieck in einigem Abstand vom Spinnloch zu halten.

Eine leichte, zierliche Spindel aus Kolumbien mit einem Wirtel aus Ton, mit der feine Baumwollfäden gesponnen werden.

Eine Cuna-Indianerin von den San Blas-Inseln vor der Westküste von Panama beim Spinnen von Baumwolle mit der langen Spindel. Die Spitze der Spindel steht auf dem Boden. Dadurch kann das Gewicht der Spindel nicht zu viel Zug auf die kurzen Fasern ausüben.

Flachs

Flachs ist eine Bastfaser, die aus dem Inneren des Stengels der Flachspflanze *(Linum usitatissimum)* gewonnen wird. Obgleich die Bezeichnungen Flachs und Leinen beide gebräuchlich sind, bezeichnet Flachs eigentlich die Faser und Leinen speziell die Artikel, die aus Flachs gefertigt werden. Flachs hat eine lange Tradition. Seine Fasern wurden schon lange vor unserer Zeitrechnung versponnen und zu Leinen gewebt. Bis zum Ende des 18. Jahrhunderts und der Einführung von Bearbeitungsmaschinen für Baumwolle war Flachs die wichtigste Pflanzenfaser, die zur Herstellung von Textilien in Europa und Nordamerika verwendet wurde. Flachs läßt sich leicht anbauen, und für viele Siedler in Amerika war dies die einzige Faserpflanze, die sie unmittelbar anpflanzen konnten, sobald ein Landstreifen gerodet war. Es ist interessant, daß Flachs immer mit dem Begriff der Sauberkeit in Verbindung gebracht wurde, und in einigen Religionen betrachtet man das reine weiße Leinen als Symbol für die göttliche Reinheit.

Die Flachsfaser muß wie alle Bastfasern in einem langwierigen Prozeß vom hölzernen Stengel der Flachspflanze getrennt werden. Dazu gehören das Rotten oder Rösten des äußeren Stengelgewebes, das Knicken (Brechen) und das Aussondern der kurzen *Werg*fasern von den langen *Leinen*fasern. Diese lange und ermüdende Behandlung erfordert viel Handarbeit. Eine völlige Mechanisierung ist noch immer nicht erreicht, so daß Flachs heute kommerziell nur da angebaut wird, wo billige Arbeitskräfte zur Verfügung stehen. Früher geschah die Flachsbearbeitung in Heimarbeit, eng verbunden mit dem Landleben in der vorindustriellen Ära. Im Mittelalter war der Anbau in ganz Europa weit verbreitet, und das Flachsspinnen war zu dieser Zeit die alltägliche Beschäftigung aller Frauen, unabhängig vom gesellschaftlichen Stand.

Die Aufbereitung der Fasern ist im Grunde für alle Bastfasern (Flachs, Hanf, Jute) gleich. Die Gewinnung von Flachsfasern hat sich bis heute nicht wesentlich verändert. Die komplizierten Bearbeitungsmethoden führten zu Bräuchen und Ritualen, von denen Bilder, Lieder und Verse häufig Zeugnis ablegen. Luther verglich die Leiden, die die Menschheit auf Erden zu erdulden hat, mit den Torturen, denen der Flachs bei der Bearbeitung unterliegt. Flachs muß buchstäblich geschlagen und in Stücke gerissen werden, um die guten Stücke vom Ausschuß zu trennen. Nach dem Spinnen und Weben wird Flachs erst durch Gebrauch und Waschen weich und geschmeidig. Die Worte von Plinius *semper iniuria melious* – durch schlechte Behandlung immer besser – beziehen sich auf die besondere Beschaffenheit des Flachses.

Eigenschaften der Flachsfaser

Flachsfasern haben eine unregelmäßige Oberfläche und eine natürliche Verbindungsstruktur, die den Fasern gute Hafteigenschaften gibt, so daß sie sich besonders gut spinnen lassen. Flachs enthält 70% Zellulose. Die einzelne Faser besteht aus mehreren Zellen, die durch Pektin zusammengehalten werden. Dieses Pektin nimmt keine Naturfarben an. Mit synthetischen Farben läßt sich Flachs hingegen gut färben. Flachs wird häufig blendend weiß gebleicht. Beim Bleichen wird das natürliche Pflanzengummi, das die Fasern umgibt, entfernt, so daß sie die Farbe leichter annehmen. Meistens jedoch beläßt man den Flachs in seiner natürlichen Farbe, die von blassem Gelbweiß bis Grau reicht. Die besonderen Eigenschaften der besten Flachssorten zeigen sich in Glanz, Haltbarkeit, Stapellänge und Feinheit. Die Faser ist ein guter Wärmeleiter. Daher fühlen sich Leinengewänder immer kühl an. Die Fasern sind geschmeidig und haben infolge der ungleichmäßigen Oberfläche gute Hafteigenschaften. Flachs ist kaum elastisch. Deshalb knittern Leinenfabrikate leicht.

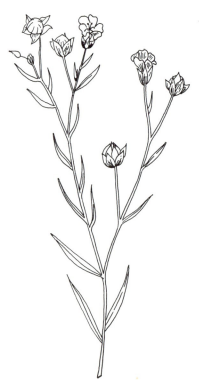

Wilder Flachs, Europa. Jahrhundertelange Züchtungen haben dazu geführt, daß die Pflanze lange Stengel hat und Verästelungen und Blüten nur an der Spitze sitzen. Das ergibt längere und feinere Fasern.

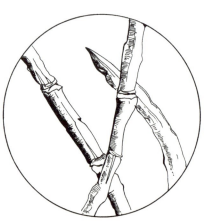

Unter dem Mikroskop sieht die Flachsfaser wie durchsichtiger Bambus aus. Sie hat eine ungleichmäßige Oberfläche mit gelenkartigen Verdickungen und enthält 70% Zellulose. Die einzelne Faser besteht aus einer Anzahl von Zellen bzw. Zellgruppen, die durch Pektine zusammengehalten werden.

Die Flachspflanze

Flachs gedeiht in allen gemäßigten Klimazonen. Er braucht leichten, sandigen Boden ohne Unkraut und viel Wasser. Bei wolkenreichem Wetter gedeiht er besser und reift in etwa drei Monaten. In mäßigem und kühlem Klima ist die Pflanze einjährig. Flachs wird zur Faser- und Samengewinnung angebaut, aber jeweils unterschiedlich behandelt. Flachsanbau für Samengewinnung ist in den Vereinigten Staaten weit verbreitet. Diese Pflanzensorten haben minderwertige, nahezu unbrauchbare Fasern. Zur Flachsfasergewinnung werden die Samen so dicht gesät, damit die Pflanzen bei möglichst geringer Zweigbildung lang und gerade hochwachsen. Die Pflanze besteht aus drei Teilen: der äußeren Rinde, dem inneren holzigen Mark, dessen Kanal fleischig, im trockenen Zustand aber hohl ist, und der Faserschicht, die lagenweise von der Wurzel bis zu den Blüten zwischen dem holzigen Mark und der Rinde liegt.

Die Pflanze wird bis zu einem Meter hoch, hat schmale Blätter und fünfblättrige blaue Blüten. Der Anblick eines vom Wind bewegten blühenden Flachsfeldes gehört zum Schönsten, was man sich denken kann. Zur Fasergewinnung werden die Pflanzen geerntet, bevor die Samen reif sind. Dadurch wird ein zu starkes Wachstum der holzigen Teile vermieden, und man erhält zarte Fasern. Die Pflanzen werden ausgerissen, »gerauft«, und nicht geschnitten, damit die Fasern so lang wie möglich sind, gebündelt und ein paar Tage zum Trocknen aufgehängt. Dann werden durch das sogenannte *Riffeln* (siehe Abbildung rechts) die Blätter und Samen entfernt. Danach sortiert man das Stroh und bündelt es in kleinere Bündel, die im Wasser untergetaucht werden. Diesen Vorgang bezeichnet man als *Rösten* oder *Rotten*. Geröstet wird am besten in fließenden Gewässern. Mit einsetzender Fermentierung werden die weichen Zellen der Rinde durch Bakterien zersetzt, und der Leim, der inneres Mark und Fasern verbindet, *verrottet*, was soviel bedeutet wie faulen. Die Faserzellen werden dabei nicht angegriffen, es sei denn, das Rotten dauert zu lange.

Riffeln. Eine Handvoll des geernteten Flachsstrohs wird durch die Eisenzähne des Riffelkammes gezogen. Dabei werden Blätter und Samen entfernt. Samen von reifen Pflanzen hebt man für die nächste Aussaat auf.

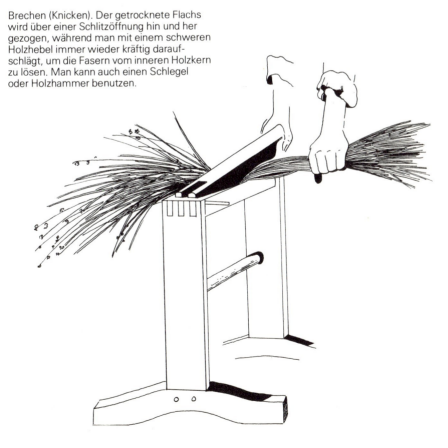

Brechen (Knicken). Der getrocknete Flachs wird über einer Schlitzöffnung hin und her gezogen, während man mit einem schweren Holzhebel immer wieder kräftig daraufschlägt, um die Fasern vom inneren Holzkern zu lösen. Man kann auch einen Schlegel oder Holzhammer benutzen.

Sowohl Temperatur wie chemische Zusammensetzung des Wassers beeinflussen die Farbe des Flachses. Warmes, weiches Wasser beschleunigt die Fermentierung bzw. das Rotten, kaltes Wasser verlangsamt den Prozeß. Das Rotten kann in stehendem oder fließendem Wasser vorgenommen werden oder durch Anfeuchten (Tauröste). In einigen Teilen Europas werden die Stengel bis zum Winter gelagert, und das Rotten geschieht im Schnee. Das Rotten dauert 2 bis 3 Wochen und ist – das braucht man nicht extra zu betonen – nicht angenehm, da die verrottenden Stengel Wasser und Luft verpesten. Der Vorgang ist beendet, wenn die Fasern sich leicht abziehen lassen.

Nach dem Rotten werden die Bündel in der Sonne ausgebreitet oder mitunter auch auf einem Gestell über niedrigem Feuer getrocknet. Trockener Flachs ist leicht brennbar. Früher gerieten häufig ganze Dörfer dadurch in Brand.

Nach dem Trocknen wird das brüchige Stroh entbündelt und so lange geschlagen, bis sich die Fasern lösen. Dazu benutzt man von alters her eine Handbreche (siehe Abbildung S. 161). Diese besteht aus zwei oder drei Holzleisten, in deren Zwischenräume Stäbe in Form eines einseitigen Hebels hineingedrückt werden. Wenn der Hebel auf die Flachshalme schlägt, wird das hölzerne Mark geknickt und fällt heraus, die Fasern aber biegen sich nur. Was nicht gleich herausfällt, wird mit einer hölzernen »Flachsschwinge« (Abbildung) herausgeschlagen. Beim »Schwingen« des Flachses werden die Fasern gleichzeitig parallel zueinander geordnet.

Schließlich und endlich werden die Fasern gekämmt, um das kurze »Werg« von dem langen glänzenden »Leinen« zu trennen. Diesen Vorgang bezeichnet man als »Hecheln«. Wir tun dasselbe, wenn wir einen Politiker »durchhecheln« – wir versuchen, das Sinnvolle seiner Rede vom Überflüssigen zu trennen. Die Flachshechel besteht gewöhnlich aus einem Holzblock mit mehreren Reihen hervorstehender Zinken. Man befestigt sie an einem Tisch oder an einer Bank. Meist benutzt man mehrere Hecheln von grob bis fein. Beim fortgesetzten Durchziehen bleibt über 70% des Flachses in den Zinken der Hechel hängen oder fällt zu Boden. Dies sogenannte Werg wird zu kurzfaserigem Garn versponnen. Die in der Hand zurückbleibenden langen Leinenfasern werden in Docken gelegt und schließlich zu feinem, sehr haltbarem und glänzendem Leinen versponnen.

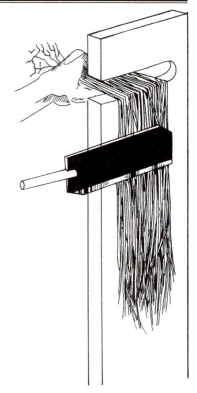

Schwingen. Dazu benutzte man eine gut befestigte, etwa einen Meter hohe, aufrecht stehende Holzbohle. Während mit der einen Hand das Stroh vor- und zurückgezogen wurde, bearbeitete man den Flachs mit der anderen mit dem sogenannten Schwingbeil.

Hecheln. Die hier abgebildete Flachshechel aus dem 18. Jahrhundert stammt aus der deutschen Kolonie in Pennsylvania. Die Flachshechel besteht gewöhnlich aus einem Stück Hartholz, 25 cm lang, 12 cm breit und 2,5 cm stark, und hat 100 oder mehr scharfe hervorstehende Zinken von 8–10 cm Länge. Die in Blech gestanzte und auf dem Holzpflock befestigte Inschrift zeugt von einer regionalen Tradition. Die Flachshechel war ein Symbol für die Bindung zwischen Mann und Frau. Sie wurde oft während der Verlobungszeit angefertigt und mit dem Namen von Braut und Bräutigam und dem Hochzeitsdatum versehen. Das erste Stadium der Flachsbearbeitung erfordert rohe Kraft. Ist der Flachs zum Hecheln aufbereitet, geht die Arbeit in zartere Hände über, die das Hecheln, Spinnen und Weben übernehmen.

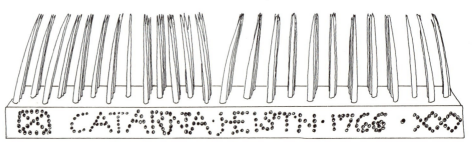

Das Spinnen von Flachs

Flachs ist wie alle Pflanzenfasern stabiler und leichter zu handhaben, wenn er feucht ist. Die Feuchtigkeit wirkt hier in ähnlicher Weise wie Öl bei Schafwolle und trägt dazu bei, daß die Faserenden besser aneinander haften und sich zum Faden verdrehen lassen. Trocken gesponnener Flachs ist haarig und uneben. Früher benutzte man Speichel zum Anfeuchten, und es gibt Hinweise in der Literatur auf Mundfäule als Folge des Flachsspinnens. Heute haben die meisten Spinner eine kleine Tasse Wasser neben sich. Einige Spinnräder enthalten sogar einen speziellen Platz für die Wasserschale. Beim Einlaufen der Drehung in die ausgezogenen Fasern läßt man sie zwischen Daumen und Zeigefinger laufen, und die angefeuchteten Faserenden fügen sich dabei mühelos ein.

Flachs kommt gewöhnlich in guter Qualität in Form von Werg, gekämmten Bändern oder als Leinen in den Handel. Oft stammt er aus Belgien oder Irland, wo Flachs noch immer für Handelszwecke angebaut wird. Werg kann mit Holzkarden kardiert oder unmittelbar versponnen werden. Die Fasern sind kurz und rauh und ergeben ein weniger haltbares Garn.

Am häufigsten ist Flachs in der Form erhältlich, wie er von Spinnereien gebraucht wird. Die Fasern sind zu Längen von 7,5 bis 13 cm geschnitten, kardiert und zu gekämmten Risten gelegt. Man kraust die Risten künstlich, damit sie nicht auseinandergleiten. Die Krause erleichtert das Spinnen auf Maschinen für Wolle und verliert sich, sobald die Fasern auseinandergezogen werden. Die Länge der Risten läßt sich entsprechend der gewünschten Garnstärke aufteilen, ansonsten sind sie spinnfertig. Wenn die Fasern vor dem Verschneiden von guter Qualität waren, lassen sie sich zu feinem glatten und haltbarem Garn verspinnen.

Leinenflachs (meist in Längen von 50 bis 75 cm) ist nichts für Anfänger. Er erfordert eine besondere Behandlung. Lange Fasern ergeben ein festes glänzendes Garn, aber sie verheddern sich leicht. Wenn sie zu lang sind zum Ausziehen, müssen sie auf besondere Weise gezogen werden, damit sie sich nicht verheddern.

Das Spinnen des Flachses vom Spinnrocken am Spinnrad. Ziehen Sie die Fasern aus dem Rocken, und lassen Sie sie durch das Spinnloch des Spinnrades laufen. Die rechte Hand glättet die Faser und kontrolliert die Drehung.

Seit der Römerzeit benutzt man Rocken, um die zu spinnenden Flachsfasern zu halten. Ob man ihn in der Hand hält, auf dem Spinnrad befestigt oder frei aufstellt, der Rocken muß sich immer links vom Spinner befinden. Zum Spinnen werden der linke Daumen und Zeigefinger angefeuchtet, und man zieht mit der linken Hand einige Fasern aus. Während man langsam das Rad mit dem Fuß antreibt, wechseln die rechte und linke Hand ab. Während die linke Hand vorsichtig die Fasern auszieht, glättet die rechte den Faden und verfolgt den Drall. Dann übernimmt sie ihn von der linken, während diese erneut angefeuchtet wird. Man muß aufpassen, daß die Drehung nicht zu hoch und in den Rocken hineinläuft. Die langen, feinen Fasern müssen vorsichtig und leicht gehandhabt werden. Nach einiger Zeit wird der Rocken gedreht, damit die Riste im Gleichgewicht bleibt. Die Bewegungen der Hände sind anders, wenn man mit gekämmtem Band oder Vorgarn spinnt. Die linke Hand zieht aus und nach unten; wenn sie nach hinten zieht, gibt es ein Wirrwarr. Viele alte Spinnräder sind speziell zum Flachsspinnen gebaut. Sie haben häufig einen angebauten Spinnrocken auf der linken Seite des Spinners. Aber man benutzt für Flachs auch hohe Bodenrocken oder Rocken, die unter dem Arm oder im Gürtel gehalten werden.

Bei einer der einfachsten Methoden des Spinnens von Leinenflachs nimmt man die Locke oder einen Teil davon, verknotet das Ende sicher, aber nicht zu fest, und hängt sie über dem Spinnloch nahe der linken Schulter auf. Dann zieht man die Fasern nach Bedarf aus. Der Flachs kann vom Ast eines Baumes, einem Dachsparren oder irgendeinem abseits stehenden Pfosten aus gezogen werden. Der Knoten am Ende muß von Zeit zu Zeit nachgezogen werden.

Leinenflachs läßt sich ohne Spinnrocken verspinnen, indem man das Faserband einfach in mehrere sehr dünne Risten teilt, so daß beim Spinnen nur ganz wenig Zug vonnöten ist. Die Hände arbeiten möglichst weit voneinander entfernt mit außergewöhnlich langem Faserdreieck, damit die langen Fasern spitz zulaufen.

Leinenflachs besteht aus langen Fasern, die zu feinen, haltbaren Leinenfäden versponnen werden. Um mit den langen Fasern besser umgehen zu können, wird der Flachs auf einen Spinnrocken gewickelt. Diesen kann man sich aus einem Ast herstellen, wobei man die Zweige wie auf unserer Abbildung zusammenfaßt. Die lockeren Fasern werden auf einer Tischplatte ausgelegt. Während man den Spinnrocken langsam dreht, werden einige Fasern dabei aufgenommen, und diese ziehen wieder andere nach. Man fährt mit dem Drehen fort, bis der Rocken voll ist und wie ein Kokon aussieht. Man kann den Spinnrocken unter dem Arm halten oder auf das Spinnrad aufsetzen.

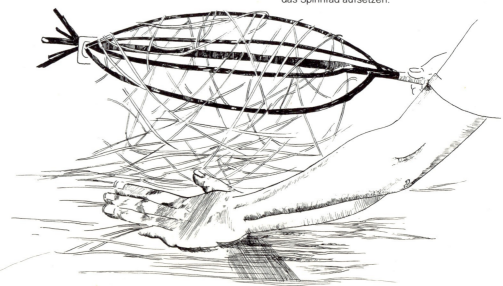

Spinnrocken für Flachs haben die verschiedensten Formen und Größen. Jeder der hier abgebildeten Rocken eignet sich zum Aufsetzen auf ein Spinnrad. Die langen Flachsfasern werden so locker darauf angeordnet, daß es dem Spinner möglich ist, immer gerade genügend zur Herstellung des Fadens herauszuziehen. Häufig benutzt man ein Seidenband zum Zusammenhalten der Fasern. Der dritte Rocken von oben wird Werggabel genannt. Die kurzen Flachsfasern, die beim Hecheln zurückbleiben – das Werg – werden zum Bündel zusammengedreht und von innen und außen um die Zinken des Wergrockens gelegt. Diese kurzen Fasern werden auf ähnliche Weise wie Wolle gesponnen, es sei denn, man bearbeitet die Fasern zur besseren Handhabung mit Wasser.

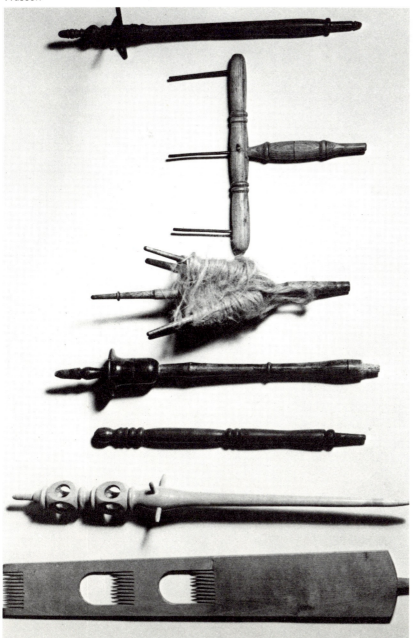

Nessel

Seit Jahrtausenden nutzt man die Fasern von den Stengeln verschiedener Nesselgewächse zum Spinnen. Ramie, auch Chinagras genannt, stammt vom Bast der *Bochmeria nivea*, einem asiatischen Waldgewächs mit breiten Blättern. Die Pflanze, die schon im alten China als Faserlieferant diente, wächst so schnell, daß die Stengel, die aus der Pfahlwurzel hochschießen, mindestens dreimal im Jahr geschnitten werden können. Die Stengel werden geschnitten, sobald sie ausgewachsen sind, und dann entblättert. Rohramie enthält Gummistoffe, die die Fasern zusammenhalten. Diese können durch chemische Einwirkungen (Pottasche) oder viel Handarbeit entfernt werden. Ramie ist kein wirtschaftlich rentabler Rohstoff, da die Fasern verschieden lang sind und geschnitten und sortiert werden müssen. Die Faser ist glänzend, rein weiß, von großer Festigkeit und Widerstandsfähigkeit gegen Schimmel, Hitze und Fäulnis. Ihre Dehnfähigkeit ist gering, und sie verspinnt sich zu einem ziemlich spröden Faden. Die Faserstruktur ist ähnlich wie beim Flachs, die Oberfläche ist jedoch glatter und regelmäßiger und hat infolge der besseren Oberflächenreflexion einen hohen Glanz. Dadurch sind die Hafteigenschaften geringer, und trotz der Länge und Feinheit der Fasern läßt sich kein feines Garn spinnen, weil die Fasern den Drall nicht halten. Gekämmte Ramie ist für Spinner im Handel erhältlich und kann wie gekämmtes Flachsband versponnen werden. Es fühlt sich sehr weich und seidig an, verspinnt sich aber bei feuchtem Spinnen zu einem ebenmäßigen, festen Faden.

Die große Brennessel *(Urtica Species)* kommt in den Vereinigten Staaten vor und dient auch hin und wieder als Faserlieferant. Die Faser wird in ähnlicher Weise wie beim Flachs aus dem Stengel der Pflanze gewonnen. Sie ist unempfindlich gegen Feuchtigkeit, lang und weich, dabei aber ziemlich dünn. Jede Pflanze wirft nur wenige brauchbare Fasern ab, was viel Arbeit bei wenig Ertrag bedeutet. Die Blätter der Pflanze sind mit Haaren bedeckt, die eine beißende Flüssigkeit absondern. Das macht das Pflücken und Handhaben der Pflanze besonders unangenehm.

Hanf

Hanf ist eine Bastfaser und wird auf gleiche Weise wie Flachs behandelt. Hanf war früher in Ägypten und in Mittel- und Westeuropa nicht bekannt. Sein Gebrauch breitete sich vom Kaspischen Meer ostwärts aus. In Indien und China wurde er schon sehr früh verwendet. Hanf gilt in Japan als die älteste kultivierte Textilpflanze und spielt eine Rolle in der frühen japanischen Mythologie. Heute wird er in gemäßigten und tropischen Zonen der ganzen Welt angebaut. Die besten Qualitäten kommen wie auch früher schon aus dem Orient. Hanf erreicht nicht die Feinheit der besseren Flachsqualitäten. Schon seit dem Mittelalter ist Hanfkleidung immer ein Zeichen für Armut gewesen. Hanf wird vornehmlich für Kord, Seilereierzeugnisse und rauhe Stoffe verwendet. Er ist von hellbrauner Farbe und läßt sich nicht bleichen, ohne daß die Fasern dabei Schaden nehmen. Im Vergleich zum Flachs ist Hanf eine robuste, widerstandsfähige Pflanze, deren Stengel 3,5 m und höher werden. Sie braucht längere Zeit zur Reifung (4 bis 5 Monate) und erfordert höhere Sommertemperaturen als Flachs, aber sie ist viel unempfindlicher. Außerdem laugt sie den Boden nicht in dem Maße aus wie Flachs. Hanf braucht weichen, feuchten, fruchtbaren Boden oder viel Düngemittel. Er läßt sich leicht anbauen, und wenn er sachgemäß angepflanzt ist, kann man ihn vergessen, bis er reif ist zum Schnitt. Die Pflanze wächst und entwickelt sich so schnell, daß Unkraut dagegen nicht aufkommen kann. Wird er zu dicht gepflanzt, werden die Stengel spindeldünn; pflanzt man ihn zu weit auseinander, so wuchert er aus, und die Fasern werden rauh. Im Unterschied zum Flachs gibt es beim Hanf männliche und weibliche Pflanzen. Die weibliche Pflanze ist stärker und robuster und wird später geerntet als die männliche, damit die Samen ausreifen können. Einige Leute empfinden das Ernten als unangenehm, weil die Pflanzen einen strengen Geruch haben. Blätter und Blüten werden getrocknet und als Marihuana geraucht. Aus diesem Grunde haben viele Regierungen den Anbau verbo-

Häusliche Szene, Schweiz, aus dem 16. Jahrhundert von Daniel Subold. Die Frau spinnt von einem Spinnrocken Flachs mit der Spindel, und der Mann und der Junge wickeln das gesponnene Garn auf Spulen.

ten. Hanf wird durch Schnitt geerntet und dann dem gleichen rigorosen Bearbeitungsprozeß unterworfen wie der Flachs. Das Rösten braucht länger: 10 Tage für die männliche, 3 Wochen für die weibliche Pflanze. Dabei wird das Rottwasser derart verseucht, daß es danach als Insektizid verwendet werden kann. Nach dem Knicken, Schwingen und Hecheln ist das Endprodukt im Vergleich zum Flachs steif, rauh und wenig biegsam. Von der Struktur her ähnelt Hanf dem Flachs, dessen gelenkartige Verdickungen die Drehung beim Spinnen gut annehmen. Die Fasern gehören zu den festesten Naturfasern und sind sehr widerstandsfähig gegen Wasser. Hanf kommt gewöhnlich in Risten in den Handel und wird wie kurzfaseriger Flachs gesponnen.

Jute

Jute ist eine weitere Bastfaser. Die Pflanze gehört zur Gattung der *Corchorus* und wird in verschiedenen Arten kultiviert. Sie wird seit Jahrhunderten in Indien angepflanzt. Ihre massige, minderwertige, glänzende Faser hat von jeher für rauhe, grobe Kleidung und Gebrauchsgüter wie Säcke und Packmaterial Verwendung gefunden. Der Anbau in Indien und Pakistan ist so billig, daß sie sonst nirgends für Handelszwecke angebaut wird. Für ein gutes Wachstum benötigt die Pflanze viel Feuchtigkeit und Licht. Sie erreicht eine Höhe von 2 bis 4 m und enthält dicke, aus 6 bis 20 Einzelfasern bestehende Faserbündel, zweimal bis fünfmal so viel wie die Flachspflanze. Wenn sie nicht vor dem Fruchtansatz geerntet wird, vermindert sich die Faserqualität. Jute wird in gleicher Weise geröstet und abgezogen wie Flachs. Die Faserzöpfe sind unterschiedlich lang und werden zum Verspinnen meist auf etwa 75 cm verkürzt. Jute hat eine harte glatte Oberfläche ohne die zum Spinnen guter Fäden notwendigen Unebenheiten. Außerdem ist sie etwas holzig und folglich hart und scharf für die Hände. Sie hat einen schönen Glanz, der viele Spinner und Weber begeistert. Da sie billig ist, kann sie für dekorative Zwecke und Wandteppiche zu dickeren glänzenden Garnen versponnen werden. Man kann sie auch erst kardieren und dann spinnen und daraus ein haariges Garn herstellen. Wenn die Fasern vor dem Kardieren mit Öl oder Wasser geschmeidig gemacht werden, lassen Sie sich leichter spinnen, und man erzielt einen weichen glatten Faden. Die Fasern sind nicht elastisch und nicht sehr haltbar – sie zerfallen schnell, wenn sie Feuchtigkeit ausgesetzt werden. Daher ist Jute ungeeignet für viele Dinge, außer für dekorativen oder kurzzeitigen Gebrauch.

Als Hanf werden viele Faserarten bezeichnet, die vom Innern der Stengel verschiedener Pflanzen von ähnlichem Aussehen und ähnlichen Eigenschaften stammen. Die Hauptpflanze *Cannabis sativa* ist in Asien beheimatet und wird 2 bis 5 m hoch.

Die Jutepflanze erreicht eine Höhe von 3 bis 5 m, und ihr Stengel hat ein dickes faseriges Mark, aus dem zwei- bis fünfmal soviel Fasern gewonnen werden wie aus der Flachspflanze. Im Vergleich zum Flachs ist die Faser grob und rauh.

Blattfasern

Blattfasern entstammen dem Inneren von fleischigen, langen Blättern. Es handelt sich gewöhnlich um lange, harte, widerstandsfähige Fasern, die man durch das Abschälen der äußeren Blattlagen freilegt, das Innere herauskratzt und die Fasern dann abzieht. Man benutzt sie meist für Seilereierzeugnisse und Körbe. Blattfasern sind dichter und steifer als Bastfasern. Sie verspinnen sich zu rauhen Fäden und lassen sich am besten unter Gebrauch von Wasser verspinnen. Man kann sie wie beim Leinenflachs aus der aufgehängten Docke ziehen oder zuerst schneiden und dann spinnen. Kürzere Fasern können auch kardiert werden.

Die häufigsten Blattfasern sind die Fasern von Agavenarten, vornehmlich aus Mexiko, die meist als Sisal bezeichnet werden, Abaka von der Faserbanane, die in den Philippinen beheimatet und unter dem Namen Manila-Hanf bekannt ist, und außerdem der Neuseeland-Flachs. Die Blattfasern des Neuseeland-Flachses wurden von den Maoris lange vor der Einwanderung der Weißen in Neuseeland genutzt. Heutzutage wird die Pflanze in großem Umfang in Kalifornien angebaut. Auch die Blätter der Ananaspflanze liefern feine glänzende Fasern, ebenso die Palme *Raphia pedunculata*, die auch in der Textilherstellung verwendet werden.

Viele Spinner sind gar nicht mehr so am Spinnen von feinen weichen und tadellosen Fäden interessiert, sondern bevorzugen mehr rauhe Fasern, aus denen steife, stark strukturierte Garne entstehen, die Gestaltung und Stabilität von Tapisserien erhöhen und neue Impulse und Abwechslung bringen. Viele der minderwertigeren Pflanzenfasern bilden ein Reservoir, das von den Spinnern noch nicht erschlossen wurde. Die Verwendung dieser Fasern erfordert entweder Spinnräder mit großem Spinnloch oder ein Spulenrad, weil die steifen, unflexiblen Fasern in den Flügelhaken der Spinnflügelräder hängenbleiben. Das Spinnen dieser starken Fasern erfordert ein sehr robustes Rad, das die Kraft und Energie liefert, den Drall in die derben Garne zu treiben.

Die Blätter der *Yucca gloriosa* (Prachtaloe) sind die Hauptlieferanten der Agavenfasern. Die Blätter werden in einem Zeitraum von zwölf Jahren periodisch geschnitten. Die Faser ist bekannt unter der Bezeichnung Sisal oder Yuccasisal. Sie wird aus dem Blattinneren herausgekratzt und ist hellgold.

Aus der *Musa textilis* wird eine weitere Pflanzenfaser, die Abaka oder der Manilahanf gewonnen. Sie gehört zur Familie der Bananengewächse *(Musaceae)* und ist auf den Philippinen beheimatet. Die aus einem kurzen Wurzelstock entspringenden Schößlinge wachsen zu Trieben von 3 bis 8 m Höhe an. Die Faser ist grob und kräftig und gegen Süß- und Salzwasser widerstandsfähig.

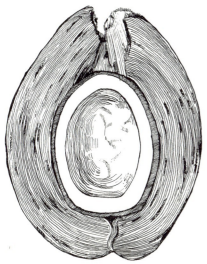

Die Schale der Kokosnuß enthält eine rotbraune rauhe Faser von unterschiedlicher Stärke, die nicht fault. Die Schalen werden von der Nuß entfernt und zum Rotten meist für 5 bis 6 Monate in Salzwasser eingeweicht, dann getrocknet und geschlagen. Aus den Fasern läßt sich nur sehr rauhes steifes Tau spinnen. Auch aus der Rinde des Baumes werden Fasern gewonnen.

Seide 9

Seide ist eine Faser mit langer Tradition – luxuriös, geheimnisvoll, ehrfurchtgebietend und immer Symbol und Merkmal der Mächtigen und Reichen. Seidenfäden sind das Produkt eines niederen Wurmes. Die komplizierte Prozedur, die notwendig ist, um den von der Raupe abgesonderten feinen und fortlaufenden Faden in Gewänder von Kaisern und Königen zu verwandeln, ist gleichermaßen technisch kompliziert wie geschichtlich interessant.

Seide tritt zunächst als Absonderung der Raupe in Erscheinung, wenn sie sich zum Schutz in den Kokon einspinnt, der sie während der Verpuppung oder im Stadium der Verwandlung umgibt. Alle echten Seidenraupen gehören zur Gattung der Schmetterlinge *(Lepidopteren)*. Der Seiden- oder Maulbeerspinner *(Bombyx mori)* ist der für die Seidengewinnung bedeutsamste. Diese Seidenraupe ist in ihrer heutigen Form ein reines Zuchtprodukt und bedarf der menschlichen Betreuung vom Zeitpunkt der Eiablage bis daß die Kokons fertig sind zum Abhaspeln oder Spinnen. *Bombyx mori* lebt kaum zwei Monate, während derer sie eine vollständige Metamorphose vom Ei zur Raupe, dann zur Puppe und schließlich zum Falter durchmacht. Die Überzüchtung der *Bombyx mori* geht so weit, daß sie als Raupe sich kaum fortbewegt und als Falter flugunfähig ist. Ohne die ständige Betreuung durch den Menschen würde die Art aussterben.

Die Eier sind im Handel erhältlich, und die Seidenraupen eignen sich vorzüglich zur Beobachtung. Die Aufzucht von Seidenraupen ist zudem eine Möglichkeit, Fasern zu produzieren. Und die Seidenraupen benötigen nur zweierlei: ständige Betreuung und Maulbeerblätter.

Seide, die als fortlaufender Faden von intakten Kokons abgewickelt wird, wird nicht im üblichen Sinne des Wortes gesponnen, sondern nur gedreht, um die Festigkeit zu erhöhen. Beschädigte Kokons jedoch und Teile, die beim Haspeln übrigbleiben, werden zu kurzen Fasern gebrochen, die zunächst denselben Reinigungs- und Kämmprozessen unterworfen werden wie bei der Bearbeitung von Wolle und Baumwolle, und dann zu Seide gesponnen. Der Handspinner kann die sogenannte Flockseide wie auch die »Wildseide« von wilden Seidenraupen im Spinnbedarfshandel kaufen und verspinnen.

Es gibt außer der *Bombyx mori* noch viele weitere Raupen, die wichtige Seidenproduzenten sind. Diese lassen sich jedoch nicht züchten, sondern leben wild in freier Natur und bauen ihre Kokons an Plätzen wie Eichen, Rizinussträuchern, Kirsch- und Maulbeerbäumen. Ihre Seide ist unter der Bezeichnung Wild- oder Tussahseide bekannt. Wildseide ist kräftiger, rauher und nicht so weich und glänzend wie Zuchtseide. Sie ist von Natur honigfarben und von großer Schönheit. Handspinner loben sie sehr und finden an den schillernden feinen Farbtönen besonderen Gefallen.

In diesem Kapitel wollen wir dem Geheimnis der Seide auf die Spur kommen, in die Tradition dieser kostbaren feinen Faser eindringen und fachliche Hinweise zur Aufzucht und Pflege von Seidenraupen daheim oder in der Schule geben.

Der Seidenspinner (oben) ist ca. 2,5 cm lang und von weißlicher Farbe. Der weibliche Falter ist größer als der männliche.

Die ausgewachsene Seidenraupe (links) hat dreizehn Glieder und einen kleinen Kopf mit Fühlern und sechs Augenpaaren. Ihr Maul in der Mitte des Kopfes (rechts) enthält scharfe Zähne zum Verzehr der Maulbeerblätter. Unter dem Maul befindet sich ein langer Höcker, Spinner genannt, durch den beim Spinnen des Kokons die Seidenflüssigkeit ausgepreßt wird.

Anne Blinks mit Flat, einer Kreuzung aus einem schwarzen Corriedale und einem Lincolnschaf. Er hat ein schweres lockeres Vlies mit etwas Glanz.

Eine Herde von weißen und schwarzen Schafen. Gloria Adamson aus North California hat sie speziell im Hinblick darauf gezüchtet, Qualitätsvlies zum Handspinnen zu liefern. Viele Spinner meinen, daß ein natürliches schwarzes Vlies und sorgfältiges und kontrolliertes Spinnen nicht voneinander zu trennen sind. Die Suche nach geeigneter Schur hat viele dazu veranlaßt, selbst in kleinem Rahmen Schafzucht zu betreiben.

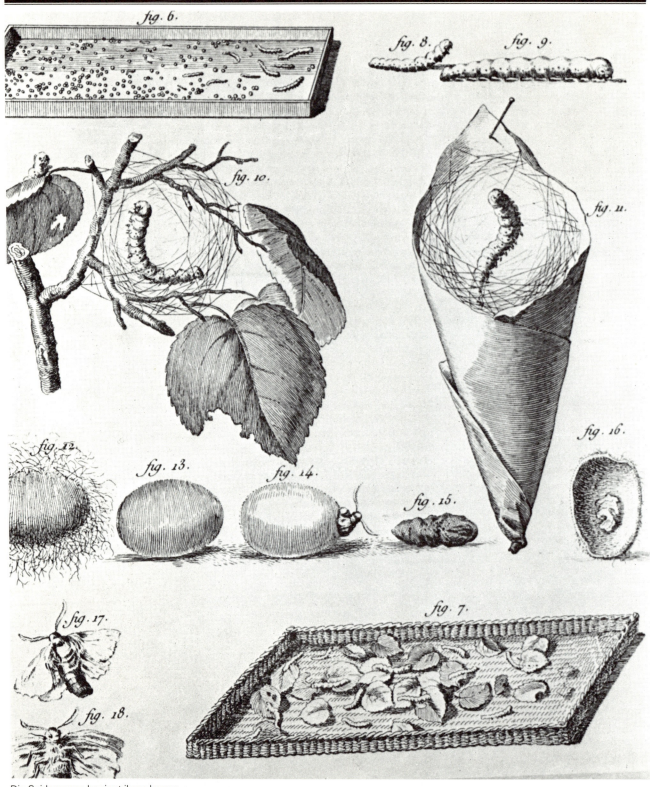

Die Seidenraupe beginnt ihren kurzen Lebenszyklus als kleines Ei und wächst schnell zu einer großen Raupe heran, die sich einen Schutzmantel aus Seide spinnt, den Kokon. Die Raupe verwandelt sich im Innern des Kokons in einen Falter, der den Kokon verläßt, um sich zu paaren und Eier zu legen.

Geschichte

Von Anfang an war Seide in China eine Luxusfaser, die Hand und Auge erregte und an Schönheit und Anziehungskraft alles andere übertraf. Die Seidenindustrie hat ihren Ursprung im alten China und geht bis auf das Jahr 1640 v.Chr. zurück. Ihr Ursprung und ihre Bedeutung ist eng mit der Mythologie und Tradition verwoben. Zeitweilig war die brillante kostbare Faser ausschließlich dem Kaiser vorbehalten, und noch viel länger wurde sie nur von den vornehmsten Geschlechtern benutzt. Die Chinesen bewahrten das Geheimnis der Seide gut und hielten über Jahrtausende das Monopol der Seidenherstellung. Seide war immer ein wichtiger Handelsartikel, und in China wurde Seide oft mit Steuern belegt. Seide wurde auch zum Tauschobjekt. Um 126 v.Chr. brachten die Tataren Seide mit Karawanen über das Gebirge und durch die Wüste auf der sogenannten Seidenstraße nach Persien, Syrien und Arabien. Diese älteste Handelsstraße der damaligen Welt war fast 10 000 km lang. Kaufleute aus Europa und Arabien tauschten Seide in Damaskus ein, wo sie an Kostbarkeit dem Golde ebenbürtig war.

Zu Beginn der christlichen Zeitrechnung war Rohseide aus dem Orient ein sehr begehrter und teurer Artikel. In dieser und der nachfolgenden Zeit wurde Kleidung für den täglichen Gebrauch in Familien und Sippen von denen hergestellt, die sie trugen. Seide, leicht, farbenfroh, glanzvoll, war sehr begehrt als Zeichen von Einfluß, Wohlstand und Ansehen.

In der frühen Zeit der Christianisierung hielt die Seidenraupenzucht Einzug zuerst in Japan und dann allmählich über Zentralasien in Persien und in der Türkei. Im 13. Jahrhundert gab es Seidenzentren in Griechenland, Sizilien, Italien, Spanien, Frankreich und Rußland. Seide wurde mit den *Bombyx mori* in alle Erdteile gebracht. In einigen Ländern war das Klima für Maulbeerbäume ungeeignet, anderenorts fanden sich für keinen Preis Arbeitskräfte für die mühsame und Fachkenntnisse erfordernde Arbeit. Seidenraupen kamen durch Cortes 1531 auch nach Mexiko, aber im 17. Jahrhundert ging die Seidenindustrie dort zugrunde.

König Johann I. bemühte sich sehr um eine Seidenindustrie in England, blieb aber erfolglos; zum Teil weil die Maulbeerbäume im englischen Klima nicht gediehen, aber auch aus kaufmännischen und politischen Gründen. Er sandte Anfang des 17. Jahrhunderts Schiffsladungen mit Eiern und Bäumen nach Amerika in der Hoffnung, daß die Seidenraupenzucht den Anbau des »verderblichen und widerlichen Unkrauts Tabak« ersetzen würde.

Aber während die Seidenindustrie in den Zentren Byzanz, Italien und Frankreich florierte, faßte sie in Amerika nie festen Fuß. Die mühsame, zeitraubende Arbeit, die billige, aber erfahrene Arbeitskräfte erforderte, konnte in Amerika nicht heimisch werden. Bis zum heutigen Tage ist Japan Hauptproduzent und Hauptverbraucher an Seide. Japanische Technologie und Bevölkerungsstruktur sowie die alte Tradition und deren Verankerung in den Familien gewährleisten den wirtschaftlichen Erfolg der Seidenraupenzucht in diesem Land.

Tussah- oder Wildseide auf dem Ashford-Spinnrad. Der Webstuhl im Hintergrund ist mit Kettfäden aus handgesponnener Seide für eine drei Meter breite Decke bespannt.

Besondere Eigenschaften der Seide

Seide hat im Unterschied zu Wolle und Baumwolle keine zellartige Struktur. Ihr langer, fortlaufender feiner Kokonfaden besteht fast völlig aus Protein. Obgleich Seide nicht auf dem Körper eines Tieres wächst, ist sie im Grunde genommen auch eine Art Schutzmantel, ein natürlicher Isolator, der sich bei jeder Temperatur angenehm trägt. Seide besitzt große Zugfestigkeit und gute Elastizität. Sie ist am haltbarsten und im einzelnen Faden am leichtesten von allen Naturfasern. Die Zugfestigkeit von Seide gleicht derjenigen von Stahl. Die am meisten bestechende physikalische Eigenschaft der Seide ist neben Feinheit und Festigkeit ihr hoher Glanz. Seide ist eine sehr schmiegsame saubere Faser, die Staub, Schmutz oder Feuchtigkeit nicht leicht annimmt und daher gut zu pflegen ist. Sie ist schwer entflammbar, knittert nicht, fällt schön und läßt sich gut färben. In der Romanliteratur finden sich häufig Anspielungen auf die Transparenz von Seide und wie sie den Körper umschmeichelt. Kaiser Augustus verbot im Jahre 14 n. Chr. Männern das Tragen von Seide mit der Begründung, »Seide erniedrigt den Mann«.

Ungehaspelte Seide wird in bequem zu spinnende Faserlängen zugeschnitten. Aber je kürzer die Faserenden, desto geringer sind Haltbarkeit, Glanz und Feinheit des gesponnenen Garnes. Die Kombination von Festigkeit (die eine dünne Stoffqualität ermöglicht), Elastizität und Schimmer sowie ihre Seltenheit und Kostbarkeit machen das Besondere der Seidenfaser aus.

Seidenraupenzucht in China und Japan

Die Seidenraupenzucht spielt in der chinesischen und japanischen Geschichte eine sehr wichtige Rolle und findet in der Literatur und Kunst dieser Länder entsprechende Beachtung.

In jedem Frühjahr, noch bevor die ersten Eier ausgebrütet sind, finden Zeremonien statt, bei denen der besondere Segen für eine gute Ernte erfleht wird. Die Fotos einer Reihe von Holzschnitten des Japaners Kitagawa Utamaro (1753–1806) zeigen anschaulich die einzelnen Arbeitsgänge bei der Seidenraupenzucht (S. 177 bis 179).

Die Aufzucht von Seidenraupen in kleinem Umfang

Seidenraupen lassen sich überall leicht züchten, wo es Maulbeerbäume gibt. Viele züchten Seidenraupen, um einen Einblick in das Leben dieses unglaublichen Insekts zu bekommen; andere züchten sie zur Gewinnung der Seidenfäden, die gehaspelt oder versponnen werden können. Viele Spinner, die nicht die Möglichkeit haben, Schafe zu halten oder Flachs oder Baumwolle anzupflanzen, züchten Seidenraupen. Dies ist eine Möglichkeit, sich mit dem Ursprung einer Faser vertraut zu machen. Das ganze Verfahren dauert kaum zwei Monate und kann leicht zu Hause oder in einem Klassenzimmer abgewickelt werden. Die Aufzucht der Seidenraupen in kleinem Umfang erfordert keine besondere Ausstattung und verursacht kaum Unkosten. In einer Zeit, wo man alles vom Handel oder Großhandel beziehen kann, ist es mitunter reizvoll, sich an die Wunder der Schöpfung zu erinnern. Ich kann mir dafür keine bessere Gelegenheit denken als die Beobachtung der Seidenraupe.

In ihrem kurzen Leben macht die Seidenraupe eine vollständige Metamorphose durch: vom Ei zur Raupe, von der Raupe zur Puppe, von der Puppe zum Falter. Nachdem die Eier ausgebrütet sind, häutet sich die Raupe viermal, weil innerhalb weniger Tage die Körperdecke zu eng wird, da sie ihr Gewicht um das 10 000fache vergrößert. Johannes Chrysostomus, Patriarch von Konstantinopel von 398–404 n. Chr., beschrieb die Entwicklung der Seidenraupe sehr genau, weil die Verwandlungen dieses Tieres ihm eine exakte Analogie zur Transformation der menschlichen Seele zu sein schienen.

Der Zyklus der Seidengewinnung beginnt im Frühjahr, wenn die Maulbeerbäume wieder voller Blätter sind. Nach den ersten Vorbereitungen werden die Eier des Vorjahres ausgegraben. (Im vorausgegangenen Herbst wurden sie getrocknet, mit Asche bestreut, in Papier eingerollt und eingegraben, so daß die Kälte des Bodens sie am vorzeitigen Ausschlüpfen hinderte.) Die Papierbögen werden nun aufgerollt, und die Asche wird mit einer Feder entfernt. Dann wäscht man die Eier in kaltem Wasser – befruchtete Eier sinken in kaltem Wasser unter, während die unbefruchteten oben schwimmen. Die befruchteten Eier werden zum Ausschlüpfen an einen warmen Platz gebracht. In manchen Gegenden nutzte man die Körperwärme zum Ausbrüten – man nähte kleine Beutel mit Seidenraupeneiern in die Mäntel der Kinder und schickte sie damit zur Schule.
Holzschnitt-Serie von Kitagawa Utamaro, 1753–1806.

Während die Eier ausgebrütet werden, pflückt man junge Blätter und Knospen von Maulbeerbäumen. Dieser in China beheimatete Baum gedeiht auch in vielen anderen Teilen der Welt. Da die Seidenraupen sehr wählerisch sind und ältere, härtere Blätter nicht fressen, dürfen nur frische zarte Blätter gepflückt werden.

Die Maulbeerblätter werden zerkleinert und neben den Raupen auf Stiegen ausgebreitet. Die ausschlüpfenden Raupen brauchen nicht nur Maulbeerblätter, sonder auch Wärme, Trockenheit, Ruhe und Sauberkeit. Über die Stiegen spannt man Netze mit zerkleinerten Blättern. Die frisch ausgeschlüpften Raupen klettern zu den Blättern hinauf und werden von dort auf saubere Stiegen versetzt. Das Füttern setzt unmittelbar nach dem Ausschlüpfen ein. Von da an brauchen die Raupen ständige Pflege und Aufmerksamkeit.

Während die Raupen sehr schnell von der Größe eines Stecknadelkopfes bis zu etwa 8 cm Länge heranwachsen, werden sie von Stiege zu Stiege versetzt. Für die heranwachsenden Raupen braucht man auch immer mehr Maulbeerblätter.

Nach etwa 30 Tagen hören die Raupen auf zu fressen und verhalten sich reglos. Bald darauf setzt die Kokonbildung ein. Jetzt werden sie auf Bambusgitter gelegt, die mit Reisstroh bedeckt sind. Das Reisstroh bietet den Raupen Ansatzpunkte für ihre Kokons. Jede Raupe findet eine bequeme Stelle und beginnt, ihren Seidenkokon zu spinnen.

Das Puppenstadium dauert 15 bis 17 Tage. In dieser Zeit verwandelt sich die Raupe in einen Schmetterling. Einige der Kokons werden zur Zucht ausgewählt, aber die meisten der Puppen werden durch Hitzeeinwirkung getötet. Damit wird verhindert, daß die Falter ausschlüpfen und dabei den fortlaufenden Kokonfaden zerreißen.

Um mit der Zucht beginnen zu können, braucht man erst einmal Eier. Adressen und Bezugsquellen sind am Ende des Buches zu finden. Es dauert etwa 30 Tage vom Ausschlüpfen der Eier, bis die Kokons für den Spinngebrauch fertig sind. Die Eier und Raupen müssen mit äußerster Sorgfalt und Behutsamkeit behandelt werden. Halten Sie sie vornehmlich im Dunkeln, und schützen Sie sie vor direkter Sonneneinstrahlung, vor Zugluft und zuviel Feuchtigkeit. Achten Sie darauf, daß die Umgebung sauber ist, und versuchen Sie, gleichbleibende Temperaturen zu halten. Maulbeerblätter sind natürlich unentbehrlich. Die Raupen sind wählerisch und nehmen keinerlei Ersatz an. Für Ihren ersten Versuch nehmen Sie zunächst nur wenige Eier, etwa 20 oder 30. Der Zyklus läuft ab wie ein Uhrwerk. Führen Sie daher sorgfältig Buch über Wachstum und alle Vorgänge.

Bis Sie alles vorbereitet haben, halten Sie die Eier in einem luftdichten Behälter im Gemüsefach des (Kühlschrankes 5 bis 7 °C). Zunächst nehmen Sie einen kleinen Plastikbehälter mit Deckel, bedecken den Boden mit einem Papierhandtuch und legen die Eier darauf. In besonders trockenen Räumen brauchen die Eier etwas Feuchtigkeitszufuhr. Dazu nehmen Sie ein kleines Stück Aluminiumfolie und legen etwas feuchte Watte darauf. Dies tun sie in die Schachtel neben die Eier. Wenn Sie die Eier bei 21 °C und ca. 85 % Luftfeuchtigkeit halten, sollten die Raupen nach 8 bis 12 Tagen ausschlüpfen. Die Brutzeit kann jedoch zwischen einigen Tagen und einem Monat variieren. Achten Sie darauf, daß Sie den Deckel so daraufton, daß Luft zirkulieren kann, damit Blätter und Watte nicht zu schnell austrocknen. Die frisch ausgeschlüpften Raupen sind schwarz und behaart und beginnen sofort zu fressen. Zum Füttern weichen Sie die Maulbeerblätter in Wasser, bis sie aufschwellen, dann waschen und trocknen Sie sie. Die Blätter halten sich im Kühlschrank (Gemüsefach) bis zu einer Woche. Die frisch ausgeschlüpften Raupen brauchen junge zarte Blattspitzen. Wenn sie an Größe zugenommen haben, fressen die Raupen auch zähere Teile und schließlich die ganzen Blätter. In dieser ersten Zeit sollten Sie den Raupen alle vier Stunden frische Blattspitzen geben. Blätter, die nicht gefressen wurden, sollten beseitigt, und das Papierhandtuch sollte regelmäßig gewechselt werden. Zum Auswechseln der Papierhandtücher geben Sie ein frisches zartes Maulbeerblatt neben die ausschlüpfenden Raupen. Dann krabbeln die Raupen auf das Blatt, und das Handtuch kann gewechselt werden. Das erste Raupenstadium dauert vier Tage vom Ausschlüpfen bis zur ersten Häutung. Dann werden die Raupen sehr ruhig und hören für 14 bis 20 Stunden auf zu fressen. Wenn sie wieder aktiv werden, werfen sie die schwarze Haut ab. Die neue Haut ist etwas heller.

Das zweite Raupenstadium zwischen der ersten und zweiten Häutung dauert 3 bis 5 Tage. Behalten Sie die gleiche Temperatur und Luftfeuchtigkeit bei wie zuvor. Während die Raupen wachsen, wird ihre Haut straff gedehnt. Am Ende dieses Stadiums hören sie wieder mit dem Fressen auf und verhalten sich bis zur erneuten Häutung ganz ruhig. Das dritte Raupenstadium zwischen der zweiten und dritten Häutung dauert etwa 4 Tage. Ideal ist es, wenn jetzt die Temperatur etwa auf 25 °C und die Luftfeuchtigkeit etwas geringer als 80 % gehalten wird. In diesem Stadium wachsen die Raupen rapide. Sie brauchen nun größere oder mehr Behälter, und Sie können größere und zähere Blätter verfüttern. Die Papierhandtücher müssen täglich gewechselt werden, und unverzehrte Blätter und Ausscheidungen müssen entfernt werden. Das dritte Stadium dauert gewöhnlich länger als das zweite. Das vierte Raupenstadium dauert 4 bis 5 Tage. Die ideale Temperatur ist 24 °C bei 70 % Luftfeuchtigkeit. Am Ende dieser Periode treten die Raupen in die längste Ruhezeit ein, die etwa 40 Stunden dauert. Danach häuten sie sich zum vierten Male. Dann beginnt das letzte Stadium des Raupenwachstums, das etwa 7 Tage andauert. Währenddessen sollte die Temperatur auf 22 °C gesenkt werden bei einer Luftfeuchtigkeit von 70 %. Die feuchte Watte ist nun nicht mehr erforderlich. Die Raupen verzehren die Blätter gierig und müssen fortwährend gefüttert werden. Der Körper der ausgewachsenen Raupe ist fast weiß. Er ist etwa 7,5 cm lang und besteht neben dem Kopf noch aus 13 Segmenten. Bevor die Raupen anfangen, Kokons zu spinnen, hören sie auf zu fressen und werden ganz ruhig. Sie färben sich hell bernsteinfarben und werden fast durchsichtig. Die Rillen zwischen den einzelnen Segmenten treten deutlicher zutage, und die Körper werden kürzer. Wenn sie anfangen, mit den Köpfen zu wedeln, sind sie spinnbereit.

In den frühen Entwicklungsstadien der Seidenraupe nimmt der Verdauungstrakt den größten Teil des Körpers ein. Die Spinndrüsen, die das Material für den Seidenfaden produzieren, befinden sich unmittelbar unter dem Verdauungstrakt an beiden Seiten der Raupe. Während die Raupe frißt und wächst, schwellen die Seidendrüsen an und nehmen mehr und mehr vom Körper ein. Sie füllen sich mit der Flüssigkeit, die sie später als Seide ausstoßen. Der Hauptbestandteil der Seide, ein Protein mit dem Namen Fibroin, wird im hinteren Teil der Drüsen gebildet. Von dort gelangt die Flüssigkeit in den Mittelteil der Drüse, wo sie von einer klebrigen, gummiartigen Substanz, Serizin genannt, umflossen wird. Diese Substanz fließt nun in den am Kopf der Raupe befindlichen vorderen Abschnitt der Drüsen. Dann fließen aus beiden Drüsen die weichen Elementarfäden, die aus einem Fibroinkern mit einer Serizinummantelung bestehen, in das Spinnorgan, die sogenannte Spinnwarze. Aus der Spinnwarze werden beide Fäden zusammen als ein einziger Seidenfaden herausgepreßt, der an der offenen Luft schnell erhärtet. Die Serizinumhüllung trägt dazu bei, daß der Kokon in Form gehalten wird.

Ein Eierkarton ist der ideale Platz zum Kokonspinnen. Wenn die Seidenraupen spinnbereit sind, setzen wir jeweils eine in ein Eierfach. Für den Fall, daß sie noch fressen will, legen wir ein Maulbeerblatt dazu. Zum Schutze der Raupen und damit sie am Platz bleiben, können Sie lose ein Wachspapier darüberlegen. Man kann auch saubere Plastikbehälter mit Kästchen oder Fächern benutzen. Vergessen Sie nicht, von jeder Raupe das Datum zu notieren, wann sie mit dem Spinnen beginnt.

Während des Spinnens bewegt die Raupe den Kopf in achterförmigen Bewegungen. Zuerst spinnt sie die Verankerungsfäden, dann über etwa 12 Stunden eine dünne Kokonwandung. Zu diesem Zeitpunkt scheidet sie Urin und Exkremente aus. Dann spinnt sie etwa 60 bis 70 Stunden ohne Unterbrechung weiter, bis ein harter, fester Kokon entstanden ist. Dieser besteht aus drei Fadenschichten. Die äußere, wirre Fadenschicht liefert Flockseide, die nächste Schicht etwa 900 m gleichmäßigen Faden, die innere Schicht keinen gleichmäßigen Faden. Zu große Luftfeuchtigkeit und Temperaturen über 36 °C während des Spinnens ergeben Kokons, die sich schwer abhaspeln lassen. Die Kokons sind weiß, goldgelb, beige oder andersfarbig – je nach Art der Raupen. Jeder Kokon bildet eine harte kompakte Kapsel, die manchmal in der Mitte eine Einschnürung hat. Sie ist viel kürzer, als die Seidenraupe ursprünglich lang war. Sie mißt meist ca. 3 1/2 cm in der Länge und 2 cm in der Breite. Nach Fertigstellung des Kokons beginnt sich die Raupe in eine Puppe zu verwandeln und wirft im Innern des Kokons ihre Haut ab. Die Verpuppung dauert etwa 15 Tage. Während der ersten 10 Tage sollten die Kokons nicht berührt werden. In dieser Zeit verhärtet sich die Haut. Wenn die Kokons berührt würden, könnten sie verletzt werden, und das Blut würde den Kokon beschmutzen. Nach 10 Tagen wählen Sie die besten Kokons zur Brut aus. Natürlich braucht man sowohl männliche wie auch weibliche Falter zur Eiproduktion; männliche haben gewöhnlich kleinere Kokons. Da die weiblichen viele hundert Eier legen, braucht man nur wenige Kokons für die Brut fortzunehmen. Die übrigen Kokons werden mit Hitze behandelt, damit die Puppen absterben. Ließe man sie am Leben, würden sie sich in Falter verwandeln und beim Ausschlüpfen den fortlaufenden Kokonfaden zerstören. Halten Sie die Kokons insgesamt 13 Tage bei Zimmertemperatur, angefangen vom Spinnbeginn jeder einzelnen Raupe.

Dann breiten Sie die Kokons über einer dicken Unterlage von Zeitungspapier auf einem Backblech aus und erhitzen sie in einem Herd über drei Stunden auf 100–110 °C. Nach dieser Wärmebehandlung lassen Sie die Kokons abkühlen und tun sie bis zur weiteren Verarbeitung in einen Plastikbeutel. Bei Zimmertemperatur lassen sich die Kokons lange Zeit gut aufbewahren. Nach der dreizehntätigen Spinnperiode kann man die Kokons auch für kurze Zeit im Kühlschrank halten, bis die übrigen Kokons fertig sind. Dann können Sie alle für 10 Minuten in einen Topf mit kochendem Wasser tauchen und sofort abhaspeln. Das heiße Wasser tötet die Puppen ab.

Wenn für die Brutfalter die Zeit zum Ausschlüpfen gekommen ist, meist am Morgen des 15. Tages, legen Sie die Kokons in eine Schachtel. Früh am Morgen wirft die Larve die Haut ab und wird zum Falter. Dieser befeuchtet den Kokon an einem Ende mit Enzymen, die die Seidenfaser aufweichen, und drückt sich durch das dadurch entstandene kleine Loch heraus. Nach dem Ausschlupf pumpt der Falter in die zusammengefalteten Flügel eine Flüssigkeit und breitet sie aus. Die Falter können weder fressen noch fliegen. Sie sind etwa 2,5 cm lang, weißlich gefärbt und haben auf der Oberseite der Flügel hellbraune Streifen. Die Falter paaren sich fast unmittelbar nach dem Ausschlüpfen. Die Weibchen sind größer und strömen einen Duft aus, der die Männchen unmittelbar anzieht. Kurz nach der Paarung stirbt das Männchen und kurz nach der Eiablage auch das Weibchen. Legen Sie das Weibchen nach der Befruchtung auf ein Stück Plastikfolie. Nach drei Tagen wird es viele Hunderte von stecknagelgroßen Eiern legen, die in der Mitte eine leichte Vertiefung haben. Die klebrigen Eier haften an der Folie, die man mit den Eiern nach innen zusammenrollen und in einer verschlossenen Flasche aufheben kann. Im Gemüsefach des Kühlschrankes lassen sich die Eier bei 5 bis 7 °C aufbewahren, bis Sie mit der Aufzucht von Raupen erneut beginnen wollen.

Die Seidenfalter paaren sich unmittelbar, nachdem sie aus den Kokons ausgeschlüpft und zur Anzucht auf die Seite gelegt worden sind.

Der heutige Seidenfalter kann nicht fliegen. Der männliche Falter stirbt wenige Tage nach der Paarung, der weibliche unmittelbar nach der Eiablage. Die Eier werden für die nächste Ernte aufbewahrt. In Japan hat man gewöhnlich drei Seidenraupenernten im Jahr — im Frühling, Sommer und Herbst. Andere wildlebende Arten des Seidenspinners leben als Falter noch mehrere Wochen, bevor sie sterben.

Die feinsten Seidenqualitäten erhält man von unversehrten Kokons. Die Kokons werden zuerst für etwa 10 Minuten in kochendes Wasser geworfen, damit sich die Klebemasse, das Serizin, die das Seidengespinst umgibt, lösen kann. Während der Kokon weich wird, löst sich das fortlaufende Gespinst, und das Ende wird frei. Ein einziger Faden ist für den praktischen Gebrauch viel zu dünn. Zur Herstellung des fortlaufenden Garnes müssen daher 5 bis 12 Kokons gleichzeitig abgewickelt werden.

Nach dem Abhaspeln werden die Seidenstränge degummiert, gewaschen, gespannt und zum Trocknen aufgehängt. In dem Holzschnitt sind die einzelnen Kokonfäden nicht sichtbar.

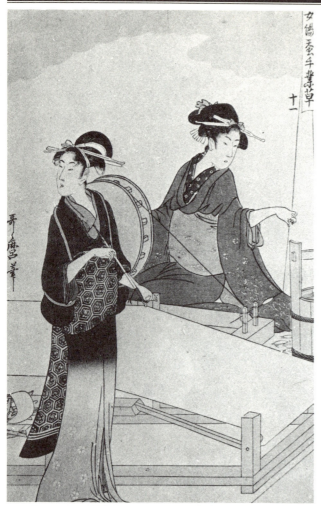

Seidengarn wird manchmal gezwirnt oder dubliert, damit es mehr an Haltbarkeit und Struktur gewinnt. Dieser Vorgang, auch Moulieren genannt, ähnelt dem Spinnen. Zum Weben werden die Kettfäden auf den Webrahmen gespannt.

Seidenfäden werden auf den traditionellen japanischen Seidenwebstühlen zu Stoffen gewebt.

Die Seidenraupenzucht kann das Leben sehr abwechslungsreich machen. Margherite Shimmin aus Pasadena in Kalifornien, die Handspinnereien mit Seidenraupen beliefert, schreibt dazu: »Nachdem wir uns einen Vorrat von befruchteten Eier einer tropischen Sorte ein Jahr lang im Kühlschrank aufbewahrt hatten, wurde irgendwie etwas verschüttet, und alle Eier wurden naß (sie lagen auf Papierhandtüchern). Da wir wußten, daß sie schnell kaputtgehen, wenn sie nicht trockneten, begann ich eine Partie nach der anderen zu trocknen. Jedesmal schlüpften mehrere – viele! – kleine Raupen aus, bevor das Papier trocken war! Ich brachte die getrockneten so schnell wie möglich wieder in den Kühlschrank, aber noch bevor alle trocken und wieder im Kühlschrank waren, hatten wir 2651 Raupen zu füttern! Wir rupften Maulbeerblätter, wo immer wir welche finden konnten. Und bis sie spinnbereit waren, hatten wir auf allen Tischen und Böden Schachteln und Kartons und was es sonst noch an Behältern gab voll von gefräßigen oder spinnenden Raupen!«

Die Vorbereitung der Seide zum Haspeln und Spinnen

Seide mit der gummiartigen Serizinummantelung wird Rohseide genannt. Das Serizin beträgt etwa 25% des Gesamtgewichtes der Seide und macht sie steif und rauh. Selbst nach dem Abhaspeln bleibt das meiste Serizin erhalten. Der für Seide charakteristische Glanz und ihre Schmiegsamkeit ergeben sich erst nach Entfernung des Serizins. Die Entfernung des Seidenleims geschieht durch Abkochen und wird auch als Degummieren bezeichnet. Intakte Kokons werden gewöhnlich gehaspelt und nicht gesponnen, um den Charakter des fortlaufenden Fadens zu erhalten. Viele Spinner bringen nicht die Geduld und das nötige Interesse für diese ermüdende Arbeit auf. Sie zerbrechen alle Kokons zu kurzen Fasern und verspinnen diese.

Zum Haspeln der Seide nehmen Sie 8 bis 12 Kokons und übergießen sie mit kochendem Wasser. Dabei drücken Sie die Kokons vorsichtig, damit sie unter dem Wasser bleiben. Das heiße Wasser weicht das Serizin auf, so daß der Kokonfaden ohne zu reißen abgehaspelt werden kann. Wenn das Wasser abgekühlt ist, wird durch den Unterdruck Wasser in die Kokons gezogen. Das zusätzliche Gewicht hält die Kokons besser unter Wasser und erleichtert das Haspeln. Zuerst mag es scheinen, als hätte jeder Kokon mehrere Fadenenden, aber wenn die fusselige Ummantelung sich löst, bleibt nur ein einziger Kokonfaden übrig.

Die Fäden der 8 bis 12 Kokons werden zu einem einzigen Faden zusammengenommen. Dieser wird auf ein Stück Pappe oder eine Garnrolle gewickelt. Ein Einzelfaden ist so fein, daß man ihn fast nicht mit dem Auge erkennt. Deshalb müssen mehrere Fäden zugleich abgehaspelt werden.

Fumico Pentler beim Abhaspeln der Seidenkokons auf einer japanischen Seidenhaspel.

Die Wassertemperatur sollte man auf etwa 80°C halten, damit sich das Serizin nicht wieder erhärtet. Sollte ein Faden einmal reißen, können Sie ihn wieder einfügen. Am Anfang, wo die Raupe mit dem Spinnen begonnen hatte, hat der Kokonfaden einen größeren Durchmesser. Am Ende, wo die Kraft der Raupe und die Produktion der Seidenflüssigkeit langsam nachließ, wird der Durchmesser geringer. Der Kokonfaden für Organsin, die hochwertigste Seide, stammt aus dem Mittelabschnitt des Kokons. Für 1 Pfund gehaspelter Rohseide braucht man etwa 9 bis 10 Pfund Kokons.

Durch Dublieren erhält der Faden der gehaspelten Seide Fülle und Haltbarkeit. Es geschieht gewöhnlich auf einem einfachen Spulrad und ähnelt dem Zwirnen. Wie oft man dubliert und zwirnt, richtet sich nach der gewünschten Struktur und Garnstärke. Da es sich hierbei um fortlaufende, parallelliegende Kokonfäden handelt, kann man es nicht als Spinnen im üblichen Sinne des Wortes bezeichnen.

Nur unbeschädigte Kokons können gehaspelt werden. Unvollständige Kokons, befleckte, verformte oder beschädigte sowie ungleichmäßig gesponnene Kokons werden wie auch die Reste der gehaspelten Seidenfäden zusammen genauso gereinigt und kardiert wie Wolle. Alle diese verschiedenen Fasern werden zu Florett- oder Schappe- oder Bouretteseide versponnen.

Wenn das gummiartige Serizin, das die Kokonfäden umgibt, durch Kochen entfernt worden ist, teilt sich der doppelte von der Raupe gesponnene Faden wieder und erscheint als feiner einzelner, glänzender, fast weißer Elementarfaden. Kokons und Fasern lassen sich vor oder nach der Degummierung in brauchbare Längen schneiden oder reißen. Zur Entfernung des Serizins taucht man die Seide in heißes Seifenwasser. Benutzen Sie weiches Wasser und milde alkalifreie Seife. Halten Sie die Lauge mindestens eine Stunde lang bei einer Temperatur von 80°C, und spülen Sie die Seide dann aus. Die Seifenlauge wird durch das Serizin dick. Es ist üblich, diese Lösung aufzuheben und sie später dem Färbebad hinzuzufügen. Sie fördert die gleichmäßige Färbung. Sehr gut eignet sich auch eine Lösung von Hydrosulfit mit Wasser (nicht mehr als 3%ig) und Dentinflocken, in der man die Seide zwei Stunden lang bei Siedetemperatur ziehen läßt. Es hängt von der Menge des Serizins ab, ob man den Degummierungsprozeß wiederholen muß. Nach der Degummierung sollten die Seidenfasern weiß, weich und glänzend sein.

Seidenabfälle oder -fäden, die aus irgendeinem Grunde nicht gehaspelt werden, kommen in den verschiedensten Handelsformen vor. Meist ist das Serizin schon entfernt. Manchmal sind beschädigte Kokons und Reste gestreckt und in bestimmten Längen auf Rahmen gezogen und kommen so in quadratischen 25-cm-Stücken in den Handel. So benutzt man sie auch als Zwischenfutter für besonders warme Fütterung. Wenn man sie verspinnen will, muß man die Stücke erst an zwei gegenüberliegenden Ecken fassen und auseinanderziehen, so daß ein langes dünnes Vorgespinst entsteht. Dieses läßt sich verspinnen wie Wolle. Manchmal besteht der Seidenabfall aus einer Menge kurzer, leichter luftiger Fasern, die sich ohne besondere Behandlung leicht und gut spinnen lassen. Sind die Fasern zum Spinnen zu lang und zu verwickelt, so kann man sie stapelieren oder zupfen.

Vorderansicht einer japanischen Seidenhaspel. Der Kokonfaden verläuft vom Kokon über eine Rolle und oben durch einen kleinen Metallring auf die Haspel.
Während die Haspel mit dem Griff links gedreht wird, wandert der Metallring vor und zurück, wobei der Faden über die gesamte Spulenbreite hinweg gleichmäßig aufgewickelt wird.

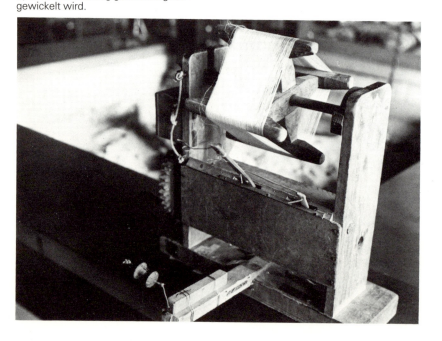

In Südfrankreich war die Seidenraupenzucht im späten 18. Jahrhundert ein blühender Industriezweig. Die französische Regierung unterstützte und förderte die Seidenproduktion auf vielfache Weise. Auf diesem Stich ist das Abwickeln der Seidenkokons wiedergegeben. Die stehende Frau dreht die Haspel, während die sitzende Frau die Zahl der Kokonfäden kontrolliert.

In Japan übliche Spinnräder zum Zwirnen der Haspelseide.

Kurze Seidenfasern können kardiert werden, wenn man ein weiches Garn wünscht. Da Seide sehr fest ist, muß man vorsichtig kardieren, sonst verhängen sich die Fasern in den Karden, und diese lassen sich nicht mehr durchziehen. Seide kommt auch in vorbereiteten, gekämmten »Lunten« in den Handel, aus dem sich gut weiches Garn spinnen läßt. Manchmal sind diese Lunten mehrfach gefaltet und in ordentliche kleine Bündel gelegt, die man als »Ziegel« bezeichnet.
Garne aus gesponnener Seide unterscheiden sich von Haspelseide. Sie sind voller, weicher, weniger fein und weniger gleichmäßig, und sie haben weniger Glanz, weil sie aus kürzeren Fasern bestehen.
Seide zu verarbeiten macht deshalb soviel Freude, weil sie geschmeidig ist wie keine andere Faser.

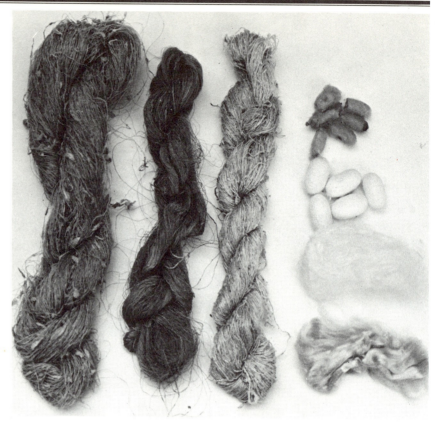

Seide in verschiedenen Stadien: Kokons, Kokonausschuß oder gerissene Fäden und Abgänge der Zwirnerei, gesponnene Seide in Docken. Im Vergleich dazu Pflanzenfasern.

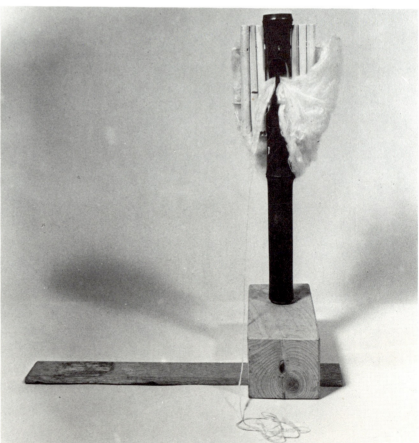

Dieses japanische Gerät, das aus einem Bambusrohr besteht, welches auf einem Holzblock befestigt ist, dient als Haltevorrichtung oder Spinnrocken für Seidenfasern. Der Spinner zieht die Seidenfaser heraus und reibt sie zwischen angefeuchtetem Daumen und Zeigefinger, wobei er sie erst in der einen, dann in der anderen Richtung verdreht.

Erfahrungen bei der Aufzucht von Schafen 10

Schafe mit einem relativ ausgeglichenen Vlies der Feinheitsklasse 2–3.

Schur mit einer elektrischen Schafschermaschine. Das Schaf bleibt hier in sitzender Stellung.

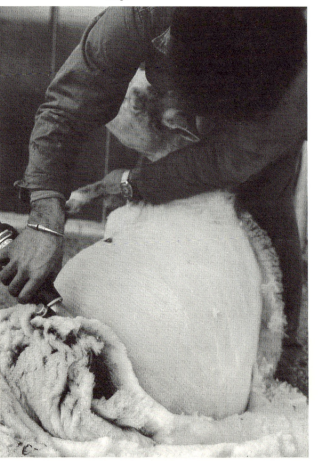

Viele Spinner, die sich mit der Wolle, die sie geliefert bekommen, nicht zufriedengeben, sind dazu übergegangen, selbst Schafe zu züchten: zum Beispiel Gloria Adamson aus Kalifornien. Hier ihre Erfahrungen und Empfehlungen:

»Ich halte schwarze Schafe, weil mein Spinnen und Weben dadurch mehr Inhalt bekommt und es mir dadurch möglich ist, das ganze Produkt unter Kontrolle zu haben. Auch macht es mir Spaß, andere Spinner mit hochwertigem Vlies und meinen Haushalt dabei gleichzeitig mit Fleisch zu versorgen. Der ganze Prozeß – von der Schafhaltung bis zum Spinnen des Garnes und dessen Weiterverarbeitung beim Häkeln und Weben – verschafft mir große Befriedigung. Hier sind einige Ratschläge für Spinner, die ganz von vorne beginnen möchten:

Versuchen Sie zuerst herauszufinden, welche Rassen in Ihrer Umgebung am besten gedeihen. Dann entscheiden Sie, welche Wollart Sie verspinnen wollen. Kaufen Sie gute, gesunde Stammtiere von einem anerkannten Züchter. Wenn Sie nur ein oder zwei Schafe haben und nicht selbst züchten wollen, rate ich Ihnen zu Hammeln (kastrierte männliche Tiere), weil sie nicht so wild und leichter zu behandeln sind. Bedenken Sie, daß Schafböcke mitunter schwierig zu halten sind und gesonderte Gehege oder Weideflächen brauchen, wenn sie nicht decken sollen. Sie können gelegentlich einen Schafbock ausleihen oder mieten oder Ihre Mutterschafe für ein bis zwei Monate zu einem Halter von Schafböcken bringen. Denken Sie daran, daß Mutterschafe einmal im Jahr gedeckt werden müssen, weil sie sonst unfruchtbar werden können.

Guard. Wollskulptur von Dina Barzel, 420×240 cm, aus handgesponnenen naturfarbenen Garnen (rechte Seite).

Schafhaltung kostet Zeit. Die Tiere können sich nicht selbst überlassen bleiben. Es gibt *sehr* arbeitsintensive Zeiten, besonders während des Lammens, Scherens und bei Krankheiten. Abgesehen davon müssen Schafe täglich gefüttert und getränkt werden. Auch zur Gesunderhaltung und Pflege fallen Arbeiten an, die in regelmäßigen Abständen erledigt werden müssen.

Bevor Sie sich Stammtiere anschaffen, prüfen Sie zuerst die Vorschriften für Ihren Wohnbezirk, um festzustellen, ob Schafhaltung erlaubt ist und welche Vorschriften dabei zu beachten sind. Behalten Sie immer das Wohlbefinden der Tiere im Auge, pferchen Sie sie niemals in ein zu enges Gehege. Der Boden wird schnell faul, das Fell schmutzig, und in regenreichen Jahreszeiten wird aus dem Boden ein Morast. Es muß Ihr Ziel sein, ein sauberes hochqualifiziertes Vlies zu erhalten. Das können Sie nur erreichen, wenn Sie den Tieren gesunde Lebensbedingungen bieten.

Wenn Sie Weideland haben, rechnen Sie bei gut drainiertem Boden im Sommer pro Hektar 12 Schafe und im Winter 4. In Ställen und Gehegen wie auch an den Wassertrögen und Futterkrippen sollte genügend Platz sein, damit sich die Schafe nicht drängen. Das Drängen ist besonders für trächtige Schafe gefährlich. Es ist besser, zu wenig als zu viele Schafe auf einer Weide zu halten. Damit sich der Boden erholen kann, sollten die Schafe alle paar Wochen die Weide wechseln. Man kann Schafe auch in Pferchen halten und sie mit Heu und Kraftnahrung füttern. Aber auch hier müssen sie reichlich Platz haben. Gehege, Schutzshelter sowie Futterstellen und Tränken sollten eingerichtet werden, bevor man die Tiere kauft.

Ich kann nicht dringend genug auf die Bedeutung eines guten, hundesicheren Geheges hinweisen. Ein streunender Hund kann die harte Arbeit von Jahren in Minuten zunichte machen. Ein Stacheldrahtzaun oder eine Hecke von etwa einem Meter Höhe ist das mindeste.

Spurenelemente und frisches Wasser müssen jederzeit verfügbar sein. Guter, gründlich drainierter Boden ist Voraussetzung, denn nasse sumpfige Weiden führen zu Darmkrankheiten, ganz abgesehen davon, daß sie das Fell beeinträchtigen.

Schafe haben einen ganz bestimmten Bedarf an Nährstoffen, den man auf verschiedene Weise befriedigen kann, je nach Menge und Verfügbarkeit des Futters. Sie sollten sich beim Ortsbauern, beim Landwirtschaftsinstitut, einer nahe gelegenen Universität, bei Tierärzten und anderen Schafzüchtern nach den besten Ernährungsmöglichkeiten in Ihrer Gegend erkundigen. Ich lasse meine Tiere im allgemeinen den ganzen Sommer über auf der Weide und gebe im Winter Heu, Luzerne und Schrot. Auch gebe ich vor dem Lammen im Winter Melasse und vermehrt Kohlenhydrate. Mutterschafe, die im Herbst gedeckt werden sollen, werden besonders gefüttert oder für etwa 17 Tage, bevor sie zum Decken gebracht werden, auf eine besonders gute Weide geschickt – dies erhöht die Chance für Zwillinge. Lämmern gibt man gewöhnlich Futterkonzentrate in Futterkrippen, deren Zugang für Lämmer gerade groß genug ist, für die ausgewachsenen Schafe aber zu klein. Dies ist erforderlich, solange die Lämmer im Wachstum sind.

Schafhaltung ist keinesfalls etwas für Zimperliche oder Faule. Es gibt echte Notzeiten, wo schnell und mit Sachverstand Entscheidungen zu treffen sind. Wenn Sie kein Blut sehen können, rate ich Ihnen, die Finger davon zu lassen. Ich habe aus Notsituationen das meiste gelernt: wie man Wunden versorgt, impft, Hufe behandelt, Schwänze kupiert, kastriert und so weiter. Die dankbarste von allen Erfahrungen ist, einem Mutterschaf Geburtshilfe geleistet zu haben, ohne die es vielleicht ein totes Lamm zur Welt gebracht hätte oder selber gestorben wäre.

Bedenken Sie, daß Schafe durch den Menschen so domestiziert sind, daß sie für vielerlei Krankheiten empfänglich sind, die man bei ihren wild lebenden Verwandten nicht kennt. So gibt es das ganze Jahr über einen Katalog für die tierärztliche Versorgung, zur Würmerbekämpfung oder beim Lammen, Scheren, Sprühen oder Waschen mit desinfizierenden Flüssigkeiten, Impfen usw., was eben alles zur Routine der Schafzucht gehört.«

Prächtiger Merino-Zuchtwidder.
Diese Rasse produziert die feinste Schafwolle.

A. T. Spencer, Züchter des Romedale-Schafes, erzählte in einem Gespräch (1949), wie die neue Rasse entstand: »1915 fingen wir mit dem Kreuzen an, um eine Schafrasse zu erhalten, deren Lämmer unser rauhes Futter vertragen und davon nicht aufgebläht werden und sterben . . . zunächst einmal wählte ich aus der ersten Kreuzung von Romney-Marsh und Rambouillet zwei Familien aus. Die Entwicklung war sehr langwierig, aber nach zehn Jahren hatte ich in Familie Nr. 1 Kopf und Körper und in der Familie Nr. 2 das Vlies, so wie ich es wünschte. Dann kreuzte ich diese zwei Familien, um Kopf, Wolle und Gestalt des Romedale zu bekommen, und damit war die neue Rasse geboren; diese Rasse ist nun beständig, und es gibt keine Rückschläge mehr.«

Anne Blinks ist ebenfalls eine Kalifornierin, die ihre eigenen Schafe züchtet. Sie ließ sich vor vielen Jahren von alten Textilien faszinieren. Nach dem Besuch von Museen und dem Studium handgearbeiteter Gerätschaften, die in abgelegenen Teilen der Welt noch in Gebrauch sind, kam sie zu der Überzeugung, daß die einzige Möglichkeit, diese Textilkunst wirklich zu verstehen, darin bestand, sie nachzuvollziehen. Bei dem Versuch, die Arbeitsgarne zu finden, merkte sie bald, daß die passenden Garne nicht zu bekommen waren. Dadurch kam sie zum Spinnen. Aber dann stellte sie fest, daß auch die schwarzen Fasern, die von den Vorfahren benutzt wurden, nicht in ähnlicher Form erhältlich waren. Anne sah bald ein, daß sowohl die Faser wie auch die Spinnqualität wesentliche Elemente des Entwurfs waren, die Struktur und Schönheit der Textilien ausmachten, die sie versucht hatte nachzubilden. Damals bestand wenig Interesse für schwarze Schafe, Handspinnen und solche Textilien, die nicht auf kommerzieller Basis produziert waren. Heute hat sich das grundlegend gewandelt. Hier Annes Erfahrungen:

»Ich halte seit etwa 16 Jahren schwarze Schafe. Ich sage »etwa«, weil ich mehrere Fehlstarts hatte, und sicher mache ich immer noch Fehler. Ich begann mit Suffolks und fand bald heraus, daß sie keine Wollschafe waren – das zeigt, wie wenig ich von Schafen verstand.

Als nächstes erwarb ich ein Rambouillet-Schaf und kreuzte es mit einem guten weißen Corriedale-Bock. Dabei erhielt ich überraschenderweise in der ersten Generation einige schwarze Schafe, zum Entsetzen des Züchters des Schafbockes. Die Wolle war jedoch zu fein und für meinen Geschmack viel zu kurz. Dann fand ich einen Hampshire-Bock und ein Columbia-Schaf, letzteres mit erstklassigem Stammbaum, ersterer nicht ganz so edel, dafür aber von entzückender schokoladenbrauner Farbe. Diese gekreuzt mit dem Corridale ergaben recht hübsche Spinnwolle. Sie sind erstaunlich beständig, was die Vliesqualität anbelangt, und lassen sich mehrere Jahre gut scheren. Auch erhielt ich Jahr für Jahr aus einem Wurf von acht Lämmern sieben schwarze Schafe. Das alles ist 15 Jahre her. Nach einiger Zeit langweilten mich diese Schafe, und ich beschloß, etwas anderes zu versuchen, aber damit geriet ich in Schwierigkeiten. In dem Jahr, bevor ich auf den Lincoln-Bock wechselte, war mir kein einziges Lamm eingegangen. Das war mir zu Kopfe gestiegen. Ich kaufte von einem Züchter in Oregon einen edlen registrierten Lincoln-Bock und kreuzte ihn mit einigen schwarzen Mutterschafen (der Bock war weiß, aber offenbar mischerbig, wie die kleinen schwarzen Flecken auf Lippen, Zunge und Ohrenhaut verrieten). Mit den schwarzen Mutterschafen zeugte er sechs weiße, sechs schwarze und ein geschecktes. Aber ich verlor zwei Mutterschafe kurz vor dem Lammen, und zwei weitere waren nur durch Melassetränke zu retten. Zwei der Lämmer wurden durch Kaiserschnitt entbunden, aber die Mutter wachte nicht mehr aus der Narkose auf. Die beiden Lämmer, die überlebten, waren schwarz, aber beide männlich.

Jetzt habe ich sieben Halb-Lincolns und ein paar Viertel-Lincolns, die sich von meinen völlig schwarzen Corriedales deutlich unterscheiden. Ich nenne die letzteren »Black Jacks« (nach dem Hügel, auf dem wir wohnen »Jack's Peak«). Die Wolle der Black Jacks ist der Qualität nach Corriedale – ausgezeichnet für Kleidung und die meisten Web- und Strickarbeiten. Die Corriedalewolle ist länger (wir scheren zweimal im Jahr), schwärzer (nicht bräunlich), glänzender und grob. Sie eignet sich für Wandbespannungen, Tapisserien und Teppiche; aber im dritten Jahr wird das Vlies sehr rauh und grob und beginnt grau zu werden. Die Schafe sind etwa so groß wie Jerseys. Wie Sie sehen, kann Schafzucht recht aufregend sein.«

Wenn Sie selbst Schafe züchten wollen, so finden Sie im Anhang Adressen und Literatur zur weiteren Information. Für einen ersten Überblick finden Sie im nebenstehenden Abschnitt, wie man die Schafe im Stall unterbringt. Dies ist besonders wichtig für die Wintermonate.

Naturfarbene Wolle wird von den Heimspinnern und Webern besonders geschätzt.

Spinnzirkel bestehen in vielen Teilen des Landes und der Welt. In ihnen verbringt man viele schöne Stunden. Sie bieten nicht nur Gelegenheit für geselliges Beisammensein, sondern auch zum Austausch von Ideen und Neuigkeiten. Das Spinnen verbindet Menschen auf vielfältige Weise auch in übertragenem Sinne.

Der Schafstall

Bei der Erstellung eines Schafstalles als auch bei einem Umbau eines bestehenden Gebäudes sind bestimmte Voraussetzungen zu beachten. Ein Schafstall muß vor allem trocken sein. Das Schaf fühlt sich im Freien unter einem Vordach wohler als zwischen feuchten Wänden. Die Temperatur kann ohne weiteres tief gehalten werden, d.h. ca. 5–10°C. Die Wolle wirkt bekanntlich wärmeregulierend. (Deshalb ist es wichtig, daß die Schur zum richtigen Zeitpunkt vorgenommen wird.) Eine Ausnahme ist bei der Temperatur zu beachten. Während der Ablammzeit muß man für die Lämmer, welche ja naß zur Welt kommen, für genügend Wärme sorgen. In relativ kalten Ställen kann dies durch eine Wärmelampe geschehen. In Ställen mit einer Temperatur von über 8°C erübrigt sich diese Einrichtung. In Schafställen muß man auch für eine genügende Lufterneuerung sorgen; Durchzug sollte vermieden werden.

Bei einem Bau oder Umbau eines alten Gebäudes bestimmt die Form der Schafhaltung den Aufwand für Gebäude, technische Ausstattung und erforderliche Vorrichtungen. Es ist also vorerst ein Raumprogramm zu erstellen. Dieses sollte Informationen über die Nutzlast, Anzahl der einzustallenden Tiere, über die Menge des zu lagernden Rauh- und Kraftfutters und über die für die Schafhaltung erforderlichen Anlagen enthalten, wie z.B. Fütterung und Tränkung. Auch wie der Stall entmistet wird, sollte man sich überlegen. Aus diesen Angaben ermittelt sich der Raumbedarf. Folgende Maße sind anzunehmen:

Tierart	Raumbedarf m²/Tier	Krippenlänge m²/Tier
Mutterschaf ohne Lamm	0,8–1	0,4
Mutterschaf mit Lämmern	1,2–1,5	0,6
Abgesetzte Lämmer	0,4–0,5	0,2
Zuchtwidder in Einzelbucht	3–4	0,6
Ablammbucht für Mutterschafe	2–2,4	0,5

Die Errichtung eines neuen Stalles hängt von dem gewählten Stallsystem ab. Man unterscheidet dabei zwei Systeme, nämlich den Tiefstreustall und den Spaltbodenstall. Der Tiefstreustall ist die meistverbreitete Stallart. Die Sohle des Miststapels wird in der Regel betoniert, wobei aber hier und da auch gestampfter Naturboden anzutreffen ist. Die Einstreumenge pro Tier und Tag beträgt ca. 500 g. Dies bedeutet, daß im Frühjahr die Misthöhe fast 80 cm erreichen kann. Dieses Maß ist bei der Erstellung des Sockels zu beachten. Die Mauer soll höher als die maximale Misthöhe sein. Die Holzwände verfaulen bekanntlich im Mist sehr rasch. Bei der Wandkonstruktion wird in der Regel auf eine Wärmeisolation verzichtet. Dort aber, vor allem ab einer gewissen Höhe ü. M., wo sehr hohe Unterschiede der Tages- und Nachttemperaturen möglich sind, kann man kaum auf eine ausreichende Isolation verzichten, wenn man ein »Schwitzen« der Wände verhindern will.

Der Spaltbodenstall ist in der Regel in Kombination mit eingestreuten Ablamm- und Lämmerbuchten anzutreffen und empfohlen. Die Spaltböden werden aus Holz erstellt und sind so aufzulegen, daß sie beim Ausmisten leicht entfernt werden können. Bei einer 5–6monatigen Stallperiode ist mit einer Misthöhe von nahezu 60 cm zu rechnen. Dies bedeutet, daß die Mistraumhöhe ungefähr 70–80 cm betragen soll. Diese kann niedriger sein, wenn ein mehrmaliges Misten vorgesehen ist. Entscheidet man sich für einen Spaltboden, so ist darauf zu achten, daß im Mistraum keine Luftzirkulation möglich ist. Bei einem Neubau ist es ratsam, eine flexible Stalleinrichtung zu wählen. In einer Herde gibt es immer verschiedene Gruppen (nichttragende, hochtragende und säugende Mutterschafe, Widder und Lämmer), welche man soweit als möglich unterteilen sollte. Hinzu kommt, daß die Bestände dieser Gruppen sich auch während der Stallhaltung ändern. Eine mobile Einrichtung erweist sich dann als vorteilhaft. Dadurch ist es möglich, die Fläche der Buchten dem Besatz anzupassen.

Zu den mobilen Einrichtungen sind nicht nur Trennhürden, sondern auch die Krippen zu zählen. Beim Planen ist darauf zu achten, daß nirgends Säulen oder Stützen erstellt werden, welche beim Ausmisten ein Hindernis sein könnten. Auf solche kann man überhaupt verzichten, man muß dann aber in der Regel die Dachkonstruktion verstärken. Ist ein Neubau notwendig, so ist, je nach Konstruktion, die Einrichtung mitgerechnet, mit einem Kostenaufwand von 500–700 DM je Schaf zu rechnen. In der Regel wird man bemüht sein, die Schafe in der kalten Jahreszeit in vorhandenen Altbauten unterzubringen. Beim Raumbedarf ändert sich in solchen Fällen gegenüber dem Neubau nichts.

Oft werden sonst leerstehende Scheunen oder Ställe mit selbstgebauten Raufen, Krippen und Tränkeinrichtungen ausgestattet und je nach Notwendigkeit mit einfachen Hürden unterteilt. Für diese Unterteilung dienen oft auch Doppelraufen. Auch Ablammbuchten und Futterplätze für Lämmer mit und ohne Lämmerschlupf können leicht aus Hürden zusammengestellt werden. Fertigerstellte Hürden und Krippen kann man in verschiedenen Maßen auch kaufen.

Ob ein Selbstbau einem Kauf vorzuziehen ist, hängt nicht zuletzt vom zur Verfügung stehenden Material für einen Selbstbau sowie von der Handfertigkeit des Schafhalters ab. Einige Anregungen können Sie den nebenstehenden Schemazeichnungen entnehmen.

Genauere Informationen erhalten Sie bei den Schafzuchtverbänden. Die Adressen finden Sie im Anhang.

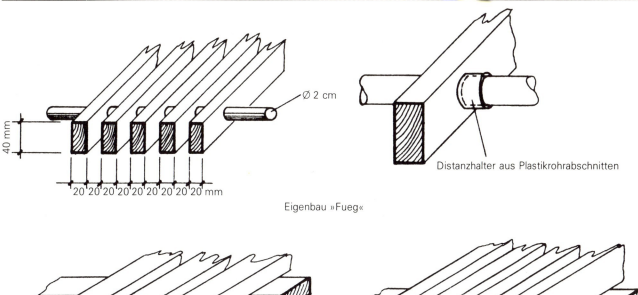

Eigenbau »Fueg«

Distanzhalter aus Plastikrohrabschnitten

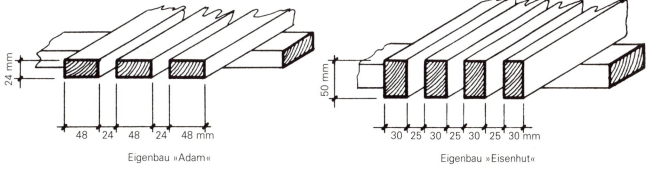

Eigenbau »Adam«

Eigenbau »Eisenhut«

Hürden

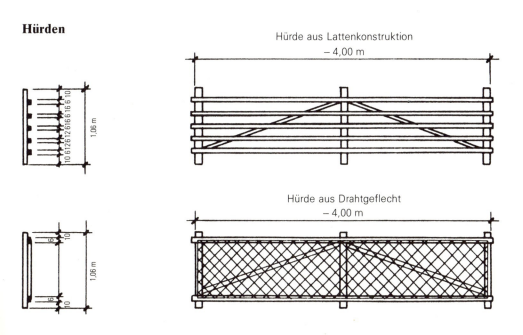

Hürde aus Lattenkonstruktion
– 4,00 m

Hürde aus Drahtgeflecht
– 4,00 m

198

Lämmerschlüpfe

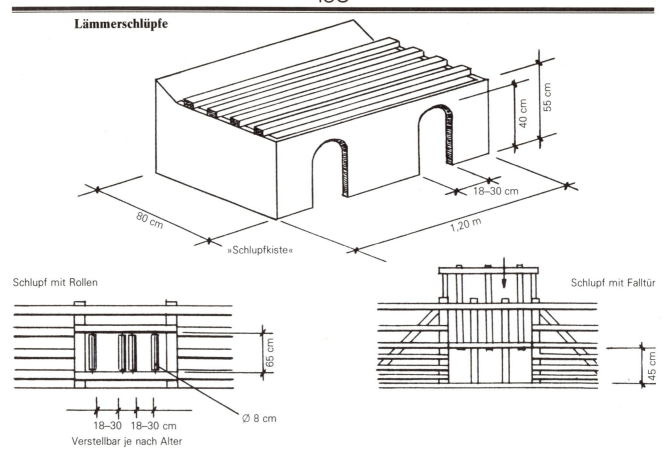

Raufen und Krippen

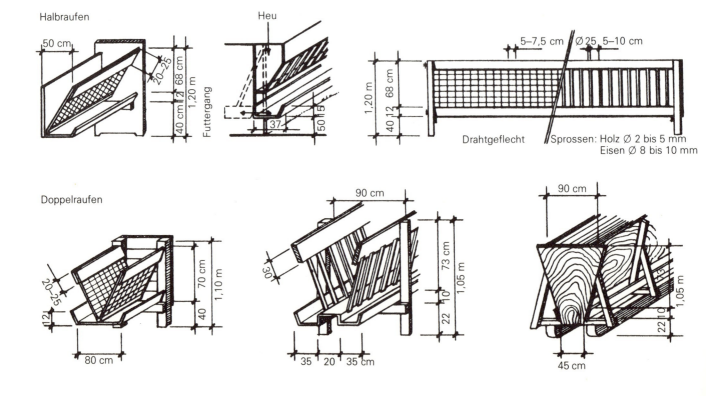

Ein Wort zum Schluß

Genausowenig wie die mechanische Spinnerei von der geschichtlichen Entwicklung zu trennen ist, so undenkbar ist es auch, sich den einzelnen Spinner vorzustellen, ohne sich der Legionen von Menschen zu erinnern, die seit Urzeiten den Boden bearbeitet, gesät und geerntet, die Schafe aufgezogen und geschoren und schließlich im Sitzen, Gehen und Stehen die einzelnen Fäden zu Garn gesponnen haben. Wir dürfen nicht vergessen, daß wir mehr sind als nur Anhängsel dieser langen Tradition. Wir haben natürlichen und echten Anteil daran – mit unseren Liedern, Geschichten und Überlieferungen, und mit unserem eigenen Streben nach immer höherer Qualität, besserem Material und der persönlichen Befriedigung, die wir finden, die sich immer einstellt, wenn wir gute Arbeit leisten.

Viel Freude am Spinnen!

Flachsspinnen vom Spinnrocken mit der Handspindel. Die langen Fasern werden durch ein locker angelegtes Seidenband auf dem Rocken zusammengehalten. Eine Bandschlaufe, die am Hemd des Spinners angebracht ist, trägt dazu bei, den Rocken zu halten, den man unter den Arm klemmt.

Obwohl die Maschinenweberei schon Einzug gehalten hatte, wurde im 18. Jahrhundert in Frankreich meist immer noch zu Hause gesponnen. Das junge Mädchen links spinnt Flachs von einem Spinnrocken mit einer Handspindel, während die Frau rechts vom Spinnrocken an einem Spinnrad spinnt (Fig. 2). Die Frau von Fig. 3 wickelt das Garn mit Hilfe der Wickelhaspel auf, während die Frau von Fig. 4 das Garn von der Haspel auf ein Knäuel wickelt.

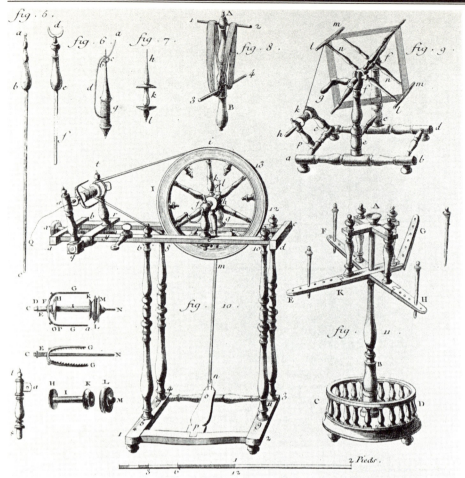

Diese Abbildung zeigt verschiedenerlei Spinnwerkzeug, wie es in Frankreich im 18. Jahrhundert in Gebrauch war. Oben links zwei Spinnrocken und dabei zwei Handspindeln, auch Kunkel genannt. Fig. 8 stellt eine Kreuzhaspel und Fig. 9 eine Drehhaspel dar, die beide dazu dienen, das gesponnene Garn in Stränge zu legen. Fig. 10 zeigt ein Spinnrad mit Fußantrieb, dessen Spinnflügelmechanismus links daneben im Detail gezeigt wird. Fig. 11 zeigt eine Schirmhaspel, die zum Abwickeln von Strängen nach dem Waschen und Färben verwendet wurde. Die Holzpflöcke auf den Flügeln sind entsprechend der verschiedenen Stranglängen verstellbar. Die Flügel selber haben ein Scharnier, damit sich die Haspel zur Aufbewahrung zusammenklappen läßt. Die kleine Schale oben in der Mitte dient zur Aufnahme des Garnknäuels.

Anhang

Bildnachweis

Collection of the Pitt Rivers Museum, Oxford,
Seite 30

David Donoho,
Seiten 9, 58 (links) 115 (unten), 120

Encyclopédie ou dictionnaire raisonné des sciences, des arts et des métiers, 35 Bde., 1751–80, hrsg. von Denis Diderot,
Seiten 124, 145, 146, 174, 187, 199, 200

John Harner Collection, Ulster Museum, Belfast, Irland,
Seiten 22, 31

Smithsonian Institution, Washington D. C.,
Seite 21

Oakland Museum,
Seite 115 (oben)

Schweizerischer Schafzuchtverband Niederönz,
Seiten 132, 133, 134, 190, 192, 194, 197, 198

Konrad + Traudl Sickinger, Kunsthandwerkliche Werkstätten,
Seiten 52 (unten), 57 (unten)

Textile Museum, Washington D. C.,
Seiten 177 bis 179 und 182 bis 184

Vereinigung Deutscher Landesschafzuchtverbände e. V., Bonn,
Seiten 136, 137

Dick Wezelman,
Seiten 35 (oben), 69 (unten)

Jackie Wollenberg,
Seiten 125, 130

Skip Wollenberg,
Seite 69 (oben)

J. und S. Zarbaugh,
Seite 117

Bezugsquellen

Spinnausrüstungen

Gisela's Kreativ-Werkstatt
G. Lochbühler
Moritzstraße 12
6200 Wiesbaden

Walter Kircher KG
Postfach 1608
3550 Marburg/Lahn

HWG
Dr. Heinrich Pabst und Walter Reuschel
Hauptstraße 31
5250 Engelskirchen 2

Arthur Palme
Ensisheimer Straße 26
7800 Freiburg

Konrad + Traudl Sickinger
Kunsthandwerkliche Werkstätten
Aichelbachstraße 2
7325 Eckwälden

Friedrich Traub KG
7065 Winterbach-Manolzweiler

Rens & Smits OHG
Postfach 1129
4240 Emmerich/Rhein

W. Schafmeister OHG
Hornsche Straße 250
4930 Detmold-Remmighausen

twenty fingers
Ursula Mordek
Lehmweg 49
2000 Hamburg 20

Textilwerkstatt
Beatrijs Sterk
Friedensstraße 5
3000 Hannover

Werkladen Textil
Sabine Jeromin-Gerdts
A3, 5
6800 Mannheim

»Die Wollscheune«
Balkumer Grenzweg 29
4550 Bramsche 4

Naturfarbene Rohwolle, Pflanzenfarben

Karl Abben Nachf.
Bekassinenau 129
2000 Hamburg-Rahlstedt

Deutsche Wollverwertung GmbH
Finninger Straße 60
7910 Neu-Ulm/Donau

Gerhard Dieckhoff
Hermann-Löns-Straße 6
4790 Paderborn

Walter Kircher KG
Postfach 1608
3550 Marburg/Lahn

Gisela's Kreativ-Werkstatt
G. Lochbühler
Moritzstraße 12
6200 Wiesbaden

HWG
Dr. Heinrich Pabst u. Walter Reuschel
Hauptstraße 31
5250 Engelskirchen 2

Wollagentur Seckler
Von-Gluck-Straße 29
8482 Neustadt/WN

Axel Seehawer
Sonnhalde 9
7400 Tübingen

Friedrich Traub KG
7065 Winterbach-Manolzweiler

Werkladen Textil
Sabine Jeromin-Gerdts
A3, 5
6800 Mannheim

twenty fingers
Ursula Mordek
Lehmweg 49
2000 Hamburg 20

Seide

Seidenversand Sprenger
Fuhlsbütteler Straße 273f
2000 Hamburg
(Wildseide aus China, Japan, Indien)

Webstuhl
Ammergasse 14
7400 Tübingen
(Seidenraupeneier,
Kokons in jeder Form, Seide)

Kurse

Gisela's Kreativ-Werkstatt
G. Lochbühler
Moritzstraße 12
6200 Wiesbaden

Hainer Webstube
Christel Diekmann
Spitalgasse 4
6072 Dreieich-Dreieichenhain

Städtisches Museum
Schloß Rheydt
4050 Mönchengladbach 2

Textilwerkstatt
Beatrijs Sterk
Friedensstraße 5
3000 Hannover

»Die Wollscheune«
Kiki Grim
Balkumer Grenzweg 29
4550 Bramsche

Spinnausrüstungen, Rohwolle

Für Österreich:
Hermann Posch
Favoritenstraße 27
A–1040 Wien 4

Für die Schweiz:
ARM-AG
Weberei-Artikel-Fabrik
CH–3507 Biglen

J. Strübin
Dornacher Straße 93
CH–4000 Basel 8
(Rohwolle, Spindeln, Spinnräder, Kurse)

SACO SA Lainerie
Chémin des Valangines
CH–2006 Neuchâtel
(Rohwolle, Spindeln, Spinnräder, Kurse)

Wollkarderei Hodel
CH–2607 Cortébert

Wollkarderei Bunch
Liebigen 314
CH–4805 Brittnau

Schweizerische Inlandwollzentrale
Postfach 100
CH–3360 Herzogenbuchsee

Webatelier
Ursina Arn + Vreni Menti
Wilenstraße 96
CH–8832 Wollerau

Schafzucht

Vereinigung Deutscher
Landesschafzuchtverbände e.V.
Godesberger Allee 142
5300 Bonn 2

Für die Schweiz
Schweizerischer
Schafzuchtverband Niederönz
Postfach 100
CH–3360 Herzogenbuchsee

Für Österreich:
Niederösterreichischer
Schafzuchtverband
Löwenstraße 16
A–1000 Wien

Museen und Ausstellungen

Germanisches Nationalmuseum
Kartäusergasse 1
8500 Nürnberg 11

Städtisches Museum
Schloß Rheydt
4050 Mönchengladbach 2

Historisches Museum
Saalgasse 19
6000 Frankfurt

Museum für Kunsthandwerk
6000 Frankfurt 70

Textilmuseum Krefeld
Frankenring 20
4150 Krefeld

Kulturgeschichtliches Museum
Hegertorwall 19
4500 Osnabrück

Für die Schweiz:
Abegg-Stiftung
CH–3001 Riggisberg (Bern)
(Mitte Mai bis Oktober)

Literatur

A. Bochner
Spinnen und Weben
im Französisch und Deutschen Wallis
Romania Helvetica 1940

Ciba Rundschau, Ciba Ltd., Basel, Schweiz
Das Spinnrad

Fritz Having
Schafzucht
Stuttgart 1975

Friedrich Hassler
Vom Spinnen und Weben.
Ein Abschnitt
aus der Geschichte der Textiltechnik.
(Deutsches Museum,
Abhandlungen und Berichte 20, 3.)
München 1952

Kurt Hentschel
Wolle Spinnen mit Herz und Hand
Frankfurt/Main 1949

Kunstgewerbemuseum Köln
Seidengewebe
Köln 1976

A. Linder
Spinnen und Weben, einst und jetzt
Luzern 1967

Bobbie und Kitty Markus
Handspinnen
Ravensburg 1974

A. Schaeffer
Handbuch der Färberei
Stuttgart 1949

Eunice Svinicki
Spinnen und Färben
Bonn 1976

Textile Faserstoffe
V. E. B. Leipzig
Leipzig 1963

Palmy Weigle
Naturfarben für modernes Weben
Bonn 1976

Register

Seitenzahlen in *Kursiv* weisen auf Abbildungen hin

Abaka-Blattfasern 168
Abbinden des Strangs 83
Abhaspeln des Garns 83
Ablammbuchten 196
Abnehmen des gesponnenen Garns 83
Abziehen des Garnstrangs 83
Achse 44
Achsstützen 44, *50,* 51
Adamson, Gloria 173, *173*
Adressen und Bezugsquellen 202
Afghanhund 150, *150*
Afrikanisches Spinngerät 22, *35*
Ägyptische Wandmalerei (Verzwirnen) 37, *37*
Ägyptisches Spinngerät 30, *30,* 37, *37*
Alpaka 131
–, Wolle 149
Amerikanisches Rad 53, *53,* 60
– Spinngerät 9, *9*
Amos, Alden 48
Ananaspflanze 168
Angorakaninchen, Haar 151, *151*
Angoraziege 139, *139,* 147, *147*
Anhalten und Anwerfen des Rads 66
Antikes Spinngerät 13, 37
Antriebsänderung 62
Antriebsschnur 44, *50,* 51, 62, 66, 67, *67,* 68, 79, 88, *88*
Arbeitsgänge, Ablauf 79
– der Faserbehandlung 113 ff.
Arbeitsschritte beim Spinnen 67, 70, *70*
Arkwrigt, Richard 60
Ashford-Spinnrad 57, *57,* 175
Aufbereitung der Wollfasern 113, *113*
Aufspulen der Seide 35, *35*
Aufwickeln 65
– von Knäueln 84, *84*
Aufzucht von Seidenraupen 176
Ausführung des Garns 89
Auswahl eines Vlieses 141
»Auszug« 25
Auszug, kurzer 65, 67, 68, *68,* 71, *71,* 90
–, langer 65, 72, *72,* 73, *73,* 74

Bananengewächse 168, 169
Bast 155
Bastfasern 160, 166, 167
Bau eines Spinnrads 92 ff.
– –, Abnutzung 109
– –, fertiges Rad 109
– –, Grundgestell 98
– – aus Hartholz 95
– –, Holzbearbeitung 93 ff.
– –, Kiefern- oder Tannenholz 97
– –, Materialliste 94
– –, Rahmenbau 95
– –, Rotholzverwendung 95, 97
– –, Schwungrad 99 ff.
– –, Spinnflügel, Spule 106, *106,* 107, *107*
Baumfasern 155
Baumwolle 10, 13, 156
– in Amerika 156
–, Farben 157
–, Geschichte 156
–, Handelssorten 157, 158
–, leicht brennbar 158
–, naturbraune 157
–, Pflanze 157
–, Schlagen 158
–, Spinnen 159, *159*

Baumwollfabrikate 157
–, Behandlung 157
Baumwollfasern 13, 156, 157
–, Behandlung für das Spinnen 157
–, Kardieren 157
–, Windungsstruktur 156
Baumwollpflanze, Beschreibung 157
Baumwollsamen *154,* 155, 158
Behandlung der Baumwollfasern für das Spinnen 157
Bergschaf 134
–, Fell 132, 138
Besprenkeln mit Öl und Wasser 145
Bewegungsablauf beim Spinnen 23–26, *23–26,* 27, 66, 68, 79
Bezugsquellen 202
Big Ben 126
Bison 13
Blasius, Heiliger (Kardenbild) 127
Blattfasern 168, *168*
–, Abaka 168
– von Agaven = Sisal 168
–, Manila-Hanf 168
–, Neuseeland-Flachs 168
–, Spinnen 168
Blinks, Anne 4, 131, 132, 144, 173, *173,* 194
Bochmeria nivea 165
Bockrad 51, *51,* 61
–, modernes 55, *55,* 56, *56*
Bokhara 138
Bombyx mori 172, 175
Brechen des Flachses 161, *161*
Bremse 62, 108, *108,* 109
Bremsvorrichtung 57
Brennessel, große 165
Brunswick- oder Sächsisches Rad 50, *50,* 51, 53, *53,* 54, 60, 61

Cannabis sativa 167, *167*
Cartwright, Edmund 126
Cassava-Wurzel 22
Charkha 41, 43, 48
Cheviot-Schafe 142, 144
Cheviot-Vlies, Behandlung 144
Chinagras 165
Chnemhotep, Grab (Verzwirnen) 37, *37*
Columbia-Schaf 194
Corchorus 167
Corriedale-Lincoln-Kreuzung 132, *132*
Corriedale-Schaf 132, *132,* 138, 173, *173,* 194
Corriedalewolle 194
Cortex 132
Coushatta-Indianer, Spinngerät 31, *31*

Deckschuppen 133
Detergentien 143
Deutsches Rad 51, *51*
Deutsches schwarzköpfiges Fleischschaf 134, *137*
– Texelschaf 134, *137*
– weißköpfiges Fleischschaf 134, *136*
Doppelraufen im Schafstall 198, *198*
Doppeltrittbrett 61
Drall 36, 68, 72, 74, 79
–, Einlaufen des 68, 72, 74, 79
–, Fixierung und Verteilung 36
Drallschleuse 72, 73
Drehhaspel 200, *200*
– mit Zählwerk 83, *83*
Drehrichtung und Oberflächenstruktur 36, 89, 90, *90*
Drehrichtungen 36, *36,* 66, 74, 75, *75,* 77, *77,* 78, *78,* 79, 84, 88, *88,* 89, 90, *90*

Drehung der Spindel 36, 66
Dublieren 186
Dünner Faden 72, *72*

Effektgarne 65, 89
Egreniermaschine 13
Eier der Seidenraupe 172, 174, *174,* 177, 180, 181
– –, Adressen und Bezugsquellen 202
Eigenbau eines Spinnrads 93 ff.
– –, Abnutzung 109
– –, Entscheidungen 95
– –, fertiges Rad 109
– –, Grundgestell 98
– – aus Hartholz 95
– –, Holzbearbeitung 93 ff.
– –, Kiefern- oder Tannenholz 97
– –, Materialliste 94
– –, Rahmenbau 95
– –, Rotholzverwendung 95, 97
– –, Schwungrad 99 ff.
– –, Spinnflügel und Spule 106, *106,* 107, *107*
Einlaufen des Dralls 68, 72, 74, 79
Einstellen der Spannungsregler 66
Elektrisches Rad 74
Elektrospinnrad 59, *59,* 61
Englisches Rad 54, *54*
Entfetten des Vlieses 143, 144
– –, Gebote und Verbote 143
Entkörnungsmaschine 156
Entwicklungsstadien der Seidenraupe 172, 174, *174,* 176, 177–179, 180, 181
Ernährungsmöglichkeiten von Schafen 191
»Eunice«, Wanderrad 74, *75–78*

Fadenbeschaffenheit 27, 29, 66
Fadenzahl 140
Fallspindel 9, *20,* 21, 29, 65
–, ägyptische 37
–, Spinnen mit der 23–26, *23–26*
Farben des Vlieses 142, 144
Färben von Baumwolle 157
Färöer-Wildschaf 130, *130*
Faserbanane, Abaka 168
Faserbehandlung, Arbeitsgänge 113 ff.
–, Methoden 113 ff.
Faserdreieck 26, 67, 68, 159
Faserlänge bei Vliesen 142
Fasern 10, 14
–, Eigenschaften 131
–, gekämmt 123, 124
–, kardiert 116 ff., 124
–, Qualitätsunterschiede 131
–, Schichten 132, 133
–, Schuppen 132, 133
–, spinnfertige 113
–, Struktur 132, 133
–, tierische 131 ff., 151, *151*
–, vorbehandelte 113
Faserpflanzen 155
Faserstärke 140
Faservorbehandlung 113
Faulenzer 84
–, eingebaute 61
Feine Wolle 133, 138
Fertiges Rad 109
– –, Oberflächenbehandlung 109
Fibroin 181
Fitzschnur 34
Fixierung des Dralls 36, 38
Flachs 10, 40, 155, 160, *160,* 161, *161*
–, Brechen 161, *161*
–, gekämmte Risten 163
–, Geschichte 160

Flachs, Handelsware 163
–, Heimat 10
–, Spinnen 163, *163*
Flachsfasern 155, *155*, 160, *160*
–, Aufbereitung 160
–, Eigenschaften 160
–, Struktur 160
Flachshechel 162, *162*
Flachspflanze 161
–, Anbau 161
–, Brechen 161, *161*
–, Hecheln 162, *162*
–, Riffeln 161, *161*
–, Rösten, Rotten 161, 162
–, Samen 161
–, Schwingen 162, *162*
–, Teile 161
–, Trocknen 162
Flachsschwinge 162, *162*
Flaumhaare 149, *151*
Fleischschaf, deutsches schwarzköpfiges 134, *137*
–, – weißköpfiges 134, *136*
Fleischschafrassen 134, *136*
Flickkarde 123, *123*
Flockseide 172
Florband 124
Flügelspinnrad 49, *49*
– mit einfacher Antriebsschnur 57
–, Spinnen am 66
Franklin, Benjamin 60
Frau beim Spinnen 30, *64, 71, 72, 73*
»Frauenarbeit« (geschichtlich) 18
Fußantrieb 49, *50, 51, 52, 53, 54, 55, 56, 57, 80, 81, 81, 104, 105, 105*
Füttern der Schafe 192

Ghandi 43, 48
Ghandis Charkha 48, *48*
Garn abnehmen 83
–, Ausführung 89
–, gezwirntes 89, 90, *90*
–, – Seidengarn 184
– selber spinnen 61
–, Struktur 89, 90, *90*
– im Wasser 34
Garnbeschaffenheit 65
Garne 61
– je nach Drehkombination 89, 90, *90*
– aus gesponnener Seide 188, *188*
Garne, gezwirnte 84
–, zwei- und dreifädige 88, 89, *89*, 90, *90*
Garnhaspeln 34, *34*
Garnkegel abziehen 83
Garnkörbe *52*
Garnstrukturen 89, 90, *90*
Garnwickeln auf die Kreuzhaspel 34, *34*
Gaza, Frau beim Wollespinnen *30*
Gazegewebe, peruanische *36*
Gehege für Schafe 192
Geschichte des Spinnens 9 ff.
Gesponnenes Garn 83
Gezwirnte Garne 84
Gieling, John 93
Glanz bei Vliesen 142
Gotlandschaf, Vlies 142, *142*
Grannenhaar 132, 134, *134*, 149
Griechische Spindel *32*
Griffigkeit bei Vliesen 142
Grobe Wolle 133
Großes Rad 42, 44
–, Schwungrad 44, *44, 46*
Grundbrett *44, 50*
Grundgestell *98*
Grundregeln beim Spinnen 27, 66

Grundtechnik des Kardierens 116 ff.
Guanaka 149
Guard, Wollskulptur *191*

Haarwurzel, unterer Teil, Schema 132, *132*
Halter 84
Hammel 190, 194
Hampshire-Schaf 194
Halbraufen im Schafstall 198, *198*
Handelsartikel Baumwolle 157, 158
– Flachs 163
– Seide 175
Handhaltung beim Zwirnen *88*
Handkarden 115, *115*, 116 ff., 146
Handschere 141, *141*
Handspindel 9, 10, 21, 41, 199, *199*, 200, *200*
–, Probleme und Grundregeln 27
–, Spinnen mit der 19 ff.
Handspinnen 9 ff.
Hanf 60, 155, 166, 167, *167*
–, Anbau 166
–, Geschichte 166
–, Marihuana 166
–, Struktur 167
–, Verwendung 166
Hängespindel 30, *30*
Hargreave, James 9
Hartholzverwendung 95 ff.
Haspel 83, *83*, 84, 85, *85*
Haspeleinrichtungen 83
Haspeln zum Aufwickeln 33, *33*, 34, *34*
– von Flachs 40, *40*
– der Seide 185, *186*
Haspelvorrichtungen 65
Hathorn-Rad 46, *46*
Heidschnucken, graue gehörnte *137*
Herdwick-Schaf 140
Hincks, William 40
Hochrad 42, 45, *45, 46, 47*
–, kanadisches 45, *45, 47, 47*
   s. auch: Großes Rad, Jerseyrad, Langrad, Mucklerad, Wanderrad, Wollrad
–, Einstellung 62
Holländische Räder 53
Holzbearbeitung beim Spinnrad 93 ff.
–, Grundgestell 98
–, Kiefern- oder Tannenholz 97
–, Rotholzverwendung 95, 97
Holzspindeln 21, *21*
»Homespun« 60
Hornspange 126, *126*
Hunde, langhaarige 13
Hundehaar 150
Hunderassen 132
Hürdenbau für Schafe *197*

Indian Spinner 58, *58*, 61
Indianerspinnen 28, 29, 31, *31*
Indianisches Spinngerät 9, *9*, 31, *31*
Italienisches Spinngerät *22*

James, Williams 18
Jennymaschine 9
Jerseyrad 42
Jürgen, Johann 49, 51, 59, 60
Jute, 167, *167*
– verspinnen 167
Jutepflanze 167, *167*
–, Anbau 167
–, Fasern 167
–, Struktur 167

Kamel 13
–, zweihöckriges 149, *149*
Kamelhaar 148
Kämme selber anfertigen 125, *125*
Kämmen 113, 123
–, Ausrüstung 123
– der Wolle, früheres 124, *124*
Kammgarn 124, 140
Kammzug 124
Kanarische Inseln, Spinngerät 31, *31*
Kanthölzer 97
–, Grundgestell 98
Karakullämmer, ungeborene, Fell 138
Karakulschaf 132, 138
Karakulvlies 139, *139*
Karbonisieren 146
Karden 116 ff.
– aus Disteln 115, *115*
Kardenbeschlag 116, *116*
Kardieren 115, *115*, 116 ff., 146
–, »einschlagen« 116
–, Flickkarde 123
–, Grundtechnik 116
– mit Handkarden 116
– von Seidenfasern 188
– mit der Trommelkarde 120
–, Unterweisung 116 ff.
–, Vorrichtungen 123
Kardiermaschine 120, *120, 122, 122*
Kardiervorrichtungen 123
Kaschmir 148, *148*
Kaschmirfaser 148
Kaschmirgarne 148
Kaschmirwolle 131
Kaschmirziege 132, 148. *148*
Kasten- oder Stuhlrad 58, *58*, 61
Kleidung der Kolonialzeit 60
Knäuelwickler 84, *84*
Kokon 172, 174, *174*, 179, *179*, 180, 181, 182, 183, 185, 186, 187, *187*, 188, *188*
–, Brut 181
–, Farbe 181
Kokonfäden 179, 181, 183, *183*, 185, 186
Kokosnußschale 22, 169, *169*
Konstruktion von Spinnrädern 92 ff.
– –, Materialliste 94
»Kopf« 45, *45*
Kräuselung bei Vliesen 142
Kreuzen von Schafrassen 13, 132, *132*, 138, 173, *173*, 193, 194
– –, Wollqualität 194
Kreuzhaspel 34, *34*, 83, 200, *200*
Kreuzspindel 21, *21*, 29
Krippen im Schafstall 198
Krippenlänge für Schafstall 195
Kunkel 200, *200*
Kurbel 50
Kurzer Auszug 67, *68*, 71, *71*, 90

Lagern von Wolle 147
Lama 13, 149, *149*
–, Farbabstufungen 149
–, Vlies 149
–, Wolle 149
Lämmerschlüpfe im Schafstall *198*
Landschafrassen 134
Langer Auszug 72, *72*, 73, *73*, 74
Langrad 42
Lanolin 133
Ledergamaschen 51, 53
Leinen 13
–, ägyptisches 10
»Leinen« beim Flachs 162
Leinenfasern 160
Leinenflachs 163, 164, *164*

Leinenflachs, Spinnen von 164
Leonardo da Vinci 49
Lepidopteren 172
Lincoln-Longwool-Schaf 135, *135*
Lincoln-Schaf 132, *132*, 138, 173, *173*, 194
Linksdrehung = S-Drehung 36, *36*, 66, 84, 88, *88*, 89, 90, *90*
Linkshänder beim Gebrauch der Fallspindel 25
Linum usitatissimum 160
»Lunten« 188

Maisblatt anstelle des Anfangsfadens 74, 75, *75*
Manila-Hanf 168
Mariuhana 166
Materialliste 94
Maulbeerblätter 172, *174*, 177, *177*, 178, *178*, 180, 185
McKinley, Esther 4
Mechanischer Webstuhl 126
Merinofleischschaf 134, *136*
Merinolandschaf 134
Merinoschaf 13, 134, 135, *136*
—, Wollhaar 133, *133*, 140
Merinorassen 134, 135, *136*
Merinozuchtwidder *192*
Merzerisation 157
Methoden der Faserbehandlung 113 ff.
— des Spindelspinnens 29
— des Spinnens 65
Minorkopf 45, *45*, 79
Modegarne 89
Mohair (=weißes Vlies) 131, 139, *139*, 147, *147*, 151
Mohairfaser, Aufbau 147
—, Oberfläche 147
Mohairwolle 147
Moschusochse 13, 132, 150
—, Fell 150
—, Flaumhaare *151*
Mottenbefall 131, 147
Mucklerad 42
Münze *22*
Musa textilis 169, *169*
Musaceae 169, *169*
Musseline, indische 41
— von Dacca 10
Mutterschafe 138, 190, 192, 194

Nadeln 9, *9*
Nähmaschine zum Spinnradantrieb 58, *58*
Naturfarbene Wollgarne durch Züchtung 138, 194
Navajospinner 28, 29
Nesselgewächse 165
Neue Spinnräder 62
Neuseeland-Flachs 168
Nicker 34
Noppen als Muster 90, *90*
Norwegische Spinnräder 35, 52, *52*, 53

Ostasiatisches Spulrad 80, *80*, 81, *81*, 82, *82*
Ostasienrad 41, 48, *48*
—, europäische Nachahmung 43, *43*

Pakistani Spinner 41, *41*
Pendelräder 61
Peruanische Gazegewebe 36
Pferdehaar 151
Pflanzenfasern 154 ff., *154*, *155*, 188
—, allgemeine Merkmale 156

Pflege und Einstellung 62
Pope, Helen 4
Prachtaloe 168, *168*
Praktische Unterweisung 27, 66
Probleme beim Spinnen 26, 27, 66
Punjabirad 41, *41*, 42

»Quill« 42
Quillrad 42
Quiviut 150
Quiviut-Fasern 150

Rad, elektrisches 74
—, frühes 41
—, Sächsisches 50, *50*, 51, 53, *53*, 54
—, Sächsisches, Beschreibung 50, 51
—, Sächsisches, Teile 50, 51
Radbewegungen 36, *36*, 66, 67, 74
Radspeichen *50*
Radspinnen, Garnbeschaffenheit 65
—, Grundprinzipien 65
Radstütze *44*, 45
Rahmenbau eines Spinnrads 95
—, Grundgestell 98
Rahmenhölzer 97
Rambouillet-Schaf 134, 193, 194
Ramie 165
Raphia pendunculata 168
Raufen im Schafstall 198
Raumbedarf für Schafstall 195
Raupenstadien 180
Raupenwachstum 180
Rechtsdrehung = Z-Drehung 36, *36*, 66, 74, 75, *75*, 77, *77*, 78, *78*, 79, 88, *88*, 89, 90, *90*
Regulierung des Dralls 36, 68, 73, *73*
Reinigen des Vlieses 143
Reinigung der Wolle: Sortieren, Waschen, Entfetten 143
Reißmaschine 114, *114*
Rezepte für Waschen und Entfetten des Vlieses 143, 144
— — europäischer Schafrassen 146
Rhönschafherde *136*
Riffeln des Flachses 161, *161*
Risten beim Flachs 163, 164
Roberts, englischer Mechaniker 126
Rocken 22, *22*, 30, 32, *32*, 33, 40, *40*, 54, *54*, 164, *164*, 165, *165*, 199, 200, *200*
Romeldale-Schaf 193, *193*
Romney-Marsh-Schaf 138, 193
Rollenrinnen 62
Rösten oder Rotten des Flachses 161, 162
Rotholz zum Spinnradbau 95, 97, 107
Rotten des Flachses 161, 162
Rowell, Virginia 144
Rückdrehung 79

Sächsisches Rad 50, *50*, 51, 53, *53*, 54, 60, 61
— —, Beschreibung 50, 51
— —, Teile 50, 51
Samojedenspitz 150
Sauberkeit des Vlieses 141
Säubern des Vlieses 144
— der Wolle 145
Schafböcke 138, 190, 194
Schafe 13, 190 ff.
—, Auswahl 190
—, Domestikation 13
—, Fellbeschaffenheit 132, 138
—, Fütterung 192
—, Nährstoffbedarf 192
—, Pflege 192
—, Rassen 13, 124, 130, 132, 134 ff.

Schafe, schwarze 132, *132*, 138, *173*, 194
—, weiße 173, *173*
Schafhaltung 190, 192
—, Ernährungsmöglichkeiten 192
— im Gehege 192
— in Pferchen 192
—, Ratschläge 190, 192
Schafrassen 13, 124, 130, 132, 134 ff.
—, Kreuzungen 13, 132, *132*, 138, 173, *173*, 193, 194
Schafschur 141, 190, *190*, 194
— mit der Handschere 141
—, zweite 141
Schafstall 195 ff.
—, Hürdenbau *197*
—, Krippen *198*
—, Krippenlänge 195
—, Lämmerschlüpfe *198*
—, Mistanfall 196
—, mobile Einrichtung 196
—, Raufen *198*
—, Raumbedarf 195
—, Selbstbau 196, *197*, *198*
—, Spaltböden 197
—, Spaltbodenstall 196
—, Tiefstreustall 196
—, Tierarten 195
Schafwolle 13, 23, 131 ff.
—, Eigenschaften 131, 140, *140*
Schafzucht 15, *15*, 60, 190 ff.
Schichten der Fasern 132
Schirmhaspel 84, 85, *85*, 200, *200*
Schlagen der Baumwolle 158
— —, spanisches Gerät 158, *158*
Schmetterlinge, Gattung 172
Schuppenoberfläche 134, *134*
Schuppenstruktur 132, 133
Schurgerüst *145*
Schwarze Schafe 132, *132*, 138, 173, *173*, 194
Schwedische Räder 53
Schwefelsäurelösung 146
»Schweißwolle« 133
Schwungrad 50, *50*, 53, *53*, 62
—, großes 44, *44*
Schwungradbau 99 ff.
—, Anweisungen zum Bau 104
—, eingesetztes Rad 102, *102*
—, Fußantrieb 104, 105, *105*
—, Teile 102, *102*, 104
—, Tretmechanismus 102, *102*, 103, *103*, 105, *105*
S-Drehung 36, *36*, 66, 84, 88, *88*, 89, 90, *90*
Seide 14, 172 ff., 188
—, Eigenschaften 176
—, Geschichte 14, 175
—, Handelsartikel 175
—, Haspeln und Spinnen 185
—, Produkt 172
—, Vorbereitung zum Spinnen 185
Seiden- oder Maulbeerspinner 172
Seidenabfälle 186
Seidenfäden 183, *183*, 184, *184*
Seidenfalter 181, 182, *182*
Seidenfasern 188
Seidengarn, gezwirnt oder dubliert 184
Seidengewinnung, Zyklus in Holzschnitten *177–179*
Seidenhaspel 35, *35*, 185, *185*, 186
—, japanische *185*, 186, *186*
Seidenindustrie 14
— in China 175
— in Europa 175
— in Japan 175
Seidenkokon 187, *187*, 188, *188*
— s. a. unter Kokon und Seidenraupe

Seidenraupe 172, *172*, 174, *174*
–, Eier 172, 174, *174*, 177, 180, 181
–, Kokon 172, 174, *174*, 179, *179*, 180, 181, 182, 183, 185, 186, 187, *187*, 188, *188*
Seidenraupenzucht in Amerika 185
–, Arbeitsgänge 175, 176, *177–179*
– in China und Japan 176, 178, *178*, 179, *179,* 180
– in kleinem Umfang 176
–, praktische Unterweisung 180, 181
– in Südfrankreich 187, *187*
Seidenspinner 172, *172*
Seidenstränge 183, *183*
Seidenstraße 14
Seidenwebstuhl, japanischer *184*
Selbstbau der Schafstalleinrichtung 196, *197, 198*
»Selbstgesponnenes« 13
Serizinum 181, 183, 185, 186
Shaker 60
Sheep-to-coat 44
Shimmin, Margherite 185
Sisal 168
Sisalfaser 155, *155*
Sortieren des Vlieses 143, 145, *145*
– – nach Farben 144
Spaltböden für Schafstall *197*
–, Eigenbau »Adam« *197*
–, Eigenbau »Eisenhut« *197*
–, Eigenbau »Fueg« *197*
Spannkopf 44
Spannung 62
Spannungsregler *50*
Spelsau-Schaf 124, 139, *139*, 140
Spencer, A. T. 193
Spindelachse 49, *49*
Spindellager *50*, 51
Spindeln 21, *21*, 22, *22*, 28, *28*, 29, *29*, 41, 43, 44
– in Ägypten *22, 37*
– in Deutschland 22
–, Drehung 36, 66
–, frühgeschichtliche 9, *9*, 41
– herstellen 23
– in Indien 22
– auf Madeira 22
– in Peru 22
– in Rußland 22
–, Spinnen mit 23
– in Süditalien 22
– in Westafrika 22
Spindelquill 43
Spindelrolle 44, 51
Spindelspinnen, Methoden 29
Spindelspitze 74, 75, *75*, 76, *76*, 77, *77*, 78, *78*, 79, 80
Spinnen im allgemeinen 33
–, Arbeitsschritte 67, 70, *70*
– der Baumwolle 159, *159*
– in biblischer Zeit 9, 10
– eines dünnen Fadens 72, *72*
– in England im 18. Jh. 40, *40*
– zur Entspannung 61
– mit der Fallspindel 23–26, *23–26*
– von Flachs 40, *40*, 163, *163*
– am Flügelspinnrad, Unterweisung 66, 89
– in Frankreich im 18. Jh. 199, *199*
–, Geschichte *8,* 9ff., *12, 13*
–, gleichmäßiges 27, 66
–, Grundregeln 27
– und Haspeln von Flachs 40
–, hohe handwerkliche Vollendung in Ägypten 10
– von Leinenflachs 164
– im Mittelalter 32

Spinnen am ostasiatischen Spulrad 80, *80, 81, 81, 82, 82*
–, Probleme 27
–, Regeln 65
– mit schwerer Standspindel 28, *28*, 29, *29*
– der Seide 185
– am Spulrad 74
– – mit Fußantrieb 80, 81, *81*
– am Wanderrad 74, 79, *79,* 80, 93
Spinnfertige Fasern 113
Spinnflügel 49, *49,* 50, 51, 67, *67*
–, Beschreibung 49
–, Detailzeichnung 49, *49*
–, Querschnitt 49, *49*
– und Spule 106, *106,* 107, *107*
– –, Beschreibung 107, 109
Spinnflügelbremse 108, *108,* 109
Spinnflügelmechanismus 49, *49*
Spinnflügelrad 18. Jh. 200, *200*
Spinngerät der Kanarischen Inseln 31, *31*
Spinnkopf 45, *45,* 58, *58,* 80
Spinnkopfhalterung *50*
Spinnkränzchen 60
Spinnmaschinen 60
Spinnmethoden 65
Spinnlocke 71, 79
Spinnrad aus Afghanistan 42, *42*
–, amerikanisches 53, *53*
–, Behandlung 62
–, Elektrospinnrad 59, *59*, 61
–, englisches 54, *54*
– in Europa 42
–, Flügelspinnrad 49, *49,* 57
–, frühes Rad 41
–, Geschichte 60
–, Grundbestandteile 41
–, hand- oder fußgetrieben 9
– im Haushalt 40, *40*
–, Holzpolitur 62
–, indisches 41
–, modernes 48, *48*
–, modernes, Pakistani Spinner 41, *41*
–, neues 62
–, ostasiatisches 41, *42*
–, Pflege und Einstellung 62
–, »Schottland« 57, *57*
–, Spulräder 42
–, Symbol 60
–, Verbreitung 9, *40*, 41, 42
–, Vogesen 52, *52*
–, Vorderansicht *93*
–, Wahl eines 61
–, Wollspinnrad, großes 44, *44*
Spinnradbau 92 ff.
–, Abnutzung 109
–, Entscheidungen 95
–, fertiges Rad 109
–, Grundgestell 98
– aus Hartholz 95
–, Holzbearbeitung 93 ff.
–, Kiefern- oder Tannenholz 97
–, Materialliste 94
– mit Radfelge 74, *75–78*
–, Rahmenbau 95
–, Rotholzverwendung 95, 97
–, Schwungrad 99 ff.
–, Spinnflügel und Spule 106, *106,* 107, *107*
Spinnräder, Grundbestandteile 41
–, japanische, zum Zwirnen der Haspelseide 187, *187*
Spinnrocken 22, *22*, 30, *30,* 32, *32,* 33, 40, *40,* 54, *54*, 164, *164*, 165, *165*, 199, *199,* 200, *200*
– für Seidenfasern 188, *188*
Spinnstock 9, 21, *21*, 22, *22*, 23, 28, 29, 31, *31*, 42

Spinnverfahren 65
Spinnwerkzeuge in Frankreich im 18. Jh. 200, *200*
Spinnwirtel 21, 29
Spinnzahl 140, 141
Spinnzirkel 195, *195*
Spule 50
Spulenböckchen 84
Spulenhalter 84
Spulenscheiben 106, *106,* 107, *107*
Spulenträger 61
Spulenwickler 43
Spulrad, Spinnen am 74
–, – mit Fußantrieb 80
–, – am ostasiatischen Rad 80
Spulräder 42, 43, 47, *47,* 49, 65
Standhaspel mit Ständer 83, *83*
Standspindel, schwere 28, *28,* 29, *29*
–, Spinnen mit der 28, 29
Stellschraube *50,* 51, 66, 84
–, hölzerne 45, *45*
Stichelhaar 132, 134, *134*
Stradanus, Johannes 18
Stränge, verdrehen 34, *34*
Stranglegen 34, 65
Streichgarn 124
Struktur der Fasern 132
– des Garns 89, 90, *90*
Stuhl- oder Kastenrad 58, *58,* 61
Stuhlrad 58, *58*
Suffolk-Schaf 135, *135,* 194

Teile des Rads 102, *102,* 104
Texelschaf 134, *137*
Throckmorton, John 44
Tierarten, Raumbedarf 195
Tierische Fasern 131 ff., 151, *151*
– –, Eigenschaften 131
– –, Qualitätsunterschiede 131
Tierkämme 125, *125*
Tonwirtel, Jungsteinzeit 11
Treten des Rads 66, 68
–, barfüßiges 66
Tretgeschwindigkeiten 66, 68
Tretmechanismus 105, *105*
Triebstange 50
Triebstock 49, *49*
Trittbalken 50
Trittbrett 56, *56*
Trittplatte 50
Trittschnur 50
Trocknen des Flachses 162
– des Vlieses 143, *143,* 146
– der Wolle 145
Trommelkarde, Kardieren 120 ff., *120, 122*
Türkische Spindel 21, *21*, 29
Tussah- oder Wildseide 172, 175, *175*

Überdrall 88
Uhrzeigersinn = Z-Drehung 36, *36*, 66, 74, 75, *75*, 77, *77*, 78, *78,* 79, 88, *88,* 89, 90, *90*
Unversehrtheit der Fasern bei Vliesen 142
Urtica Species 165
Utamaro, Kitagawa 176, 177

Verteilung des Dralls 36, 68, 73, *73*
Verzwirnen 86, *86,* 88, 89, 90
–, ägyptische Darstellung 37, *37*
– am Flügelspinnrad 86, *86*
– von Fäden 84, 86, *86,* 88, *88,* 89, 90
Vikunja 149
–, Vlies 149
–, Wolle 149

Vliese der Schafrassen 138, 139, 140, 141
–, Auswahl 141
–, Entfetten 143, 144
–, Farben 144
–, Faserlänge 142
–, feine 141
–, Griffigkeit 142
–, grobe 141
–, Kräuselung, Farbe, Glanz 142
–, Öffnungsbereitschaft 141
–, Reinigen 143, 144
–, Sauberkeit 141
–, Säubern 144
–, Schur 141
–, schwarze 138
–, Sortieren 143, 145, *145*
–, Trocknen 143, *143*
–, Unversehrtheit der Fasern 142
–, Waschen 143, 144, 145, *145*
–, Wollvlies, Lagerung 147
Vliesqualität 138, 141, 194
Vorbehandelte Fasern 113
Vorbehandlung der Fasern 113
Vorgarn, gekämmtes 124
Vorgespinst 126, *126*

Wahl eines Rades 61
– –, Handhabung 61
– –, Reparatur 61
– –, Zustand 61
Wanderrad 42, 44, 62
–, amerikanisches 42
–, Spinnen am 74, *75–78*, 79, *79*, 80, 93
Waschen des Vlieses 143, 144, 145, *145*
– – europäischer Schafrassen 146
– –, Gebote und Verbote 143
– – in der Waschmaschine 144
– der Wolle 145
Webstuhl, mechanischer 126
Weichmacher nach dem Entfetten 144
Weideland 192
»Werg« beim Flachs, 162, 163
Wergfasern 160, 162
Wergrocken 33
Westafrikanische Spindel *22*
Wettkampf *sheep-to-coat* 44
Whitney, Eli 13, 156
Wild- oder Tussahseide 172, 175, *175*
Wildschaf, Färöerinseln 130, *130*
»Wildseide« 172
Wirtel 21, *21*, *22*, *22*, *23*, 41
–, frühgeschichtliche *9*, *9*, *11*, *21*
»Wolf« (Spinnrad) 58, *58*
Wolle 10, 13
–, allgemeine Eigenschaften 131
–, Entfetten 143
–, feine 133, 138
–, grobe 133
–, Lagern 147
–, Reinigung 143
– säubern, spülen 145
–, Schafwolle 132
– Sortieren 143
– trocknen 145
–, waschen 143
–, Zupfen 112, *112*, 113, *113*
Wollfasern, gekämmt 123, 124
–, kardiert 116 ff., *124*
–, Schichten 132, 133
–, Schuppen 132, 133
–, Schuppenoberfläche 133, 134
–, spinnfertige 113
–, Spinnzahl 140
–, Struktur 132, 133
–, Vergrößerung 134, *134*

Wollfasern, vorbehandelte 113
Wollfett 133, 143, 144, 147
Wollgarne, naturfarbene durch Züchtung 138, 194
–, Spinnzahl 140
Wollgewicht 133
Wollhaar 132, 134, *134*
Wollhandel 13
Wollkämmaschine 126
Wollkämme 123, *124*
–, historische *127*
– aus Island 125, *125*
– aus Skandinavien 123, 124, *124*, 125
Wollkämmer, englische 126
Wollqualität 141
– durch Kreuzen von Rassen 194
– durch Züchtung 194
Wollrad 42, 44
Wollskulptur *191*
Wollspinnrad, großes 44, *44*
Wolltoga 13
Wollvlies, Lagerung 147

Yak 13
Yucca gloriosa 168, *168*

Z-Drehung 36, *36,* 66, 74, 75, *75,* 77, *77,* 78, *78,* 88, *88,* 89, 90, *90*
Zellulose 160
Zellulosefasern 156
Ziege 13
»Ziegel« 188
Ziegenhaar 151
Zuchtseide 172
Zupfen der Wolle 112, *112,* 113, *113*
Zwei- und dreifädige Garne 88, 89, *89,* 90, *90*
Zwirnen 36, 66, 84, 88, 89
– im allgemeinen 88
–, Beschreibung 84
–, Handhaltung *88*
Zwirnmethode, einfachste 36
Zwirnprozeß 36
Zyklus der Seidengewinnung 172, 174, *174,* 176, *177–179,* 180, 181